목적이 이끄는 브랜드

바야흐로 브랜드 시대다. 브랜딩을 업으로 하지 않는 사람들도 퍼스널 브랜딩에 관심이 높고 브랜딩에 대해 알려주는 책도 이미 많다. 그런데 이 책은 기존의 브랜딩 책들과 완전히 다르다. 한마디로, 브랜딩을 잘 하는 법이 아니라 그 브랜드가 왜 세상에 존재하는지, 무슨 목적으로 그 업을 하는지라는 질문을 품고 그 목적을 향해 당장의 이익에 반하더라도 그곳을 북극성처럼 바라보고 행하는 브랜드들을 소개한다. 그것도 오랜 시간에 걸쳐 꾸준하게.

우리는 지름길을 쫓지 않고 자신의 뜻을 지키며 사는 이들을 존경한다. 그리고 긴 세월이 흘러 돌아보며 그들의 인생이 성공적이었다고 평가한다. 브랜드도 비슷한 데가 있어서, 어떤 브랜드들은 매출이 떨어지거나 불매운동에 직면하더라도 애초에 그 업을 시작했던 목적, 초심을 지킨다. 그들도 기업이라 숫자가 중요하지 않은 건 아니지만 자신들의 존재의 이유를 돌아보며 세상에 했던 약속을 지키려는 것이다. 다행스럽게도 그 길은 장기적으로 성공으로 이어지곤 했다.

그저 맛있는 아이스크림이라고만 알았던 벤앤제리스에 세상을 더 낫게 만들겠다는 사명과 목적이 있었는지 이 책을 읽기 전엔 알지 못했다. 우리 책방과 3년째 협업 중인 네스프레소 브랜드의 존재의 이유와 액션에 대해서도 책을 통해 훨씬 깊이 알 수 있었다. 이런 브랜드들이 있어서 우리는 아이스크림 한 스푼을 먹으면서도 서로에게 더 다정해질 수 있고, 커피 한 잔을 마시면서 인도네시아 농가를 도울 수 있는 거였다.

세상은 돈을 중심으로 돌아가는 것 같지만 그럼에도 의사 등 어떤 일은 돈벌이가 좋다는 이유만으로 선택해서는 안 되지 않을까 생각한다. 그런 의사에게 진료받고 싶지는 않으니까. 브랜딩도 이렇게 생각하면 안 되는 걸까? 그저 수익 확대나 비즈니스 성공을 위한 수단이 아니라 애초에 그 사업을 왜 하고, 그 브랜드가 세상에 존재해야 할 이유가 무엇인지, 또 그 브랜드가 존재해서 세상이 정말 더 좋아졌는지, 집요하게 물으며 의사결정을 하고 행동하게 하는 철학이나 기준 같은 것… 당신이 브랜딩에 관심이 있다면, 혹은 그 일을 하고 있다면 효과적인 브랜딩 방법을 찾는 기능적 관점에 앞서 먼저 묻고 답을 구해야 하는 질문이 있다는 것을 이 책을 통해 만나게 되면 좋겠다. 그 생각과 철학, 태도가 앞으로 숱한 시간 필드에서 일을 해나갈 때, 뿌리까지 흔들리지 않도록 지켜줄 테니까.

나는 종종 전문가, 평론가들의 존재가 귀하다는 생각을 한다. 누군가가 오랜 시간과 노력을 들여 만들어 놓은 것을 전문가들이 밝은 눈으로 의미를 찾아내 알려주면 그 전에는 미처 알지 못했던 사람들도 호감을 갖고 경험해 보고자 한다. 그렇게 해서 세상이 조금씩 나아진다고 생각하는데 네스프레소 마케팅 본부장 이승오 님의 이 책이 그런 역할을 할 것 같아 반갑다. 브랜딩이란 사실, 기업 경영의 한 부분이 아니라 그 기업을 존재하게 하고 움직이게 하는 모든 것이라 할 수 있다. '왜 그 사업을 하며, 그래서 세상에 무엇이 되고자 하는가'라는 질문에 대한 답이기 때문이다. 브랜딩에 대해 깊이, 제대로 배우고 싶은 분들께 주저 없이 추천한다.

최인아 책방 대표

최인아

애플, 테슬라, 파타고니아처럼 열광적인 팬덤을 가진 브랜드들의 공통점은 모두 브랜드의 핵심 가치가 뚜렷한 철학에 기반하고 있다는 것이다. 이제 고객의 마음을 움직이기 위해서는, 단순한 마케팅이 아니라 깊이 있는 브랜드 철학을 성립해야 한다. 브랜드가 어떤 소명을 가지고, 어떤 가치 있는 목표를 향해 나아가고 있는지 설득력 있게 이야기해야 한다. 수많은 기업들이 흥망성쇠를 반복하는 이 시대, 100년 가는 브랜드를 꿈꾼다면 반드시 읽어야 할 책이다.

디지털 문화심리학자 · 건국대학교 교수
이승윤

요즘 소비자들은 그럴듯한 포장 대신 그 안에 담긴 '진짜 영혼'과 진정성을 묻고 있다. 이 책은 겉으로 보이는 크리에이티브를 넘어, 브랜드가 왜 세상에 존재해야 하는지에 대한 근본적인 답을 제시한다. 광고 회사를 이끌며 수많은 브랜드를 최전선에서 만났지만, 결국 '흔들리지 않는 목적'만이 브랜드를 위기 속에서 단단하게 만들고 강력한 팬덤을 구축한다는 것을 목격했다. 이 책은 화려한 브랜드 캠페인 뒤에 숨겨진 철학을 빅 브랜드부터 작지만 강한 스타트업까지 생생한 실행 사례로 보여준다. 목적이 단순히 선언이 아니라, 제품 개발과 조직문화, 그리고 모든 의사결정의 '경영 나침반'이 되는 과정을 구조적으로 분석한다. 목적을 경영 그리고 마케팅의 표준으로 삼아, 가치 기반의 시장에서 독보적인 경쟁 우위를 확보하고자 하는 CEO, CMO, 마케터들에게 이 책을 추천한다.

이노레드 대표
박현우

오늘날 브랜드는 단순히 제품을 파는 존재가 아니라, 세상과 의미 있는 대화를 나누는 하나의 주체가 되어야 한다. 유니레버가 도브를 통해 '진정한 아름다움'에 대한 사회적 대화를 열고, 벤앤제리스가 사회 정의와 지속가능성에 대한 행동으로 메시지를 전해온 이유도 여기에 있다. 이 책은 그런 '의미 있는 브랜드의 역할'을 다시 한 번 깊이 성찰하게 만든다. 브랜드의 목적은 결코 거창한 사명 선언문에 머물러서는 안 된다. 조직의 문화와 의사결정, 그리고 소비자와의 모든 접점 속에서 '우리가 왜 존재하는가'에 대한 대답으로 살아 움직여야 한다. 이 책은 바로 그 길을 걷고자 하는 모든 브랜드 리더에게 훌륭한 나침반이 될 것이다. 브랜드가 세상을 더 나은 방향으로 움직일 수 있다는 믿음, 그 믿음을 행동으로 옮기는 용기가 필요하다면 이 책이 그 여정의 출발점이 될 것이다.

유니레버 코리아 대표
지용권

저자는 웅진그룹 리더 교육에서 마케팅 강의를 한 적이 있다. 수강생들에게 깊은 인상과 커다란 감동을 남긴 명강의였다. 브랜드는 단순한 구호가 아니라 현실을 움직이게 하는 힘이라는 그의 말에 깊이 공감했다. 이 책에서 저자는 브랜드의 중요성과 현장에서 바라본 마케팅을 매우 간결하면서도 명확하게 표현했다. 마케팅 업무에 관심을 가진 청년, 창업을 꿈꾸는 경영자, 조직을 이끄는 리더들이 꼭 읽어야 할 마케팅 지침서이다. 마케팅은 물론 영업과 경영, 그리고 시장 전체를 새로운 눈으로 바라보는 기회를 얻을 것이다. 저자가 현장에서 직접 마케팅을 수행하며 쌓은 배움, 리더로서 조직을 이끈 경험이 책을 읽는 내내 깊은 울림으로 다가온다.

웅진그룹 회장
윤석금

목차

Part 1

Why Purpose? 브랜드에게 목적이 필요한 시대

Part 2

매출 이상의 소셜 임팩트를 가진 글로벌 브랜드

한때 전 세계의 회의실을 지배한 단어는 Digital Transformation이었다. 산업을 막론하고 수많은 기업은 효율을 높이고, 비용을 절감하며, 새로운 고객 접점을 만들기 위해 디지털을 전사적으로 도입했다. 이 흐름은 분명 유효했고, 지금도 여전히 진행 중이다. 여기에 AI라는 기술이 더해지며, 변화의 속도와 범위는 과거와 비교할 수 없을 만큼 가속화되고 있다. 앞으로도 디지털과 AI는 경영의 필수 조건으로 남을 것이다.

그러나 지난 20년간 마케팅과 경영 현장을 경험하며, 그리고 이 책을 집필하는 과정에서 하나의 질문이 반복해서 떠올랐다.

"효율만으로 브랜드는 지속적인 가치를 만들 수 있는가?"

디지털과 AI는 강력한 도구다. 프로세스를 빠르게 만들고, 조직을 정교하게 정렬하며, 자원을 효율적으로 배분하게 한다. 하지만 도구는 방향을 제시하지 않는다. 어디로 가야 하는지, 왜 그곳이어야 하는지에 대한 질문에는 답하지 못한다. 브랜드의 존재 목적과 연결되지 않은 디지털은 일정 시점 이후 성장의 한계에 부딪힌다. 숫자는 개선되지만, 브랜드는 점점 서로 닮아가고, 고객과의 관계는 얕아진다. 효율은 남지만, 의미는 축적되지 않는다.

반대로 목적을 기반으로 작동하는 디지털은 다르다. 기술은 효율을 넘어서 브랜드의 의도를 증폭시키는 수단이 되고, 자동화와 개인화는 비용 절감이 아니라 고객 가치의 확장으로 이어진다. 이 경우 효율성은 확보되지만, 브랜드 고유의 의미는 훼손되지 않는다. 오히려 더 선명해진다.

이 지점에서 나는 하나의 결론에 도달했다. 앞으로 조직 변화의 중심에는 Digital Transformation을 넘어서는 Purpose Transformation, 즉 '목적을 중심에 둔 전환'이 필요하다는 생각이다. 목적은 구호가 아니다. 목적은 브랜드가 왜 존재하는지를 규정하고, 그 이유가 고객의 삶 속에서 어떤 역할을 해야 하는지를 설계하며, 미래의 가치를 오늘의 경험으로 전환하는 기준이 된다. 목적이 분명할 때, 디지털과 AI는 단순한 효율의 도구를 넘어 가치 창출의 촉매가 된다. 그리고 그때 비로소 브랜드는 속도가 아니라 방향으로 경쟁하게 된다. 이 책은 그 전환의 이야기다. 효율의 함정을 넘어, 목적이 이끄는 브랜드들이 어떻게 AI 시대의 새로운 경쟁력을 만들어가고 있는지에 대한 기록이다.

브랜드와 목적

이 두 단어의 결합을 처음 마주한 것은 첫 직장이었던 유니레버Unilever
에서였다. 경영학과 마케팅을 전공했지만, '브랜드의 목적Brand Purpose'이
라는 개념은 낯설었다. 목적이라는 단어가 지닌 철학적 무게는 단순한 이
윤 추구를 넘어선, 보다 고차원적 지향을 내포하고 있었기 때문이다.

대학 시절 친구가 선물해 준 『목적이 이끄는 삶Purpose Driven Life』은 내
게 중요한 질문을 던졌다. '삶이 단순한 우연이나 소풍이 아니라 분명한
목적을 가진 여정이라면, 그 목적에 맞게 살아갈 때 비로소 의미와 보람
을 찾을 수 있지 않을까?' 이런 성찰 끝에 나는 내 정체성을 '브릿지Bridge'
로 정의했다. 사람과 사람, 브랜드와 소비자, 기업과 사회를 연결하며 그
들이 더 나은 방향으로 나아가도록 돕는 것. 그것이 내가 추구하는 삶의
목적이 되었다.

유니레버에서 8년을 근무하는 동안, 한국과 중국, 영국 본사에서 도브
Dove와 립톤Lipton 등 명확한 목적을 가진 브랜드를 담당하며 '목적이 이
끄는 브랜드'라는 개념에 더욱 천착하게 되었다. 이 브랜드들은 단순히
'세상을 더 나은 곳으로 만들겠다'라는 이상을 말하는 데 그치지 않고, 소
비자에게 새로운 관점을 제시하며 실제 행동으로 선한 영향력을 확산했

다. 흥미로운 것은, 이런 브랜드들이 비즈니스 성과에서도 두드러진 성장세를 보였다는 점이다. '목적'이 단지 철학적 구호가 아니라, 경쟁력의 원천이 될 수 있음을 직접 경험했다.

이후 한국으로 돌아와 삼성전자에서 8년간 근무하며, 브랜드와 목적의 관계에 대한 고민을 이어갔다. 삼성은 인터브랜드Interbrand 기준 128조 원의 브랜드 가치를 지닌 글로벌 5위 브랜드로, 그 규모와 위상이 압도적이다. 그 안에서 내가 기여할 수 있는 영역을 찾는 것은 쉽지 않았다. 그러나 가전사업부 내에서 브랜드 전략을 이끌며 '비스포크Bespoke' 프로젝트를 맡았을 때, 비로소 내가 고민하던 브랜드의 목적을 실현할 기회를 얻었다. 비스포크는 단순한 제품이 아니라 '개인화Customization'이라는 가치를 통해 고객의 삶에 다양성과 자율성을 부여하려는 시도였다. 특히 젊은 소비자들의 변화하는 라이프스타일에 브랜드가 어떻게 응답해야 하는지를 탐구하며, 브랜드가 지닌 목적이 소비자 경험을 통해 확장되는 짜릿한 순간을 경험했다.

그리고 몇 년 전, 네스프레소 마케팅 총괄로 자리를 옮기면서 '브랜드 목적'의 또 다른 차원을 발견하게 되었다. 입사 전에는 단지 맛있는 커피와 지속가능성에 대해 고민하는 브랜드라고만 생각했지만, 내부에서 경험한 네스프레소는 훨씬 더 깊고 체계적이었다. 커피나무의 재배와 수확, 농부 커뮤니티와의 협업, 생산과 유통 전 과정에 걸친 지속가능성의 철학은 감동적이기까지 했다. 이 정도 수준의 지속가능성을 실천하는 브랜드가 국내에는 얼마나 있을까. 그 규모와 깊이는 단순히 '착한 브랜드'가 되기 위한 노력이 아니라, 커피 산업 자체의 지속가능성이 위협받는 현실 속에서, 리더 브랜드로서 취할 수 있는 가장 책임 있는 대응이었다.

이러한 경험은 내게 새로운 질문거리를 던졌다. 왜 이러한 '목적이 선명한 브랜드'는 대부분 해외 브랜드일까? 우리나라에도 분명 이와 같은 고민을 하는 브랜드와 사람들이 존재하지 않을까? 나는 '목적이 이끄는 브랜드'가 단순한 이상이 아니라, 현실 속에서 어떻게 구현되고 있는지를 탐구하고자 한다. 그들의 철학, 비즈니스, 그리고 사회적 영향력을 통해 브랜드가 세상을 어떻게 바꾸는지를, 또 우리는 그 변화를 어떻게 함께 만들어갈 수 있는지를 이야기해 보고자 한다. 결국 브랜드의 목적은 거창한 선언이 아니라, 존재 이유에 관한 성실한 대답이다. 그 답을 찾기 위한 여정은 기업만의 몫이 아니라, 브랜드를 만들고 경험하는 우리 모두의 과제이기도 하다.

나는 이 책이, 각자가 속한 브랜드와 조직에서 '우리는 왜 존재하는가'라는 근본적인 질문을 다시 던지고, 그 답을 자기만의 언어로 정의해 볼 수 있는 계기가 되길 바란다. 그 질문의 답을 함께 찾아가기 위해, 이 책의 여정을 네 개의 파트로 나누었다.

Part 1에서는 지금 시대에 왜 '목적'이 브랜드의 핵심 경쟁력이 되었는지를 살펴본다. 소비자, 사회, 시장의 변화를 통해 브랜드가 더 이상 제품이나 기능으로만 정의될 수 없는 이유를 짚는다.

Part 2에서는 도브 Dove, 볼보 Volvo, 파타고니아 Patagonia, 네스프레소 Nespresso 등 세계적으로 검증된 글로벌 브랜드들의 목적이 어떻게 탄생하고 진화해 왔는지를 분석한다. 그들의 행동과 메시지 속에서 '지속 가능한 브랜드 성장'의 원리를 발견할 수 있을 것이다.

Part 3에서는 규모는 작지만 철학이 단단한 한국의 브랜드들을 다룬다. 뉴닉 Newneek, 119REO, 트리플래닛 Tree Planet, 멜릭서 Melixir, 널핏 Nurlfit 등 뚜렷한 신념과 실천으로 팬덤을 형성한 브랜드들의 이야기를 통해 국내 브랜드들이 어떻게 자신만의 '작지만 선명한 목적'을 구현하고 있는지를 보여준다.

Part 4에서는 조직이 '목적'을 정의하고 실행으로 옮기는 과정을 다룬다. 추상적인 미션 선언이 아니라, 브랜드가 스스로에게 던져야 할 질문은 무엇인지, 목적을 전략과 의사결정, 조직 운영 속에 어떻게 연결할 수 있는지를 단계별로 정리한다. 이를 통해 목적이 슬로건에 머무르지 않고 실제 일의 기준이 되는 방법을 살펴본다.

이 책이 당신의 브랜드와 일, 그리고 삶의 방향을 다시 바라보게 하는 작은 나침반이 되기를 바라며 '목적이 이끄는 브랜드'를 만들어가는 여정으로 독자 여러분을 초대한다.

네스프레소 마케팅 본부장
이승오

PART 1

Why Purpose?
브랜드에게
목적이 필요한 시대

브랜드에 목적이
꼭 필요한가요?

"지금 사업해 나가기도 벅찬데, 브랜딩이 꼭 필요한가요?"

스타트업이나 작은 사업체를 운영하는 대표님들로부터 자주 듣는 질문이다. 나는 조심스럽게 되묻는다. "지금 사업이 벅찬 이유가 혹시 브랜딩이 제대로 되어 있지 않아서는 아닐까요?" 다소 불편해하는 분들도 있지만, 허를 찔렸다는 듯 크게 공감하는 분들도 많다.

브랜딩을 넘어 브랜드의 목적까지 고민해야 하는 이유는 무엇일까. 매출을 올리고 수익을 내는 것이 사업의 목적 아닌가 하는 의문이 들 수도 있다. 하지만 돈을 버는 것은 사업의 결과일 뿐, 왜 우리 브랜드가 존재하는지에 대한 명확한 이유가 없다면 차별화도, 고객 유지도, 인재 채용도 쉽지 않은 것이 현실이다. 브랜드의 목적이란 우리 브랜드가 존재해야 하는 근본적인 이유다. 해당 카테고리에 수많은 브랜드가 있는데 왜 우리 브랜드가 또 필요한지에 대한 질문에 설득력 있는 답을 할 수 있다면, 이는 확실한 브랜딩의 시작점이 될 수 있다.

목적은 때로 창업의 이유와 강하게 맞닿아 있으며 고객에게는 영감을, 직원에게는 동기부여의 원천이 된다. 인재 채용도 쉽지 않지만, 젊은 직원을 유지하는 것은 더욱 어려운 시대다. 작은 프로젝트 하나에도 명확한 이유를 주지 않으면 동기부여가 되지 않는다고 하는데, 하물며 브랜드 존재의 명확한 이유가 없다면 어떻게 크고 작은 경영의 어려움을 이겨낼 힘이 생길까?

또한 목적은 경제적 영향을 넘어선 사회적 기여로도 설명될 수 있다. ESG라는 식상해진 용어를 굳이 빌리지 않더라도, 브랜드가 단순히 구성원들의 생계를 위해서만 존재한다면 좋은 목적의 예라고 할 수 없다. 우리는 지역사회나 커뮤니티에 기여 없이 자신만의 성공을 추구하는 삶에 크게 감동받지 않는다.

마지막으로 목적은 브랜드와 조직의 북극성 역할을 한다. 어려운 결정을 앞두고 단순한 경제적 이유가 아닌, 우리는 어떤 이유로 이 결정을 해야 할지 고민할 때 브랜드의 존재 이유를 되돌아보는 것이 도움이 된다. 목적이 없다면 대표도 팀원도 그때그때의 상황에 따라 흔들리게 되고, 올바른 결정을 내리기 힘들어진다. 반대로 고통스럽더라도 브랜드의 목적에 따른 결정을 내리면, 당장은 손실이 있을지라도 브랜드를 키워내는 데 옳은 선택을 할 확률이 높아진다.

목적, 비전, 미션의 구분

브랜드에서 목적과 유사하게 쓰이는 개념이 있다. 바로 비전과 미션이다. 비전은 미래지향적이며, 조직이 장기적으로 달성하고자 하는 이상적인 상태를 묘사한다. 좋은 비전은 그것이 달성되었을 때의 기분까지도 느끼게 해줄 만큼 생생해야 한다. 따라서 비전은 영감을 주는 이미지나 언어로 표현되며, 조직원들의 가슴을 뛰게 하는 에너지가 있는지가 좋은 비전과 그렇지 않은 비전을 구분하는 기준이 된다.

미션은 상대적으로 현재에 초점을 맞춘다. 조직이 실제로 무엇을 하는지, 어떤 활동을 통해 비전을 달성하려 하는지를 설명한다. 그렇기에 미션은 더 구체적이며, 때로는 제공하는 상품이나 서비스, 타겟 고객에 대한 정보까지 포함한다.

테슬라의 사례를 보자. 비전은 "전기자동차로의 세계 전환을 주도하여 21세기의 가장 강력하고 매력적인 자동차 회사가 되는 것"이다. 테슬라의 구성원이라면 가슴이 뛸 만한 비전이다. 이 비전을 이루기 위해 오늘 당장 집중해야 할 일은 무엇인가? 미션이 그 답을 제시한다: "지속가능한 에너지로의 전환을 가속화한다."

하지만 모든 회사가 비전과 미션을 이렇게 한 쌍으로 명확히 정의하는 것은 아니다. 최근 AI 산업을 이끄는 OpenAI의 경우를 보자. OpenAI는 "범용 인공지능 AGI이 인류 전체에 이익이 되도록 한다"는 분명한 미션을 가지고 있다. 그러나 그들이 도달하고자 하는 미래를 하나의 정제된 비전 문장으로 고정해 두지는 않는다. 대신 미션 자체가 곧 방향이며, 기술 발전의 속도와 사회적 영향에 따라 미래의 모습은 열어 둔다. 이 경우 미션은 현재의 행동 원칙이자, 동시에 장기적 나침반의 역할을 한다.

반대로 엔비디아는 명확한 미션 문장을 전면에 내세우기보다, "AI 컴퓨팅의 시대를 여는 인프라 기업"이라는 강력한 미래상을 통해 자신을 설명해 왔다. 젠슨 황의 키노트와 제품 로드맵, 그리고 투자 방향을 따라가다 보면, 엔비디아가 어떤 세계를 만들고자 하는지는 분명히 드러난다. 이 경우에는 비전에 가까운 세계관이 조직 전체를 움직이는 중심축으로 작동한다.

이 두 사례는 중요한 사실을 보여준다. 목적, 비전, 미션은 반드시 모두를 갖춰야만 하는 체크리스트가 아니라는 점이다. 어떤 조직은 하나의 강력한 미션으로 충분히 방향을 잡을 수 있고, 어떤 조직은 선명한 비전이나 세계관이 구성원들의 판단 기준이 된다. 중요한 것은 용어의 완결성이 아니라, 조직의 과거와 현재 그리고 앞으로의 선택이 하나의 방향으로 정렬되어 있는가이다.

그럼에도 이 세 가지 개념을 구분해 살펴보는 일은 의미가 있다. 브랜드가 어디에서 출발했고, 지금 무엇에 집중하고 있으며, 앞으로 어디를 향해 가고 있는지를 점검할 수 있는 좋은 계기가 되기 때문이다. 몇 년에 한 번쯤은 일상의 성과와 KPI에서 한 발 물러나, 우리 조직의 북극성은 여전히 유효한지 자문해보는 시간이 필요하다.

목적이 이끄는
브랜드의 시대

"이 브랜드는 어떤 가치를 추구하나요?"

몇 년 전만 해도 이런 질문을 소비자에게서 듣는 일은 거의 없었다. 소비자들은 제품의 성능이 어떤지, 가격이 합리적인지, A/S는 잘 되는지를 물어봤다. 하지만 지금은 다르다. 특히 20-30대 소비자들은 브랜드가 어떤 관점과 신념체계, 그리고 가치를 추구하는지, 사회에 어떤 기여를 하는지를 먼저 묻는다. 이런 변화가 언제부터 시작되었을까? 여러 변곡점이 있었지만, 가장 결정적인 순간은 아마도 코로나19였을 것이다. 팬데믹이라는 전 지구적 위기 앞에서 사람들은 "정말 중요한 것이 무엇인가?"라는 근본적인 질문을 하게 되었다. 그리고 그 과정에서 소비 패턴도 완전히 바뀌었다.

가치소비의 본격화

한 세대의 등장은 언제나 소비의 풍경을 바꿔왔다. 그리고 지금, 시장의 흐름을 가장 강하게 흔들고 있는 MZ세대는 소비라는 행위를 '나의 가치를 선택하는 선언'으로 바라보고 있다. 이들에게 쇼핑은 더 이상 가격과 기능을 저울질하는 경제적 판단만이 아니다. 그 선택이 어떤 세계를 지지하는지가 중요해졌다. 바로 여기에서 가치소비가 본격적으로 자리 잡기 시작한다. 이들은 매장이나 온라인 쇼핑 중 구매할 제품을 바라보며 이런 질문을 던진다.

"이 브랜드는 어떤 신념을 가지고 있는가?"
"내가 지지하고 싶은 세상과 연결되어 있는가?"

지갑을 여는 순간, 그들은 브랜드의 철학을 함께 구매하는 셈이다. 과거의 소비가 '무엇을 사는가'에 머물렀다면, 오늘의 소비는 '왜 사는가'로 이동했다고 볼 수 있다. 설령 가격이 더 비싸고, 배송이 조금 느리더라도, 자신의 신념과 어긋나는 브랜드의 제품은 기꺼이 배제한다. 반대로, 마음속에 자리한 가치와 맞닿은 브랜드를 만나면 한없이 관대해지고, 그 브랜드가 더 큰 혁신과 세계관을 펼쳐나갈 수 있도록 소비를 통해 힘을 싣는다.

이 변화의 본질은 선한 소비를 한다는 도덕적 행위의 문제가 아니다. 자신의 삶 자체를 정의하는 방법이 달라졌다는 데 있다. 커피 한 잔을 마셔도, 옷을 한 벌 사도, 그 안에 담긴 이야기와 존재 이유가 자신과 공명해야 한다는 것이다. 브랜딩이 '멋있는 포장'의 시대를 지나, 존재의 진정성을 검증받는 시대로 들어선 것이다.

팬데믹은 우리에게 많은 질문을 던졌다.

"무엇이 진짜 중요한가?"
"왜 이렇게 바쁘게, 무작정 살아왔는가?"

그 질문은 생활 곳곳의 선택을 바꾸기 시작했다. 남들이 선호한다고 해서 따라가는 소비는 점차 매력을 잃었다. 혼자서 보내는 하루라도, 내가 선택하는 삶이어야 만족할 수 있는 시대가 열린 것이다. 그 결과, 사람들은 나를 닮은 브랜드, 내가 지지하고 싶은 브랜드, 세상을 조금이라도 더 아름답게 만드는 브랜드에 자연스레 시선을 준다.

소비는 더 이상 수동적 행위가 아니다. 내 삶의 태도를 세상에 말해주는 하나의 언어가 되었다. 그래서 오늘의 소비는 하나의 참여 방식이 된다. 자신의 가치관을 드러내는 선언이자, 더 나은 세상을 향해 보태는 작지만 단단한 행동이다. 이제 브랜드를 향한 질문도 달라졌다.

"당신의 제품은 세상에 어떤 변화를 제안하는가?"
"이 브랜드를 선택하는 일이, 어떤 세계에 힘을 보태는가?"

이 질문에 제대로 답하지 못하는 브랜드는 더 이상 선택받지 못할 것이다. 가치소비의 시대는 이미 도착해 있으며, 돌아갈 길은 없다.

소비자에서 협력자로, 그리고 팬으로

오늘날 시장에서 가장 주목해야 할 변화는 소비자의 역할이 완전히 달라졌다는 점이다. 과거의 소비자는 브랜드가 내놓은 제품을 수동적으로 구매하는 존재에 불과했지만, 지금의 소비자는 브랜드와 함께 같은 방향을 바라보며 더 나은 세상을 만들어가는 협력자라고 스스로를 정의한다. 좋은 브랜드를 발견하면 그것을 단순히 구매하는 데서 그치지 않고, 적극적으로 주변에 알리고, SNS에 자신의 경험을 공유하며, 브랜드가 펼치는 사회적 활동에 직접 참여하기도 한다. 브랜드가 제시하는 목적에 공감할 때, 이들은 단순한 고객을 넘어 브랜드의 전도사로서 스스로 행동한다.

하지만 브랜드가 자신의 가치와 맞지 않는 행동을 할 경우, 그 반응도 한층 더 단호하고 거침없다. 문제를 인지하는 순간 비판을 서슴지 않으며, 필요하다면 불매운동과 같은 조직적 행동으로까지 이어진다. 특히 2020년 미국의 인종차별 반대 운동 당시, 많은 브랜드들이 애매한 표현을 내놓거나 침묵했을 때 소비자들이 얼마나 격렬하게 반응했는지 떠올려보면 된다.

이런 변화는 최근의 사례에서 더욱 선명하게 드러난다. 2025년 여름,

미국의 의류 브랜드 어메리칸 이글은 배우 시드니 스위니를 모델로 한 새로운 청바지 광고를 선보였다. '멋진 청바지를 입은 그녀'라는 단순한 메시지로 보이는 캠페인이었지만, 광고 속 문구에는 '청바지 Jeans'와 '유전자 Genes'를 겹쳐 읽히게 하는 장치가 숨어있었다. 예쁜 외모와 체형이 '좋은 유전자' 덕분이라는 뉘앙스를 교묘하게 활용한 것이다. 밝은 금발과 푸른 눈을 가진 백인 여성 배우가 등장해 자신감을 표현하는 모습은 암묵적으로 특정 인종과 신체 이미지를 우월하게 설정하고 있었다. 그러자 소비자 사이에서는 격렬한 의견들이 빠르게 확산되었다. 백인 중심의 미적 기준을 고착해 온 패션 산업의 오랜 역사, 그리고 그 안에서 누가 '더 좋은 유전자'를 가진 존재로 묘사됐는지를 모두 알고 있기 때문이다. 광고가 멋있게 보이기 위해 선택한 언어와 이미지가, 누군가에게는 배제와 차별의 메시지로 읽혔던 것이다. 브랜드는 "그런 뜻이 아니었다"라고 해명했지만 바로 그 해명이 논란의 핵심을 드러냈다. 브랜드가 의도하지 않았다고 말해도, 소비자는 그 의도를 의심하지 않을 수 없다. 문화적 맥락을 무시한 표현은 결국 브랜드가 지지하는 세계관을 드러내는 것이기 때문이다. 특히 오늘날 소비자는 오랫동안 당연하게 받아들여지던 아름다움의 기준 뒤에 어떤 권력이 작동하는지 알고 있다. 그래서 그 광고가 "우린 백인 중심의 미적 서사를 계속 팔겠다"라는 말처럼 느껴지자, 분노는 더욱 커졌다.

이 사례는 강력한 사실 하나를 보여준다. 브랜드가 목적을 명확히 말하지 않으면, 소비자가 브랜드의 가치관을 대신 정의한다는 것. 소비자가 읽어낸 해석은 때때로 브랜드가 주장하는 의도를 완전히 넘어선다. "의도하시 않았냐"라는 말은 너 이상 변명이 되지 않는다. 시대의 감수성 앞에서, 모든 메시지는 정치적이며 모든 광고는 브랜드의 철학을 드러낸다. 결국 브랜드는 항상 어떤 세계를 지지하고 있다는 사실을 기억해야 한다. 침묵 조차 하나의 선택이며, 그 선택에는 책임이 따르기 때문이다.

이렇게 이제 소비자들은 브랜드가 단지 제품을 생산하고 판매하는 경제적 주체를 넘어, 사회적 책임을 다하는 주체로서 행동하기를 기대한다. 환경 문제, 사회적 불평등, 지역 공동체의 붕괴 등 우리가 직면한 다양한 이슈 속에서 브랜드가 어떤 목소리를 내고 어떤 변화를 만들어가는지를 예의주시한다. 브랜드가 가진 영향력이 큰 만큼, 그 영향력이 사회를 향해 바르게 사용되기를 바라는 것이다.

물론 이러한 변화는 브랜드에게 기회이자 동시에 큰 부담이 된다. 진정성 있게 사회적 가치를 추구하는 브랜드라면 누구도 쉽게 무너뜨릴 수 없는 강력한 팬덤을 얻게 되지만, 말뿐이고 실천이 부족한 브랜드는 금세 '그린워싱', '소셜워싱'이라는 비판의 대상이 된다. 소비자들은 이제 브랜드의 언행을 면밀하게 살피고, 자신이 신뢰할 수 있는 상대에게만 지지를 보낸다. 한 마디로, 소비자는 더 이상 브랜드의 고객이 아니라 브랜드와 세상을 함께 만들어가는 동료이며, 그 관계의 중심에는 서로의 가치에 대한 깊은 신뢰가 자리하고 있다.

경쟁환경의 변화

소비자의 변화와 함께, 브랜드들이 경쟁해야 하는 환경 자체도 완전히 달라졌다. 과거에는 좋은 제품을 만들고 적당한 가격에 팔면 어느 정도 성공이 보장되었다. 하지만 지금은 그런 시대가 아니다. 수십 년 전만 해도 기술력이 곧 경쟁력이었다. 더 좋은 성능, 더 혁신적인 기능을 가진 제품을 만들 수 있다면 시장에서 확실한 우위를 점할 수 있었다. 하지만 지금은 어떨까?

스마트폰을 예로 들어보자. 아이폰이 처음 나왔을 때는 혁신 그 자체였다. 터치스크린, 앱스토어, 인터넷 브라우징 등 기존 휴대폰과는 차원이 다른 경험을 제공했다. 하지만 지금은? 삼성, 화웨이, 샤오미 등 수많은 브랜드들이 비슷한 수준의 기술력을 보여주고 있다. 더 놀라운 것은 카피의 속도다. 과거에는 혁신적인 기술이 나오면 경쟁사가 따라잡는 데 몇 년은 걸렸다. 하지만 지금은 몇 개월, 심지어 몇 주 만에 비슷한 기능의 제품이 시장에 등장한다.

자동차 업계도 마찬가지다. 테슬라가 전기차 시장을 개척했지만, 이제는 현대, 기아, BMW, 벤츠 등 기존 자동차 회사들도 비슷한 수준의 전기차를 출시하고 있다. 심지어 중국의 BYD, NIO 같은 후발주자들도 무서운 속도로 추격하고 있다. 이는 기술과 정보의 접근성이 높아졌기 때문이다. 글로벌 공급망이 발달하면서 누구나 비슷한 부품을 조달할 수 있게 되었고, 인터넷을 통해 기술 정보도 빠르게 공유된다. 결국 "무엇을 만드느냐"로는 더 이상 차별화가 어려워진 것이다.

더 심각한 위협은 이커머스와 PB Private Brand 브랜드들의 급성장이다. 쿠팡을 보자. "로켓배송"이라는 확실한 차별점을 앞세워 시장을 점령한 후, 이제는 쿠팡 브랜드 제품들을 적극적으로 내세우고 있다. 기존 브랜드 제품과 품질은 비슷한데 가격은 20-30% 저렴하다. 소비자 입장에서는 굳이 비싼 브랜드 제품을 살 이유가 없어진다.

더 충격적인 것은 알리익스프레스, 테무, 셰인 같은 중국 플랫폼들의 진격이다. 이들은 아예 중간 유통업체를 생략하고 공장에서 소비자에게 직접 판매한다. 품질은 기존 브랜드보다 다소 부족하다 할지라도, 가격은 절반 이하다. 예를 들어, 무선 이어폰 시장을 보자. 에어팟이 30만 원 정도 할 때, 알리에서는 비슷한 기능의 제품을 3만 원에 살 수 있다. 물론 브랜드 가치나 A/S 등에서 차이가 있지만, 많은 소비자들에게는 그 차이가 27만 원의 가격 차이를 정당화하지 못한다. 이런 환경에서 "적당히 괜찮은" 브랜드들은 설 자리가 없어졌다. 고급 브랜드도 아니고, 그렇다고 초저가 브랜드도 아닌, 애매한 위치의 브랜드들이 가장 큰 타격을 받고 있다.

그런데 여기서 한 가지 불편한 사실을 마주해야 한다. 시장에서 사라지고 있는 것은 브랜드가 아니라, 브랜드인 척해온 제품들이다. 과연 그런 "적당히 괜찮은" 제품들이 진짜 브랜드였을까?

'Brand'라는 단어는 고대 노르드어 'brandr'에서 유래하며, 뜻은 '불에 태우다 to burn'이다. 과거 목축 문화에서 자신의 가축임을 표시하기 위해 불에 달군 쇠로 낙인을 찍은 것에서 비롯된 개념이다. 이후 상품, 제조자, 품질 등을 구분하기 위한 마크로 발전하면서 오늘날의 브랜드 개념으로 확장되었다. 즉, 브랜드의 본질은 차별화다. 남의 소와 내 소를 구분하기 위한 표시였던 것처럼, 브랜드는 "이것은 다른 것과 다르다"는 명확한 차이를 보여줘야 한다. 그런데 "적당한 가격에 적당한 품질"로만 어필하는 제품들은 과연 차별화가 되어 있다고 할 수 있을까? 소비자들이 "아, 이건 반드시 이 브랜드여야 해"라고 생각할 만한 고유한 가치가 있을까? 로고가 있다고 다 브랜드가 아니다. 진짜 브랜드는 대체 불가능한 무언가를 가지고 있어야 한다. 그것이 뛰어난 기술력일 수도 있고, 독특한 디자인일 수도 있고, 특별한 경험일 수도 있다. 하지만 가장 지속가능한 차별화 요소는 바로 목적이다.

이런 변화 속에서 새로운 경쟁 규칙이 등장했다. 이제 브랜드들은 두 가지 선택지밖에 없다. 첫 번째는 완전한 저가 경쟁이다. 모든 것을 효율성에 맞춰 최대한 원가를 낮추고, 가격으로 승부하는 것이다. 하지만 이 게임에서는 결국 중국이나 동남아시아의 저임금 국가들이 유리할 수밖에 없다. 두 번째는 목적 기반의 차별화다. 가격이나 기능이 아닌, 브랜드가 추구하는 가치와 철학으로 경쟁하는 것이다. 이 게임에서는 진정성과 일관성이 핵심이다. 흥미롭게도, 성공하는 브랜드들을 보면 대부분 두 번째 전략을 택하고 있다. 테슬라는 단순히 전기차를 파는 회사가 아니라 '지속가능한 에너지로의 전환'을 추구하는 회사다. 애플은 스마트폰을 파는 회사가 아니라 '기술을 통한 인간의 창조력 증대'를 추구하는 회사다.

목적 중심 브랜드들의 실제 성장률

실제 데이터를 보면 이런 변화가 얼마나 확실한지 알 수 있다. 유니레버의 내부 조사에 따르면, 목적이 명확한 브랜드들 도브, 벤앤제리스 등의 성장률이 그렇지 않은 브랜드들보다 평균 46% 높았다. 또한 딜로이트의 『2020 Global Marketing Trends』 보고서는 '목적은 모든 것의 중심'이라고 정의한다. 리포트에 따르면, 목적 중심 기업은 경쟁사보다 평균 3배 빠르게 성장하며, 더 높은 시장 점유율과 고객·직원 만족도를 달성한다. 이들은 단순한 마케팅 슬로건이 아니라, 조직의 전략·문화·실행 전반에 목적을 내재화함으로써 장기적 가치를 창출한다는 점을 강조한다.

목적은 정의한다고 끝나지 않는다. 이를 전략·조직문화·커뮤니케이션 전반에 일관되게 내재시키는 것이 훨씬 더 중요하다. 그 목적이 '말이 아닌 행동'으로 구체적으로 실현될 때, 이해관계자는 기업이 약속을 지킨다고 느끼며 신뢰가 쌓이기 시작한다. 보스턴 컨설팅 그룹의 리서치에 따르면, 응답자의 78%는 목적 중심 기업에서 일하고 싶다고 답했으며, 72%는 실수가 있더라도 용인할 수 있다고 했는데, 이는 목적이 소비자와의 관계뿐 아니라 내부 직원 유지율을 높이고, 동시에 기업의 위험을 완충하는 중요한 역할을 할 수 있음을 보여준다.

결국 경쟁의 차원 자체가 바뀐 것이다. 과거에는 '무엇을 얼마에 파느냐'의 경쟁이었다면, 지금은 '왜 존재하느냐'의 경쟁이 되었다. 이런 경쟁에서는 기존의 마케팅 공식이 통하지 않는다. 광고비를 많이 쓴다고 이기는 것도 아니고, 유명한 모델을 섭외한다고 해결되는 것도 아니다. 진정성 있는 목적과 그것을 일관되게 실행하는 능력이 새로운 경쟁력이 된 것이다. 그리고 이런 변화는 한국뿐만 아니라 전 세계적인 트렌드다. 소비자들이 똑똑해지고, 선택지가 많아지고, 정보가 투명해질수록 이런 경향은 더욱 강해질 것이다. 브랜드들은 이제 선택해야 한다. 치열한 가격 경쟁의 늪에 빠질 것인가, 아니면 목적이라는 새로운 차별화 무기를 손에 들 것인가.

목적이 비즈니스에
미치는 구체적 영향

그렇다면 목적은 구체적으로 비즈니스에 어떤 영향을 미칠까? 단순히 '좋은 일'을 한다는 만족감 이상의 실질적인 변화가 있을까? 실제 기업들의 사례를 통해 목적이 만들어내는 비즈니스 임팩트를 살펴보자.

고객 로열티와 프리미엄 가격의 비밀

목적이 명확한 브랜드의 가장 큰 무기는 고객 로열티다. 단순히 제품을 좋아하는 것을 넘어서, 브랜드가 추구하는 가치에 공감하는 고객들은 쉽게 다른 브랜드로 떠나지 않는다. 파타고니아가 대표적인 예다. 이 브랜드의 고객들은 단순히 아웃도어 의류를 사는 것이 아니라, 환경 보호라는 가치에 동참한다고 생각한다. 그렇기에 경쟁사가 더 저렴한 제품을 내놔도, 기능이 비슷한 제품을 출시해도 쉽게 브랜드를 바꾸지 않는다. 더 놀라운 것은 이런 고객들이 프리미엄 가격을 기꺼이 지불한다는 점이다. 파타고니아 제품은 일반적으로 경쟁사보다 20-30% 비싸지만, 고객들은 그 차이를 '환경을 위한 투자'라고 생각한다.

네스프레소도 좋은 예다. 캡슐 커피 시장에는 수많은 경쟁사들이 있고, 기능적으로는 비슷해 보이는 제품들이 많다. 하지만 네스프레소는 지속가능성에 진심으로 매진하고 있고, 특히 캡슐 재활용 프로그램은 업계에서 독보적이다. 실제로 한 고객은 이렇게 말했다. "다른 캡슐 커피 브랜드들도 써봤어요. 그런데 다 쓴 캡슐을 종량제 봉투에 버릴 때마다 마음한편이 계속 불편하더라고요. 이건 분명 재활용이 될 것 같은데, 그냥 버려도 되는 걸까 하는 생각이 들었거든요. 네스프레소는 사용한 캡슐을 다시 회수해서 재활용할 수 있다고 해서, 가격이 조금 더 비싸더라도 환경을 생각하면 이 브랜드를 선택하게 되더라고요." 이 고객에게 네스프레소는 단순한 커피가 아니라 지속가능한 소비를 실천하는 방법이다.

국내에서도 비슷한 사례를 볼 수 있다. 119REO의 소방관을 위한 업사이클링 가방은 일반 가방보다 비싸지만, 고객들은 "소방관을 돕는다"는 의미에 기꺼이 더 많은 돈을 지불한다. 단순한 가방이 아니라 사회적 가치를 담은 제품이라고 인식하기 때문이다. 이런 현상을 '의미 프리미엄'이라고 부른다. 고객들이 제품의 기능적 가치 이상으로 브랜드의 사회적 가치에 대해 추가 비용을 지불하는 것이다.

인재 채용과 유지에서의 압도적 우위

목적의 효과는 고객뿐만 아니라 직원들에게도 강력하게 나타난다. 특히 MZ세대 직원들에게는 더욱 그렇다. 최근 조사들에 따르면, MZ세대 직장인들은 단순한 연봉보다 일의 의미와 성장 가능성을 더 중요하게 여기는 것으로 나타났다. 이들은 단순히 돈을 벌기 위해 일하는 것이 아니라, 자신의 일을 통해 세상에 긍정적인 변화를 만들고 싶어한다. 목적이 명확한 회사들은 이런 인재들을 끌어들이는 데 압도적으로 유리하다. 같은 조건이라면 목적이 있는 회사를 선택하고, 심지어 연봉이 조금 낮아도 의미 있는 일을 할 수 있는 회사를 택하는 경우도 많다.

더 중요한 것은 이런 직원들의 몰입도와 생산성인데, 자신이 하는 일에 의미를 느끼는 직원들은 그렇지 않은 직원들보다 업무 몰입도가 높고, 이직률은 더 낮은 결과를 가져온다. 트레바리의 경우, '무지와 외로움을 깨뜨린다'라는 명확한 목적 때문에 많은 인재가 지원한다. 연봉이 대기업보다 낮을 수 있지만, 내가 만나본 트레바리 스탭들은 '의미 있는 일을 한다'는 자부심 때문에 만족도와 몰입도가 매우 높았다.

위기 상황에서의 놀라운 회복력과 자연스러운 확장 논리

목적의 진짜 힘은 위기 상황에서 드러난다. 코로나19라는 전례 없는 위기 상황에서 목적이 명확한 브랜드들이 보여준 회복력은 놀라웠다. 많은 브랜드가 매출 급감과 운영 중단으로 어려움을 겪을 때, 목적 브랜드들은 오히려 고객들과 더 깊은 유대감을 형성했다. 예를 들어, 도브는 팬데믹 초기 "진정한 아름다움"이라는 자신들의 목적에 맞춰 의료진을 응원하는 캠페인을 진행했다. 화장을 할 수 없는 상황에서도 "진짜 아름다움은 내면에서 나온다"는 메시지로 사람들에게 위로를 전했다. 결과적으로 코로나 기간 중에도 브랜드 선호도가 오히려 상승했다.

국내에서는 뉴닉이 좋은 예다. 팬데믹으로 모든 것이 불확실해졌을 때, "무지를 캐주얼하게 깨우자"는 목적에 맞춰 코로나 관련 정보를 이해하기 쉽게 전달했다. 복잡한 방역 정책이나 백신 정보를 젊은이들이 이해할 수 있도록 풀어서 설명해주었고, 이 과정에서 구독자가 폭발적으로 증가했다.

목적이 있는 브랜드들은 새로운 사업 영역으로 확장할 때도 고객들의 자연스러운 수용을 받는다. 왜냐하면 확장의 논리가 명확하기 때문이다. 흥미롭게도 테슬라는 전기차에서 시작했지만, 이제는 태양광 패널, 에너지 저장장치까지 사업 영역을 확장했다. 겉보기에는 전혀 다른 사업 같지만, '지속가능한 에너지로의 전환'이라는 목적 관점에서 보면 모두 일관된 스토리를 형성한다. 애플도 마찬가지다. 컴퓨터에서 시작해서 스마트폰, 태블릿, 스마트워치, 이어폰 등으로 확장했지만, '기술을 통한 인간의 창조력 증대'라는 목적하에서는 모두 자연스러운 확장이다.

목적의 경제학

: 왜 더 비싸도 더 잘 팔릴까?

경제학적으로 보면 목적은 브랜드의 '차별화 요소'를 만들어낸다. 완전 경쟁 시장에서는 가격으로만 경쟁해야 하지만, 목적을 통해 차별화에 성공하면 독점적 지위를 얻을 수 있다. 더 중요한 것은 목적이 '전환 비용'을 높인다는 점이다. 고객들이 다른 브랜드로 갈아타려면 단순히 제품을 바꾸는 것이 아니라 자신의 가치관도 바꿔야 한다고 느끼게 된다. 이는 심리적으로 매우 큰 부담이다.

결국 목적은 비즈니스의 모든 영역에서 긍정적인 선순환을 만들어낸다. 더 나은 인재를 끌어들이고, 더 충성도 높은 고객을 확보하며, 위기 상황에서도 흔들리지 않는 기반을 만들어준다. 그리고 이 모든 것이 결국 더 나은 재무 성과로 이어진다. 목적은 단순한 선량한 의도가 아니라, 21세기 비즈니스 환경에서 살아남기 위한 필수 전략이 되었다.

4

목적과 단순한 CSR의 차이

CSR vs 목적: 무엇이 다른가?

이쯤 되면 독자 중 일부는 이런 생각을 할 수도 있다. "목적이라는 게 결국 예전에 하던 CSR Corporate Social Responsibility 이나 사회공헌 활동과 뭐가 다른 거야?" 아니면 "그냥 마케팅 메시지를 그럴듯하게 포장한 거 아니야?" 이런 의문은 충분히 타당하다. 실제로 많은 기업들이 진짜 목적과 가짜 목적을 구분하지 못하고, 단순한 PR 활동을 목적이라고 포장하는 경우가 많기 때문이다. 하지만 진정한 목적과 단순한 마케팅 메시지 사이에는 명확한 차이가 있다.

기존의 CSR은 대부분 기업의 '부업'이었다. 본업으로 돈을 벌고, 그중 일부를 사회에 환원하는 방식이었다. 예를 들어, 제조업체가 공장에서 제품을 만들어 이익을 내고, 그 이익의 일부로 장학금을 주거나 환경 정화 활동을 하는 식이었다. 하지만 목적은 다르다. 목적은 기업의 '본업' 자체가 사회적 가치 창출과 연결되어 있다. 이윤 추구와 사회적 가치 창출이 분리된 것이 아니라, 하나의 통합된 목표다.

파타고니아를 다시 보자. 이 회사는 "의류를 팔아서 번 돈으로 환경 단체에 기부하자"라고 하지 않는다. 의류를 만드는 방식 자체를 환경친화적으로 바꾸고, 고객들에게 "새 옷을 사지 마라"고 말하며, 제품 수리 서비스를 적극적으로 제공한다. 환경 보호가 부업이 아니라 본업의 핵심이다.

CSR에서 목적으로: 전환기의 브랜드들

많은 브랜드가 목적을 이야기하지만, 그 실체를 혼동하는 경우가 많다. 한 번의 의미 있는 CSR 캠페인이나 기부 활동을 했다고 해서, 곧바로 목적 중심의 브랜드가 되는 것은 아니다. 단발적 캠페인은 브랜드가 사회적 주제에 관심을 가지고 있음을 보여줄 수는 있지만, 브랜드의 존재 이유를 규정하지는 못한다. 목적은 캠페인이 아니라, 브랜드가 어떤 방식으로 사업을 하고, 어떤 기준으로 의사결정을 내리며, 어떤 문제를 스스로의 책임으로 받아들이는가에 관한 개념이다.

그렇다고 해서 모든 브랜드가 처음부터 완성된 목적을 가지고 출발해야 한다는 뜻도 아니다. 어떤 브랜드는 브랜드 캠페인에서 출발해 목적으로 확장되는 전환 과정을 밟는다. 국내 대표적 유가공 브랜드 중 하나인 '빙그레'가 그 예라고 생각한다. 빙그레라는 브랜드 사명에는 의외로 깊은 역사적 맥락이 담겨 있다. '빙그레'는 독립운동가 도산 안창호 선생이 강조한 '민족의 웃음' 정신에서 비롯되었다. 도산은 이렇게 말했다. "왜 우리 사회는 이렇게 차오? 서로 사랑하는 마음으로 '빙그레' 웃는 세상을 만들어야 하겠소." 여기서 말하는 웃음은 단순한 감정적 표현이 아니다. 슬픔과 혼란 속에서도 서로의 존엄을 지키고 공동체를 지켜내는, 긍정의 힘을 뜻했다.

즉, 빙그레가 이야기하는 웃음은 제품의 즐거움만이 아니라 사회를 더 건강하게 만들고자 하는 의지를 포함하는 가치다. 이 철학은 몇 년 전부터 사회적 실천으로 확장되고 있다. 2018년부터 독립유공자 후손 장학사업을 진행해 왔으며, 2019년 임시정부 수립 100주년을 기점으로 역사·보훈 캠페인을 지속해오고 있다. 이러한 활동은 매년 조금씩 형태를 달리하며 이어지고 있다.

2024년에는 '처음 입는 광복' 캠페인을 진행했다. 옥중에서 순국하여 수형 사진만 남은 독립운동가들을 AI 기술로 복원하고, 한복을 입은 모습으로 재현해 냈다. 그동안 사진 속에서조차 존엄을 회복할 기회가 없었던 분들께 빛나는 새로운 얼굴을 되돌려 드리는 작업이었다. 2025년 광복 80주년에는 '처음 듣는 광복' 캠페인을 선보였다. 독립운동가 후손 증언, 역사학자 자문, 1945년의 기후·공간·상황 자료 등 다층적 고증을 바탕으로 AI 기술로 재현한 만세 함성을 시민들이 직접 들을 수 있도록 했다. 백

범김구기념관과 서대문형무소역사관에 음원을 기증하고 전시를 열어, 기억 속에서 희미해진 광복의 소리를 교육·체험 자원으로 확장했다.

이러한 노력들이 그렇다고 곧바로 빙그레의 목적을 '독립운동가 지원'으로 규정한다는 뜻은 아니다. 빙그레의 본질은 여전히 식품을 통해 건강과 행복을 나누는 브랜드다. 다만 이 캠페인들은 브랜드가 가진 감정적 정체성의 뿌리가 어디에 있는지를 사회와 공유하고, 그 뿌리를 기반으로 책임을 넓혀가는 과정이라는 점에서 의미가 있다. 즉, 빙그레는 사회공헌 활동을 통해 자신들의 정체성을 재해석하고 확장하며, CSR에서 목적으로 넘어가는 전환 단계에 서 있는 브랜드라 할 수 있다.

목적은 어느 날 갑자기 선언되는 개념이 아니다. 브랜드 스스로에게 '우리는 왜 존재하는가?'라는 질문을 거듭 던지고, 그 답을 오랜 시간에 걸쳐 조직·제품·커뮤니케이션 전반에 연결해 나가는 과정에서 비로소 완성된다. 캠페인은 그 과정의 표현일 수 있으나, 단발적 실행만으로 목적이 성립되는 것은 아니다. 중요한 것은 얼마나 깊게 정체성과 연결되었는가, 그리고 얼마나 지속될 것인가다. 앞으로도 빙그레가 이 의미 있는 여정을 꾸준히 실천하며 나가기를 응원해 본다.

진짜 목적과 가짜 목적을 구분하는 법

그렇다면 어떻게 진짜 목적과 가짜 목적을 구분할 수 있을까? 여기 몇 가지 기준을 제시한다.

1. 일관성: 말과 행동이 일치하는가?

진짜 목적이 있는 브랜드는 모든 접점에서 일관된 메시지를 보여준다. 광고에서 하는 말과 실제 제품 개발, 직원 채용, 공급업체 선택에서의 행동이 일치한다. 반대로 가짜 목적의 브랜드는 광고에서만 그럴듯한 말을 하고, 실제 비즈니스 운영에서는 전혀 다른 모습을 보인다. 환경을 생각한다고 광고하면서 정작 제품은 플라스틱 포장재로 과대 포장하거나, 공정의 가치를 말하면서 하청 업체에는 무리한 단가 인하를 요구하는 식이다.

2. 지속성: 오래 지속되는가?

진짜 목적은 단발성 캠페인이 아니라 지속적인 노력이다. 도브의 '진정한 아름다움' 캠페인은 20년 넘게 지속되고 있다. 벤앤제리스의 사회 정의 추구도 30년 이상의 역사를 가지고 있다.

볼보의 이야기는 더욱 극적이다. 1959년 볼보가 3점식 안전벨트를 개발했을 때, 회사는 놀라운 결정을 내렸다. 이 혁신적인 기술의 특허를 무료로 공개한 것이다. 자동차 업계 전체가 이 기술을 사용할 수 있도록 한 이유는 단 하나, '생명을 구하는 기술은 독점되어서는 안 된다'라는 신념 때문이었다. 볼보는 단기적 이익을 포기하고 '안전을 향한 집요한 헌신'이라는 자신들의 목적을 선택했다. 그 결과 60년이 넘는 지금까지도 볼보하면 '안전'이 가장 먼저 떠오르는 강력한 브랜드 정체성을 구축했다. 가짜 목적은 대부분 일회성이거나 짧은 기간에 그친다. 사회적 이슈가 화제가 될 때만 잠깐 편승하고, 관심이 식으면 슬그머니 사라진다.

3. 비용 지불 의향: 손해를 감수할 각오가 있는가?

가장 중요한 구분 기준은 목적을 위해 실제로 비용을 지불할 의향이 있는지다. 진짜 목적을 가진 브랜드들은 때로는 단기적 이익을 포기하면서도 자신들의 가치를 지킨다. 네스프레소가 1991년부터 캡슐 재활용 프로그램을 시작한 것이 대표적인 예다. 이때는 아직 재활용이라는 개념이 사회에 깊이 뿌리내리기도 전이었다. 지금에야 재활용이 당연하게 여겨지지만, 당시로서는 비용만 들고 수익에는 도움이 되지 않는 '손해 보는 일'이었다. 사용한 캡슐을 회수하고, 분리하며, 다시 재활용하는 전 과정에는 막대한 비용과 복잡한 운영이 뒤따랐다. 그럼에도 네스프레소는 이 프로그램을 30년 넘게 지속해왔다. 그것은 지속가능성이 마케팅의 수식어가 되기 전부터 '커피 한 잔이 만들어지는 전 과정에 책임을 져야 한다'는 브랜드의 신념을 실천하는 방식이었기 때문이다. 그 결과 지금은 캡슐 커피 업계에서 독보적인 지속가능성 브랜드로 인정받고 있다. 반면 가짜 목적은 손해를 감수할 생각이 전혀 없다. 이익이 되는 선에서만 '좋은 일'을 하고, 조금이라도 손해가 예상되면 슬그머니 뒤로 빠진다.

요즘 '그린워싱', '소셜워싱'이라는 말을 자주 듣는다. 실제로는 환경이나 사회에 도움이 되지 않으면서 마케팅만으로 그런 이미지를 만드는 것을 비판하는 표현이다. 이런 논란을 피하려면 어떻게 해야 할까?

투명성이 핵심이다. 무엇을 하고 있는지, 얼마나 진전이 있었는지, 아직 부족한 부분은 무엇인지를 정직하게 공개하는 것이다. 완벽하지 않아도 괜찮다. 중요한 것은 진정성 있게 노력하고 있음을 보여주는 것이다. 예를 들어, 어떤 브랜드가 "탄소 배출을 줄이겠다"라고 선언했다면, 현재 배출량이 얼마인지, 목표치는 얼마인지, 어떤 방법으로 줄일 계획인지, 지금까지 얼마나 진전이 있었는지를 구체적인 수치와 함께 공개해야 한다.

다수의 목적 중심 브랜드를 보유한 유니레버는 기후 대응을 위해 '기후 전환 행동 계획CTAP'을 수립하고, 운영 부문 Scope 1, 2에서 2030년까지 Net Zero를 달성하겠다고 선언했다. 또한 2024년에는 주요 지속가능성 과제를 보다 효과적으로 해결하기 위해 목표를 재정비했으며, 2015년 대비 이미 72%의 감축을 이뤘다고 보고했다. 아직 Net Zero에 완전히 도달한 것은 아니지만 상당한 진전을 보였으며, 설령 이들이 2030년까지 100% 달성에 이르지 못한다 하더라도 여전히 이런 행동은 고객의 입장에서 응원하게 된다.

목적은 선택이 아니라 생존 전략이다

많은 기업이 목적을 부담스러워하는 이유 중 하나는 '완벽해야 한다'라는 강박 때문이다. 하지만 목적은 완벽한 상태가 아니라 추구하는 방향이다. 중요한 것은 그 방향을 향해 꾸준히 노력하고 있다는 것이다. 실수할 수도 있고, 때로는 이상과 현실 사이에서 어려운 선택을 해야 할 수도 있다. 하지만 그런 과정을 투명하게 공유하고, 지속적으로 개선해 나가는 모습을 보여주면 된다.

앞서 소개한 보스턴컨설팅그룹의 조사에서도 72%의 소비자가 목적 중심 브랜드라면 설사 실수가 있더라도 용인할 수 있다고 답했다. 이는 고객 또한 완벽을 요구하기보다, 브랜드가 어떤 방향성을 지향하는지에 공감하며 그 여정을 지켜볼 준비가 되어 있음을 보여준다.

마지막으로, 진짜 목적과 가짜 목적의 가장 큰 차이는 그것이 조직의 어느 정도까지 스며들어 있는가이다. 가짜 목적은 대부분 마케팅 팀이나 PR 팀의 전유물이다. 멋진 구호를 만들고, 그럴듯한 캠페인을 기획하지만, 실제 제품을 개발하는 사람들, 고객을 응대하는 사람들, 공급업체를 관리하는 사람들은 그 목적을 전혀 모르거나 신경 쓰지 않는다. 진짜 목적은 CEO부터 신입사원까지, 제품 개발부터 고객 서비스까지, 조직의 모든 부분에 스며들어 있다. 모든 의사결정의 기준이 되고, 모든 직원의 행동 원칙이 된다. 이것이 바로 목적이 단순한 마케팅 메시지가 아닌 이유다. 목적은 조직 전체의 DNA가 되어야 하고, 그래야만 진정한 차별화와 지속적인 성장을 만들어낼 수 있다.

결국 목적은 '좋은 일을 하자'는 도덕적 당위가 아니라, '이렇게 해야 살아남을 수 있다'라는 전략적 필수가 되었다. 그리고 이 전략이 성공하려면 진정성이 뒷받침되어야 한다. 소비자들의 눈은 갈수록 까다로워지고 있고, 가짜는 언젠가 반드시 들통나기 때문이다.

5

비콥:
목적이 이끄는 기업의 새로운 기준

비콥 B Corp 이란 무엇인가

비콥은 미국에서 시작된 기업 인증 제도다. 단순히 이윤 추구에 머무르지 않고, 사회적·환경적 책임을 함께 실천하는 기업들을 인증하는 시스템인데, 형식적인 인증을 넘어 기업의 힘으로 사회 문제를 해결하고자 하는 글로벌 기업문화 운동으로 볼 수 있다. 일반적인 기업이 영리기업 Profit Corporation 이라면, 비콥은 그 대척점에 있다. 효익 Benefit 을 사회에 환원하는 남다른 기준을 가진 기업에게만 주어지는 특별한 자격이 바로 비콥이다. 비콥 인증은 다음과 같은 5가지 핵심 영역을 평가한다.

- 거버넌스: 투명한 경영과 책임감 있는 의사결정
- 근로자: 공정한 노동 환경과 직원 복지
- 고객: 고객에 대한 진정한 가치 창출
- 커뮤니티: 지역사회에 대한 기여와 사회적 영향
- 환경: 지속 가능한 환경 관리

이러한 평가는 B Impact Assessment BIA 라는 온라인 플랫폼을 통해 이뤄진다. 꼭 비콥 인증을 추진하지 않더라도 누구나 계정을 만들어 기업의 사회환경적 성과를 평가해 볼 수 있다. 제품이나 서비스 일부가 아닌 경영 전반을 포괄적으로 평가한다는 점이 특징이다. BIA는 기업의 사회환경적 성과를 두 가지 측면에서 살펴본다. 하나는 기업이 일상적으로 운영하면서 창출하는 성과이고, 다른 하나는 특정 이해관계자에게 긍정적인 임팩트를 창출하도록 의도적으로 설계된 비즈니스 모델이다. 후자의 경우 '임팩트 비즈니스 모델'이라 부르며, 단일 질문만으로도 훨씬 높은 점수를 받을 수 있다.

임팩트 비즈니스 모델이 인정받기 위해서는 까다로운 조건들을 만족해야 한다. 먼저 누구에게 어떤 도움을 주는지가 명확해야 한다. 막연히 '사회에 좋은 일'이 아니라 시각장애인, 저소득층, 환경 등 구체적인 대상과 효과가 있어야 한다. 또한 회사 매출에서 상당한 비중을 차지해야 하고, 실제로 그런 일을 하고 있다는 증거도 있어야 한다. 가장 중요한 것은 사업 모델 자체에 사회적 가치가 녹아있어야 한다는 점이다. 예를 들어 수익의 일부를 기부하는 기업이 있다고 하자. 경기가 좋을 때만 기부하고 어려울 때는 중단한다면 임팩트 비즈니스 모델로 인정받기 어렵다. 하지만 커피 한 잔을 팔 때마다 커피 농가에 일정 금액을 교육비로 지원하는 구조처럼, 판매 자체가 곧 사회적 임팩트로 연결되는 시스템이라면 인정받을 가능성이 높다. 또 다른 예로는 폐기물을 원료로 사용하는 기업을 들 수 있다. 단순히 폐기물을 잘 분리배출하는 것과 버려지는 폐기물 또는 폐플라스틱을 수집해서 새로운 제품을 만드는 것은 차원이 다르다. 후자는 폐기물 문제 해결이 바로 사업의 핵심이 되기 때문이다.

인증 과정은 까다롭다. 온라인 설문과 전화 인터뷰를 통해 180개 질문에 답하고, 200점 만점에 80점 이상을 받아야 한다. 더 중요한 것은 3년마다 재인증을 받아야 한다는 점이다. 일회성 이벤트가 아닌, 지속적인 개선과 헌신이 필요한 여정인 셈이다.

비콥 표준의 진화: 2025년 새로운 기준

비콥은 지속적인 개선을 원칙으로 하는 만큼, 2025년 4월 새로운 표준을 발표했다. 기존 5개 영역에서 7개 임팩트 주제로 확장된 새로운 기준은 더욱 구체적이고 실무적인 요구사항을 담고 있다. 그중에서도 가장 주목할 만한 변화는 '목적과 이해관계자 거버넌스 Purpose & Stakeholder Governance' 영역이다. 이는 기업이 주주 이익 극대화라는 전통적 사고에서 벗어나, 모든 이해관계자의 이익을 고려한 의사결정을 하도록 요구한다.

새로운 표준에서 모든 기업이 반드시 갖춰야 할 것들이 있다. 우선 고객이나 직원들이 불만이나 문제를 제기할 수 있는 공개적인 창구를 마련해야 한다. 그리고 중요한 결정을 내릴 때 주주뿐만 아니라 직원, 고객, 지역사회까지 고려해야 한다. 마케팅이나 홍보를 할 때도 과장하거나 거짓 정보를 퍼뜨리지 않도록 명확한 정책을 세워야 한다.

규모가 큰 기업들에게는 더 까다로운 조건이 추가됐다. 정기적으로 이해관계자들과 만나 회사가 어떤 사회적·환경적 이슈에 집중해야 하는지 평가하는 과정을 거쳐야 한다. 배당금을 주거나 자사주를 매입할 때도 이것이 다른 이해관계자들에게 어떤 영향을 미칠지 생각해봐야 한다. 심지어 임원진의 성과 평가와 보상을 정할 때도 매출이나 이익만이 아니라 사회적·환경적 성과까지 반영해야 한다. 특히 '그린워싱' 방지를 위한 요구사항이 강화된 점이 눈에 띈다.

이러한 변화는 비콥이 단순한 인증을 넘어 진정한 이해관계자 자본주의의 구현체가 되어야 한다는 메시지를 담고 있다. 목적을 말하는 것만으로는 충분하지 않다. "그 목적을 어떻게 실천하고 있는지 구체적인 지표와 책임 메커니즘이 필요하다"는 B Lab의 조언처럼, 새로운 표준은 진정성 있는 실천을 더욱 엄격하게 요구하고 있다.

글로벌 확산과 한국의 현황

ESG의 중요성이 대두되면서 비콥은 전 세계적으로 빠르게 확산되고 있다. 2025년 7월 기준 100여 개국 10,020개 기업이 비콥 인증을 받았다. 우리에게 친숙한 글로벌 브랜드들도 많다. 파타고니아와 네스프레소, 벤앤제리스를 비롯해 록시땅, 아베다 같은 기업들이 대표적이다. 주목할 점은 상장 기업들의 참여가 늘고 있다는 것이다. 2019년 11곳에 불과했던 상장 비콥 기업은 2024년 말 75곳으로 증가했다. 특히 소비자와 직접 맞닿아 있는 식품, 화장품, 의류 업계가 30% 이상을 차지한다는 점이 흥미롭다.

이런 현상의 배경에는 소비자들의 변화된 기대가 있다. 비콥의 인지도 조사에 따르면, 응답자의 56%가 구매 결정에서 지속가능성 인증 여부를 고려한다고 답했다. 기업에 대한 기대가 '가격'과 '성능'을 넘어 사회적 책임과 태도로 확장되고 있는 셈이다. 물론 대기업의 비콥 인증은 쉽지 않다. 까다로운 기준을 보면 더욱 그렇다. 네스프레소가 2021년 비콥 인증을 받은 것도 리더십의 강한 의지와 지속적인 개선 노력, 그리고 단기간 성과로는 증명하기 어려운 장기적 관점이 있었기에 가능했다. 한국 상황은 아직 초기 단계다. 2025년 7월 기준 30여 개 기업이 등록되어 있지만, 대규모 기업은 많지 않다. 앞서 소개한 글로벌 기업들은 한국 지사를 포함한 전 법인이 함께 인증을 받기 때문에 집계상 한국 기업으로 분류되지 않는다는 점도 있다. 꼭 큰 회사만이 중요한 것은 아니지만, 사업 규모가 클수록 사회에 미칠 수 있는 영향이 크기 때문에 아쉬운 부분이다.

토스뱅크

: 금융 문턱을 낮추는 비콥의 실천

그런데 2024년 5월, 반가운 소식이 들려왔다. 바로 토스뱅크가 1년여의 준비 끝에 비콥 인증을 받은 것이다. 국내 은행 최초라는 타이틀도 의미 있지만, 더 중요한 것은 토스뱅크가 보여준 '비콥다운' 접근 방식이었다. 토스뱅크는 화려한 기술보다 '누구나 쉽고 편하게 쓸 수 있는 금융'이 진짜 혁신이라고 믿었다. 이런 철학은 구체적인 서비스로 이어졌다. 저시력자 고객들이 기존 은행에서 체크카드 하나 만들기 위해 지인과 함께 여러 서류를 떼고 긴 시간을 기다려야 했지만, 토스뱅크 앱에서는 이미지까지 음성으로 읽어주는 접근성 기능 덕분에 스스로 적금과 예금을 만들 수 있게 되었다. 자영업자 고객들에게는 시간이 곧 매출이기에, 기존 은행 대출을 위해 몇 시간씩 가게를 비워두는 것이 큰 부담이었지만, 토스뱅크에서는 1분 안에 대출 가능 여부와 금액을 확인할 수 있어 이동 중에도 금융 업무를 처리할 수 있게 되는 등, 실질적인 효익이 발생했다.

이런 변화의 바탕에는 토스뱅크만의 기술적 혁신이 있었다. 데이터 스크래핑 기술을 통해 소상공인, 장애인, 외국인 고객이 복잡한 서류 없이도 필요한 금융 서비스를 받을 수 있도록 했고, 금융·비금융 데이터를 종합 분석해 더 정확한 신용 평가를 가능하게 했다. 이번 비콥 인증은 토스뱅크가 중저신용자와 소상공인 금융 사각지대를 줄이고, 장애인과 외국인을 위해 접근성을 높이는 등 은행 문턱을 낮춘 점이 지역사회와 고객을 향한 진정한 가치를 만들어냈다는 대외적인 인정이라고 여겨진다. 특히 주목할 점은 BBC가 전 세계 1만여 개 비콥 인증 기업 중 단 18곳만을 선정해 다큐멘터리로 제작한 'Common Good' 캠페인에서 아시아 기업으로는 유일하게 토스뱅크가 참여했다는 것이다. 이는 토스뱅크의 '금융 민주화' 노력이 글로벌 수준에서도 인정받았음을 의미한다.

토스뱅크의 사례는 비콥이 단순한 인증이 아니라 실제 비즈니스 모델 자체에 사회적 가치를 내재화할 수 있다는 것을 보여준다. 이윤 추구와 사회적 가치 창출이 대립하는 것이 아니라, 오히려 서로를 강화할 수 있다는 비콥의 핵심 메시지를 구현한 대표적 사례인 셈이다.

비콥의 실질적 비즈니스 가치

누군가 비콥 인증이 브랜드 목적에는 충실하지만 실제 사업에도 도움이 되느냐고 묻는다면, 나는 주저 없이 그렇다고 답하겠다. 무엇보다 비콥 인증은 기업이 사회적·환경적 책임을 진지하게 다루고 있다는 것을 공식적으로 보여준다. 이를 통해 브랜드의 신뢰도와 이미지가 강화되고 고객 충성도 향상에도 기여한다. 특히 전 세계적으로 MZ세대가 지속 가능하고 윤리적인 비즈니스를 선호하는 상황에서, 비콥 인증은 소비자들에게 브랜드가 그들의 가치와 일치한다는 강력한 신호를 보낸다.

인재 유치 측면에서도 마찬가지다. 많은 젊은 인재들이 의미 있는 일에 참여하고 싶어 한다. 그러나 왜 낳은 젊은 인재들이 회사에서는 의미 있는 일을 찾지 못하고, 사이드 프로젝트라는 이름으로 자신의 열정을 조직 바깥에서 쏟고 있는 걸까? 비콥 인증은 기업이 이러한 가치를 중시한다는 것을 보여주며, 이는 유능한 인재들을 끌어들이는 데 도움이 될 수 있다.

비즈니스 네트워크와 투자 측면에서 비콥의 가치는 더욱 구체적으로 드러난다. 비콥 커뮤니티에 속함으로써 다른 윤리적이고 지속 가능한 비즈니스들과의 네트워크를 형성할 수 있고, 이는 새로운 파트너십과 비즈니스 기회로 이어지기 때문이다. 2023년 비콥 인증을 받은 청각장애인을 위한 수어 AI 솔루션을 만드는 EQ4ALL 대표의 인터뷰가 이를 잘 보여준다.

"해외에서 비콥을 아는 사람의 비율은 상당히 높습니다. 고객사를 만날 때 '우리는 비콥 인증을 받은 기업입니다'라고 하면 회사에 관해 더 이상 묻지 않는 회사의 비율이 국내와는 큰 차이가 있어요. 특히 글로벌 비즈니스를 전개할 거라면 더욱 추천하고 싶습니다. 한국 기업, 특히 중소기업이 미국이나 유럽에 갔을 때 의심의 눈으로 바라보는데, 비콥이 있으면 일단 의심을 한 겹 제거하고 시작할 수 있어요."

투자 유치에서도 비콥의 힘은 명확하다. ESG 경영이 필수가 되면서 투자자들의 관심이 단기적 수익 창출에서 지속가능한 경영으로 변화하고 있다. 스위스 취리히 대학이 2024년 발간한 「투자자를 위한 비콥 인증 가이드」에 따르면, 2조 원 이상의 자산을 운용하는 글로벌 투자사들이 잇따라 비콥 인증을 받고 있다.

더 주목할 점은 비콥 기업들의 재무적 회복력이다. 예일대가 파타고니아, 투자사 캡록과 공동 발간한 보고서 "Just Good Business: An Investor's Guide to B Corps"에 따르면, 2008년 금융위기 동안 비콥 기업들은 50.48%의 수익 성장률을 기록했다. 어려운 경제 상황에서도 지속가능한 비즈니스 모델을 바탕으로 안정적인 성과를 낼 수 있음을 보여준 것이다. 투자자들이 비콥에 주목하는 이유는 재무제표만으로는 알 수 없는 기업의 운영 리스크, 지속가능성, 사회적 영향력을 객관적으로 평가할 수 있기 때문이다. 3년마다 재인증을 받아야 하는 까다로운 조건은 오히려 지속적인 개선과 혁신을 보장하는 장치로 작용한다. 실제로 2017년 실리콘밸리 주요 벤처캐피탈들이 비콥 기업에 투자한 규모는 14억 달러에 달했다.

한국에서의 과제와 기회

한국에서 비콥이 더 확산되기 위해서 해결해야 할 대표적인 과제는 인식 부족이다. 아직 많은 기업이 비콥의 존재 자체를 모르거나, 알더라도 '좋은 일'의 범주에서만 이해하는 경우가 많다. 또한 단기 성과를 중시하는 기업 문화도 걸림돌이다. 비콥 인증은 장기적 관점에서 지속적인 개선을 요구하는데, 분기별 실적에 매몰된 경영진에게는 우선순위에서 밀리기 쉽다.

하지만 작지만 의미 있는 변화들이 시작되고 있다. 2024년 한국의 비콥 기업들이 모여 '비콥의 숲' 이니셔티브를 진행한 것이 대표적인 예다. 이는 비콥 커뮤니티만의 특별한 모습을 보여준다. 다른 인증 제도와 달리 비콥은 단순한 인증을 넘어 하나의 '운동'이기 때문이다. 비콥 커뮤니티는 산업별, 지역별로 모여 사회적·환경적 이슈를 함께 고민하고 집합적인 임팩트를 창출하려 한다. 한국에서는 환경이라는 공감대가 높은 영역에서 출발했다. 2025년 4월, 강원도 양양 달래저수지 일대에 꿀벌이 올 수 있는 밀원수 200그루를 심는 것으로 시작된 '비콥의 숲' 프로젝트에는 많은 비콥 기업들이 함께 참여하였는데, 단순히 나무를 심는 것을 넘어, 기후 위기로 개체수가 줄어드는 꿀벌의 서식지를 만들고 생물다양성을 보호하려는 목적이 담겨있었다. 참가자들은 "거대한 기후위기 앞에 우리의 일이 한없이 작게 느껴지지만, 시작하지 않으면 아무 일도 벌어지지 않을 테니 손을 잡고 한 걸음 내딛었다"라고 소감을 밝혔다.

이런 움직임은 비콥이 한국에서도 단순한 인증을 넘어 실질적인 변화를 만들어가는 커뮤니티로 성장하고 있음을 보여준다. 규모는 작지만 의미 있는 시작이다. 더 큰 기회도 있다. ESG 경영이 의무가 되어가는 상황에서, 비콥은 단순한 내부 통제 시스템을 넘어 진정성 있는 지속 가능 경영의 증거가 될 수 있다. 특히 글로벌 진출을 꿈꾸는 한국 기업에는 신뢰성을 증명하는 강력한 도구가 될 것이다. 비콥이 한국에서 더 많은 사람들에게 알려지고, 영향력이 커지기를 기대해 본다.

비랩코리아 김정태 공동설립자 인터뷰

1. 어떻게 비콥 운동에 참여하게 되셨나요?
개인적으로 어떤 계기나, 동기가 있으셨는지 궁금합니다.

사단법인 비랩코리아 B Lab Korea 공동설립자이자, 비즈니스를 통해 사회문제를 해결하는 임팩트 투자사 MYSC의 대표를 맡고 있는 김정태입니다. UN에서 근무하며 경제 불평등 문제를 다루던 시절, 저는 한 가지 한계를 깊이 느꼈습니다. 구조가 바뀌지 않으면 근본적인 변화는 어렵다는 것이었습니다. 긴급구호 이후에도 사람들은 다시 일상으로 돌아가야 하는데, 그 과정에서 '시장'의 역할이 빠져 있다는 사실이 늘 마음에 남았습니다. 그래서 '라스트마일', 즉 비즈니스의 힘으로 사회문제를 해결하는 길을 고민하기 시작했습니다. 그런 갈증 속에서 2014년 해외 컨퍼런스에서 처음 '비콥'을 만났습니다. '좋은 기업이 세상을 바꿀 수 있다'라는 그들의 메시지는 제게 깊은 울림을 주었습니다. 이후 제가 이끄는 MYSC는 2016년, 한국 최초의 비콥 인증 기업 중 하나가 되었고, 그 경험을 계기로 한국에서도 이 운동을 확산하고자 비랩코리아를 공동 설립하게 되었습니다.

2. 한국 기업들이 비콥 인증을 준비하면서
가장 어려워 하는 부분은 무엇이라고 보시나요?

모든 인증이 영어로 진행되기 때문에 많은 분들이 비콥 인증의 가장 큰 어려움으로 '언어의 장벽'을 떠올리지만, 실제로는 리더십을 어떻게 '참여시키느냐'가 훨씬 더 중요한 과제입니다. 비콥은 특정 제품이나 서비스를 제공하는 과정을 평가하는 것이 아니라 기업 전체의 운영 방식과 철학을 바라보는 인증이기 때문에, 지속가능경영 부서 한 곳이 주도해서는 결코 통과할 수 없습니다. 경영진이 직접 나서지 않으면 현장은 데이터를 수집하는 일조차 버겁습니다. 남녀 임금 격차, 이사회 구성, 탄소 배출량처럼 기업의 가장 민감한 영역을 투명하게 공개해야 하기 때문이죠. 즉, 비콥은 일반적인 '인증서 취득'과는 본질적으로 다른 과정입니다. 이는 외부 평가를 통과하기 위한 절차가 아니라, 스스로의 운영 방식을 근본적으로 되돌아보는 여정에 가깝습니다. 그래서 최근에는 비콥 인증을 '목표'가 아니라 '과정'으로 받아들이며, 리더십과 전 조직이 함께 새로운 기준을 세우고 더 좋은 기업으로 성장하고자 하는 움직임이 늘고 있습니다. 저는 이러한 변화의 흐름을 아주 바람직한 방향이라고 생각합니다.

3. 비콥 인증을 받은 기업들이 실제로 사업적으로 어떤 변화를 느끼고 있나요?

비콥 인증을 받은 기업들은 실제로 제도적 혜택과 조직 내부의 변화라는 두 가지 차원의 변화를 경험하고 있습니다. 우선 한국 내에서는 비콥 인증을 받으면 여러 제도적 혜택을 누릴 수 있습니다. 비콥 기업은 기술보증기금에서 소셜벤처 판별에 있어 사회성 부분을 충족한 것으로 인정받고, 정부의 ODA 자금 지원이나 성장금융 투자, 각종 공공 입찰에서도 우대받습니다. 하지만 진정한 가치는 외부의 평판보다 내부의 변화에 있습니다. 리더십이 먼저 변하고, 데이터가 쌓이며, 거버넌스가 바뀌면서 조직문화 자체가 새롭게 정비됩니다. 더 인상적인 변화는 해외 진출을 하는 기업들에서 나타납니다. 비즈니스에서 '신뢰'는 돈으로 살 수 없는 자산이죠. 해외 현장에서 명함에 찍힌 '비콥' 로고 하나가 사람들의 태도를 바꾸는 경험을 기업들은 자주 이야기합니다. 회사 이름은 몰라도 'B' 하나로 눈빛이 달라지고, 협력사나 투자자를 자연스럽게 소개받는 일도 많습니다. 비콥은 단순한 인증을 넘어, 글로벌 비즈니스 세계에서 통용되는 신뢰의 언어이자 상징이 되고 있습니다.

4. 앞으로 한국 비콥 커뮤니티가 함께 만들어갈 집합적 임팩트는 어떤 모습일까요?

비콥의 본질은 Movement, 즉 '운동'입니다. 비랩코리아는 최근 '비콥의 숲', 'B Investor' 같은 공동 프로젝트를 통해 기업뿐 아니라 투자자, 금융기관, 연구자까지 하나의 생태계로 연결하고 있습니다. 비콥 인증을 받지 않았더라도, 그 정신에 공감한다면 누구나 이 운동에 참여할 수 있습니다. 비콥 글로벌 또한 다양한 규모와 산업의 기업들이 더 나은 자본주의를 고민하고 실험할 수 있는 장을 마련하며, 더 많은 조직이 '지속가능성을 학습하고 실천하는 문화'를 만들어가고 있습니다.

한국에서는 이러한 커뮤니티 문화가 아직 뿌리를 내리는 단계에 있습니다. 현재는 서울을 중심으로 네트워크를 구축하며, 파타고니아, 네스프레소, LG전자, 그리고 여러 스타트업들과 협업하여 '다음에는 어떤 경험을 함께 만들어갈 수 있을까'를 끊임없이 모색하고 있습니다. 비콥의 성공은 기업의 숫자에 달려 있지 않습니다. 서로가 자발적으로 모여 '작당을 벌일 수 있는 마음', 그 연대의 에너지야말로 이 운동을 움직이는 진짜 힘이라고 생각합니다.

5. 마지막으로 한국 기업들이 글로벌 비콥 네트워크 안에서
어떤 기여를 할것으로 기대하시나요?

비콥 운동은 미국에서 시작되었지만, 지금은 새로운 성장의 축이 아시아로 이동하고 있습니다. 그리고 그 중심에는 한국이 있습니다. 한국은 대만과 함께 아시아 최초로 비랩 조직을 세운 나라로, 현재는 싱가포르·일본·홍콩 등 아시아 지역을 잇는 다리 역할을 하고 있습니다. 특히 한국은 원조를 받던 나라에서 최초로 선진국 반열에 오른 거의 유일한 국가로, 선진국과 개발도상국 양쪽의 언어와 현실을 모두 이해할 수 있는 드문 감각을 지니고 있습니다. 이 점이야말로 비콥 글로벌이 절실히 필요로 하는 관점이기도 합니다. 앞으로 한국의 비콥 기업들은 단순히 인증 기업을 넘어, '지속가능한 자본주의의 동아시아 모델'을 제시하는 시대적 역할을 맡게 될 것입니다. 한국이 가진 실천력과 문화적 통찰이, 아시아 전체의 지속가능한 성장 방향을 이끄는 중요한 자산이 될 것이라 믿습니다.

PART 2

매출 이상의
소셜 임팩트를 가진
글로벌 브랜드

PURPOSE DRIVEN BRAND

도브 Dove
아름다움의 기준을 바꾼 용기 있는 메시지

비누 브랜드가 왜 'Real Beauty'를?

1950년대 미국에서 탄생한 도브 Dove 는 흔히 '보습 비누'로 알려져 있지만, 출발부터 이미 ¼ 모이스처라이징 크림 포뮬러와 임상 기반 효능을 가진, 차별점이 뚜렷한 제품이었다. 당시 도브는 그 효능을 '크림이 들어간 비누'라는 단순한 카테고리 언어가 아니라, 과학적 근거와 소비자 경험을 결합한 자신만의 방식으로 증명했고, 결과적으로 세계 여러 시장에서 리더십을 확보할 수 있었다.

"도브는 당신의 피부를 비누처럼 건조하게 만들지 않습니다."라는 메시지로, 도브는 비누 카테고리에 속해 있으면서도 '비누가 아니다'라는 과감한 선언을 했다. 단순히 깨끗함을 넘어, 촉촉함과 부드러움, 순함이라는 감성적인 언어로 소비자의 마음을 사로잡았다. 깨끗함은 제품이 제공하는 기능이지만, 케어는 소비자가 자신을 어떻게 바라보고 대하는가의 문제였다. 도브는 이 차이를 명확히 인식하고, 브랜드의 자리를 그 지점에 놓았다.

그렇기에 실제 여성들의 증언식 광고 Testimonial ad 와 소비자 리뷰를 광고 커뮤니케이션에 반영하는 방식 역시 매우 일찍부터 진행했고, 이 또한 도브의 정체성에 뿌리 깊게 자리한 실행 방식이었다. 즉, 도브의 'Real Beauty'는 어느 날 갑자기 생겨난 마케팅 방향이나 슬로건이 아니라, 도브가 오래전부터 믿고 쌓아온 제품력과 커뮤니케이션에 대한 방향이 시간이 흐르며 '언어'와 '철학'으로 선명해진 것이라고 할 수 있다.

그리고 시간이 지나면서 도브는 '피부를 촉촉하게 하는 제품'이라는 기능을 넘어, '아름다움은 무엇인가?'라는 본질적 질문에 브랜드 차원에서 답하려고 했다. 그러나 그 질문은 단순한 사회 담론 참여가 아니었다. 도브는 이미 제품의 성능으로는 케어를 증명한 브랜드였고, 그 근거 위에서 '우리가 여성에게, 그리고 사회에 더 줄 수 있는 케어는 무엇인가?'라는 질문으로 확장할 수 있었다. 이것은 '마케팅적 확장'이 아니라, 존재 이유에 관한 질문이었고, 그에 답해온 과정을 나는 브랜드의 일원으로서 8년 동안 생생하게 목격할 수 있었다. 유니레버 코리아에서 도브 브랜드 매니저 역할을 담당하고 난 뒤, 영국 본사의 글로벌 도브 마케팅팀으로 옮기면서, 도브가 단순히 비누나 바디케어 제품을 파는 브랜드가 아니라, 세계 여성들의 자기 인식과 자기 가치에 영향을 미치려는 브랜드라는 사실을 더욱 선명하게 이해하게 되었다.

도브의 브랜드 미션은 간단하지만 강력하다.

"우리는 미美라는 것이 걱정과 근심의 근원이 아니라, 자신감의 근원이 되어야 한다고 믿습니다. 우리는 전 세계 여성들이 자신의 외모와 몸을 긍정적으로 받아들이고, 스스로의 잠재력을 실현할 수 있도록 돕습니다."

여기까지는 '왜 존재하는가'에 대한 도브의 대답이었다. 그리고 이 목적은 곧 도브가 어떤 브랜드가 되어야 하는가라는 기준점이 되었다.

도브가 마주한 가장 불편한 사실

도브가 2004년에 전 세계 여성 3,200명을 대상으로 조사했을 때, 결과는 충격적이었다. 전 세계 여성의 12%만이 자신의 외모에 만족한다고 답했고, 자기 자신을 "아름답다"고 말한 여성은 단 2%였다. 도브는 이 데이터를 단순한 통계가 아니라, 브랜드가 개입해야 하는 '현실'로 받아들였다. 이 문제를 외면하지 않는 것이 도브의 책임이라고 생각했다. 2004년, 도브는 기존의 광고 방식을 완전히 뒤집는 캠페인을 세상에 내놓았다. 보통 뷰티 브랜드들은 완벽한 얼굴을 가진 모델들을 내세운다. 하지만 도브는 그 반대였다. 다양한 연령대, 다양한 피부색, 다양한 체형을 가진 여성들이 카메라 앞에 섰다. 그리고 도브는 소비자들에게 직접 판단을 요구하는 질문을 던진다.

- 뚱뚱한가요? 건강한가요? Fat? or Fit?

- 나이든 얼굴인가요? 멋진 얼굴인가요? Withered? or Wonderful?

- 백발인가요? 우아한 머리색인가요? Grey? or Gorgeous?

- 주근깨가 많나요? 흠이 없는 얼굴인가요? Flawed? or Flawless?

이 광고는 단순한 캠페인이 아니라, 소비자 스스로 자기 인식을 들여다보게 하는 '거울'이 되었다. 소비자들은 도브의 웹사이트로 몰려와 자신의 생각을 나누었고, 그 과정에서 도브는 더 이상 제품 브랜드가 아닌, '아름다움에 대한 사회적 담론'을 이끄는 브랜드로 자리 잡았다. 이 캠페인의 이면에는 많은 이들이 눈치채지 못한 도브 팀만의 실행 철학이 있다. 도브는 전문 모델을 쓰지 않는다. 배우도 쓰지 않는다. 오직 카메라 앞에 한 번도 서 본 적 없는 '진짜 여성들'만을 섭외한다.

내가 영국 본사에서 근무하던 시절 경험했던 한 프로젝트가 그 철학을 잘 보여준다. 인도 시장에서 진행된 도브 로션 광고 기획이었는데, 결혼을 앞두고 빛나는 피부를 가꾸기 위해, 신부와 어머니가 각각 도브 로션과 아몬드 오일이라는 다른 보습제를 사용하는 모습을 대비시키는 스토리였다. 일반적인 광고였다면 인도 결혼식 같은 화려한 세트장을 꾸미고 서로 닮은 두 인도 여배우를 섭외했겠지만, 도브 팀은 실제 결혼을 두 달 앞둔 인도 여성과 그 가족을 찾아 나섰다. 촬영은 결혼식 당일, 신부의 양해를 구해 한쪽 방에서 진행하기로 했다. 아쉽게도 프로젝트는 내부 사정으로 취소되었지만, 효율성을 중시하던 나에게 그 과정은 깊은 인상으로 남았다. '이토록 비효율적인 방식을 택하는 이유가 뭘까?' 그리고 그 질문은 시간이 지나며 도브가 왜 '진짜 아름다움'을 이야기할 자격이 있는 브랜드인지 깨닫게 해주었다.

2006년, 도브는 온 세계를 충격에 빠지게 하는 한 역대급 광고를 내보냈는데, 바로 'Dove Evolution'이다. 이 74초짜리 비디오를 통해 현대 사회가 만들어낸 왜곡된 아름다움의 기준을 적나라하게 보여줬다. 이 영상은 평범한 외모의 한 여성이 등장하는 것으로 시작한다. 그리고 카메라는 그녀의 얼굴이 메이크업과 조명, 그리고 마지막으로 포토샵을 통해 완전히 다른 사람으로 바뀌는 과정을 빠르게 보여준다. 마지막 장면에서는 도로 위 거대한 광고판에 이 여성의 보정된 얼굴이 걸린다. 그리고 이런 메시지가 나온다.

"우리의 아름다움에 대한 인식이 왜곡된 것도 당연하다

No wonder our perception of beauty is distorted."

이 캠페인은 엄청난 반향을 일으켰다. 당시 유튜브가 아직 초기 단계였음에도 불구하고, 이 영상은 폭발적인 바이럴 효과를 일으키며 도브를 단순한 비누 브랜드가 아닌, '사회적 메시지를 전하는 브랜드'로 만들었다.

목적이 행동이 될 때

: 말로는 충분치 않아

나는 도브에서 일하면서, 이 브랜드가 단순히 '진정한 아름다움Real Beauty'을 말하는 데 그치지 않고, 그 신념을 행동으로 옮기려는 강한 책임감을 지니고 있다는 것을 직접 경험했다. 도브 팀 내부에서는 이런 말이 자주 오갔다. "우리가 진심으로 이 문제를 중요하게 여긴다면, 단순히 말하는 것만으로는 부족하다. 세상의 변화를 위해 직접 기여해야 한다." 그 깨달음에서 출발한 것이 바로 '도브 자존감 프로젝트'였다.

2006년부터 도브는 이 프로젝트를 전 세계적으로 전개해 왔다. 이것은 단순한 CSR 활동이 아닌, 도브 브랜드의 핵심 미션을 실천하는 방법이었다. 프로젝트의 목표는 명확하다.

'전 세계 10대 소녀들이 외모에 대한 부정적인 인식에서 벗어나, 자신의 자존감을 회복하고, 진정한 잠재력을 실현할 수 있도록 돕는 것'

이 프로그램은 단순한 이벤트성 캠페인이 아니었다. 도브는 브리스톨 대학교 산하 'Center for Appearance Research'와 협력해 심리학적 근거를 바탕으로 한 워크숍 프로그램을 개발했고, 이를 전 세계 학교에 제공했다. 매년 유니레버 산하 도브 브랜드 직원들이 자원봉사자로 참여해 각국 학교를 방문하고, 학생들과 직접 대화하며 프로그램을 진행했다. 나 역시 영국에서 근무하던 시절, 런던 근교의 한 여학교를 찾아 프로그램을 진행한 적이 있다. 교실 문을 열고 들어가 나를 소개하고, 학생들과 진지한 대화를 나누었던 그 순간이 아직도 생생하다. 아무리 좋은 목적이라 하더라도 상업 브랜드가 지역 학교와 협력해 이런 진솔한 프로그램을 운영할 수 있었던 것은, 도브의 지속적인 노력에 대한 교육당국의 신뢰가 있었기 때문이라고 생각한다. 이러한 활동은 학생들에게 긍정적인 변화를 일으키는 데 그치지 않는다. 브랜드 매니저, 재무, 영업 담당자 등 모든 임직원이 직접 참여하면서, 브랜드의 '목적'을 몸소 체험하게 되는 내부 브랜딩의 장이 되었다. 도브는 이를 통해, 브랜드의 신뢰는 말이 아니라 실천에서 비롯된다는 사실을 지금도 확인하고 있다.

Dove Real Beauty Sketch 2013
: 세상을 울린 진심의 캠페인

2013년, 도브는 또 하나의 잊을 수 없는 광고를 세상에 선보인다. 바로 'Dove Real Beauty Sketch'다. 당시 도브 글로벌 팀에서 일하던 나는 이 캠페인의 내부 분위기를 생생하게 목격할 수 있었다. 캠페인 영상이 공개된 날, 흥분으로 가득 찬 사무실 분위기와, 실시간 반응을 추적하며 직원들이 열띤 토론을 벌이던 장면이 아직도 기억난다. 영상의 내용은 이렇다. 미국 경찰 출신 몽타주 아티스트 Gil Zamora가 여성의 얼굴을 기억을 바탕으로 스케치한다. 첫 번째는 여성이 자신의 외모를 설명한 스케치, 두 번째는 타인이 묘사한 스케치다. 두 그림의 차이는 컸다. 전자는 다소 우울하고 어두운 반면, 후자는 훨씬 밝고, 실제 모습과 더 닮아 있었다. 이 실험을 통해 도브는 사람들이 자신을 보는 시선이 얼마나 왜곡되어 있는지를 강력하게 전달했다. 영상 마지막, 아티스트는 묻는다. "당신은 당신이 말한 것보다 더 아름답다고 생각하나요?" 여성은 조심스레, 그러나 확신에 찬 목소리로 "Yes"라고 답한다.

이 캠페인은 단 12일 만에 5천만 뷰를 돌파했고, 6월에는 1억 6천만 뷰를 넘어섰다. '역사상 가장 많은 조회수를 기록한 광고'라는 타이틀과 함께, 400만 번의 자발적 공유라는 놀라운 기록을 세웠다. 2013년 칸 라이언즈에서는 티타늄 그랑프리를 포함해 19개 부문 수상, 유니레버가 '올해의 광고주'로 선정되는 데 크게 기여했다. 그리고 무엇보다 인상적이었던 건 수상식 장면이었다. 흔히 이런 영예로운 자리는 고위 임원이 올라가 수상하지만, 도브는 달랐다. 광고 영상에 등장했던 '일반 여성들' 세 명이 무대에 올라 상을 받았다. 브랜드가 지켜온 '진정한 아름다움'의 철학을 이토록 우아하고 상징적으로 실현해 낸 순간이었다.

소셜 미디어 시대의 왜곡된 미의 기준을 조명

2021년, 도브는 소셜 미디어 시대에 맞춘 새로운 캠페인을 공개했다.

'Reverse Selfie'라는 제목의 이 광고는 SNS 필터와 보정 앱이 만들어낸 '가짜 아름다움'의 위험성을 경고하는 캠페인이다. 광고는 한 소녀의 SNS 프로필 사진에서 시작해, 보정 과정을 '역순'으로 되돌리는 방식으로 구성되었다. 점점 보정이 지워지면서, 시청자는 소녀의 실제 모습과 마주하게 된다. 영상 마지막에는 다음과 같은 메시지가 등장한다.

"디지털 왜곡은 젊은 세대의 자존감을 무너뜨립니다.
지금, 행동할 때입니다."

이 캠페인은 틱톡, 인스타그램 등 Z세대가 가장 활발히 사용하는 채널을 타깃으로 집행되었고, 도브는 이 캠페인을 통해 다시 한번 '진정한 아름다움'이라는 메시지를 현시대에 맞게 재해석했다. 특히 이 캠페인은 단순한 감성 자극을 넘어서, '디지털 리터러시 교육'을 함께 담아내며 소비자와 깊은 신뢰를 형성했다.

이러한 도브의 문제의식은 단순히 광고 캠페인에 머물지 않았다. 도브는 2023년, 틱톡의 AI 필터 기능인 'Bold Glamour'의 확산에 반기를 들고, #TurnYourBack 캠페인을 전개했다. 이 캠페인에서는 여성들이 필터를 켠 상태에서 카메라를 향해 등을 돌리는 모습을 담았고, '당신의 진짜 얼굴을 감추지 마세요'라는 강렬한 메시지를 전달했다. 캠페인은 수많은 틱톡커들과 인플루언서, 유명인들의 참여로 빠르게 확산했으며, 단순한 챌린지를 넘어 '청소년 정신 건강'과 '디지털 시대의 외모 압박'이라는 사회적 이슈에 불을 지폈다. 미국을 비롯한 일부 국가에서는 청소년의 SNS 사용 연령 제한 및 시간 규제를 위한 법안이 논의되고 있는데, 도브는 브랜드 차원에서 이를 지지하고 다양한 비영리 기관과 협업해 '디지털 시대의 건강한 자아 정체성'을 위한 행동을 이어가고 있다.

도브의 제품 철학
: 광고뿐만 아니라 제품에서도 '진정성'을 실천하는 방법

도브의 '진정한 아름다움' 캠페인은 단지 광고에 그치지 않았다. 제품 개발 단계에서도 이 철학은 철저하게 반영되었다. 도브는 '실제로 존재하는 소비자를 위한 제품'을 만들겠다는 원칙 아래에 제품의 포뮬라, 용기, 언어까지 세심하게 설계해 왔다. 예를 들어, 도브는 광고에서 'Real Women'만을 기용하는 원칙과 동일하게, 제품 패키징에도 '모델 같은 여성' 이미지를 넣지 않는다. 또한 자사 제품에는 피부 미백 효과나 주름 제거 효과와 같은 '비현실적인 약속'을 강조하지 않는다. 그 대신, '피부 본연의 건강함', '균형 잡힌 보습', '편안함'과 같은 현실적이고 공감할 수 있는 효능을 이야기한다.

흥미로운 사례 중 하나는 일본 시장에서 선보였던 'Pro-Age' 캠페인이다. 이 캠페인은 노화 방지 Anti-Age가 아닌, 나이 듦을 긍정적으로 받아들이는 'Pro-Age'라는 새로운 메시지를 던졌다. 실제 중장년층 여성을 광고 모델로 기용하고 제품명부터 메시지까지 기존 뷰티 업계의 어조를 완전히 뒤집은 이 캠페인은 상업적 성공에는 이르지 못했지만, 업계와 소비자 모두에게 강한 인상을 남겼다.

또한 도브는 다양한 신체 형태의 아름다움을 기념하기 위해, 여러 가지 체형을 형상화한 바디워시 용기를 선보이기도 했다. 이 병들은 마치 사람의 몸처럼 다양한 곡선과 형태를 가지고 있으며, '아름다움에는 하나의 기준이 없다'라는 브랜드 철학을 유쾌하게 전달했다. 이 역시 사업적인 성과보다는 메시지 전달력에 초점을 맞춘 상징적인 시도였다. 이러한 일관성은 소비자에게 '진정성'으로 다가온다. 브랜드의 철학이 광고와 제품, 커뮤니케이션 전반에 일관되게 흐를 때, 소비자는 그것을 '진심'으로 받아들이고 신뢰하게 된다.

AI 시대, '코딩되지 않은 아름다움'을 말하다

생성형 AI가 마케팅 현장을 바꾸고 있는 지금, 도브는 또 한 번 시대의 흐름을 따르지 않고 거슬러 올라간다. 2024년 도브는 'No Digital Distortion' 캠페인의 일환으로 'No Code' 영상을 공개했다. 이 캠페인은 AI가 보여주는 아름다움의 기준이, 얼마나 편향적이며 고정관념에 근거한지를 날카롭게 꼬집는다. 영상은 AI에게 '세상에서 가장 아름다운 여성을 그려주세요.'는 프롬프트를 주는 것으로 시작된다. 결과는 예측 가능하다. 금발, 백인, 모델 같은 비현실적인 이미지. 피부는 완벽하게 매끈하고, 얼굴에는 잡티 하나 없다. AI가 학습한 수많은 이미지와 미디어의 데이터가 투영된 결과다. 하지만 프롬프트의 마지막에 '도브 리얼 뷰티'라는 단 하나의 키워드만 더하면, 상황은 바뀐다. '도브의 리얼뷰티 기준으로 가장 아름다운 여성을 그려주세요.' 이번엔 다양한 인종, 체형, 나이대의 실제 존재하는 여성들처럼 보이는 이미지가 등장한다. 다양한 피부색, 주근깨, 기미, 자연스러운 미소, 건강한 눈가의 주름. 그리고 다음 메시지가 영상에 뜬다.

"20년 동안 도브는 '진짜 아름다움'을 위한 코드를 써 왔습니다.
그건 AI가 흉내 낼 수 없습니다."

이 메시지는 단순한 기술에 대한 비판이 아니다. 도브는 그동안의 브랜드 역사와 철학을 기반으로, 새로운 시대에도 여전히 일관된 입장을 유지하고 있음을 보여주는 선언이었다. 필터에 등을 돌리고, 코딩된 미의 기준에 맞서며, 도브는 다시 한번 우리에게 묻는다.

"당신의 아름다움은 누구의 기준에 맞추고 있나요?"

AI 시대에도 흔들리지 않는 진정성. 이것이 도브가 지난 20년간 걸어온 리얼 뷰티의 길이며, 앞으로도 걸어갈 방향이다. 유니레버 코리아에서 브랜드를 맡았던 시절부터 영국 본사의 글로벌 팀으로 파견되었을 때까지, 도브가 어떻게 이 철학을 실천하고 전 세계 마케터들과 일관성을 유지해 나가는지를 온몸으로 체험한 나는 이제 딸을 키우는 아빠로서 도브가 지켜내고자 하는 가치에 더욱 깊은 공감과 응원을 보낸다. 외모에 대한 기준이 더욱 정교하고 은밀하며 기술적으로 왜곡되는 시대일수록, 브랜드는 더 큰 용기와 진심이 필요하다. 도브는 그것을 증명해 왔고, 앞으로도 그렇게 해낼 것임을 믿고 응원한다.

비앙카 칸셀라라 Bianca Cancellara, 전 도브 퍼스널 케어
글로벌 마케팅 부사장 Ex. Global Vice President of Dove Personal Care 인터뷰

1. 본인 소개와 함께, 도브와 맺어온 여정에 대해 말씀해 주세요.

저는 유니레버에서 20년 넘게 일해왔고, 그중에서도 가장 의미가 깊었던 시간이 도브와 함께한 여정이었습니다. 가장 최근에는 도브 퍼스널 케어 글로벌 부사장으로서 수십억 유로 규모의 비즈니스를 책임지며, 도브 Bar를 포함한 브랜드의 장기 전략, 혁신 과제, 글로벌 커뮤니케이션을 총괄했습니다. 하지만 저와 도브의 관계는 훨씬 이전인 2002년, 유니레버 브라질에서 시작됐습니다. 제 첫 프로젝트가 바로 도브였습니다. 입사 후 2년쯤 지났을 때, 저는 리얼 뷰티 미션이 처음 소개되던 회의실에 있었습니다. 그 순간을 지금도 매우 선명하게 기억합니다. 역사적 순간을 눈앞에서 목격하는 것 같았습니다. 그리고 '뷰티 브랜드가 문화에 영향을 주고, 전 세계 여성의 자신감을 바꿀 수 있다'는 그 믿음에 완전히 매료되었습니다. 저 역시 많은 여성들과 마찬가지로 자기 의심의 순간을 겪어본 사람으로서, 그 메시지는 개인적으로도 깊게 다가왔습니다. 그때 도브는 제 일의 이유를 선명하게 밝혀 주었고, 제 커리어에 목적을 부여했습니다. 그 이후 저는 바디케어, 페이스케어, 데오도란트, 바 솝까지 다양한 카테고리와 지역에서 이 목적을 현실로 만드는 일을 해왔습니다. 제 여정의 중심에는 '케어를 더 뛰어난 제품 경험으로 구현해 내는 것', '도브의 글로벌 임팩트를 확장하는 것', '리얼 뷰티 미션을 지키고 진화시키는 것'이 있었습니다. 도브가 진정성과 용기를 가지고 아름다움의 기준에 계속 질문을 던지고, 여성의 자신감을 지지해 나갈 수 있도록 돕는 일은 제게 큰 책임이자 영광이었습니다.

2. 도브의 목적은 무엇이며,
변화해 온 것이 있다면 무엇인가요?

도브의 목적은 여성과 소녀들이 아름다움을 불안이 아닌 자신감의 원천으로 바라볼 수 있도록 돕는 것입니다. 시작부터 도브는 좁은 미적 기준에 도전하고, 다양한 아름다움을 기리고자 해왔습니다. 변화한 것은 목적 자체가 아니라 그 목적을 실행하는 방식이었습니다. 초기에는 사회 안에서 새로운 대화를 여는 것이 주요 목표였습니다. 도브는 기존의 고정된 아름다움에 대한 기준을 흔들고, 실제 여성들을 전면에 세우며, 사회적 논쟁을 촉발했습니다. 하지만 시간이 지나면서 우리는 깨달았습니다. 변화를 '영감으로 불러오는 것'에서 멈출 수 없다는 것. 변화를 '직접 만들어내는 단계'로 가야 한다는 것을요. 그래서 도브는 말보다 행동을 선택했습니다. 이미지의 디지털 왜곡을 허용하지 않았고, 실제 여성만 기용하며 모델은 사용하지 않는 원칙을 세웠습니다. 이 지점부터 목적은 단순한 선언이나 입장 표명이 아니라, 우리가 실제로 자원을 투입하고 실행하는 영역이 되었습니다.

더 나아가 우리는 도브 자존감 프로그램을 구축하고, 청소년·부모·교육자들이 외모 압박, 미디어 영향력, 자기 몸에 대한 자신감 문제를 현실에서 헤쳐 나갈 수 있도록 지원하는 글로벌 프로그램을 운영해오고 있습니다.

문화가 바뀌면서 자존감을 압박하는 힘도 변했습니다. 초창기 적 Enemy 은 대중 미디어의 좁은 미의 기준이었지만, 그 장벽이 무너진 후 소셜미디어가 등장했고, 필터, 비교 문화, 완벽함에 대한 강박 등이 새로운 압박 요인으로 등장했습니다. 최근에는 AI가 새로운 종류의 왜곡과 비현실적 기준을 대량 생산하고 있습니다. 도브는 그때마다 이 논의에 참여해 왔습니다. 그것이 유행이어서가 아니라, 실제 여성들의 자신감을 흔드는 현실의 힘이기 때문입니다. 결론적으로 도브의 목적은 단 한 번도 변하지 않았습니다. 변한 것은 우리가 감당해야 하는 책임의 크기와 범위입니다.

3. 목적을 계속 이끌어가는 것은 매우 어렵습니다.

도브는 내·외부의 도전을 어떻게 넘어왔나요?

목적을 세우는 것과 목적을 지속하는 것은 완전히 다른 차원의 일입니다. 목적은 시작할 때는 아름답습니다. 그러나 그 원칙이 시험대에 오를 때부터 진짜 게임이 시작됩니다. 도브는 그 시험을 매일 경험합니다. 뷰티 브랜드를 빠르게, 낮은 비용으로 키우는 방법은 얼마든지 있습니다. 그러나 그것은 도브의 철학과 맞지 않습니다. 도브는 '쉬운 것'이 아니라 '옳은 것'을 선택합니다. 그리고 그 선택을 실제 행동으로 끝까지 밀어붙이는 과정 자체가 목적을 현실에서 만들어내는 일입니다. '리얼 뷰티'는 슬로건이 아니라 확신이었습니다. 깊은 통찰, 문화적 진실, 아름다움은 불안이 아니라 자신감의 근원이 되어야 한다는 믿음, 이 믿음은 세상이 바뀐다고 작아지지 않았습니다. 오히려 더 절실해졌습니다.

물론 도전은 많았습니다. 우리는 거대한 조직 안에서 문화를 바꾸고 있었습니다. 트렌드를 좇거나 기준을 낮추고 싶은 유혹이 수없이 있었습니다. 그리고 주기적으로 이러한 질문이 들려오기도 했습니다. "리얼 뷰티는 여전히 유효한가?" 우리의 답은 항상 같았습니다. 여성의 자신감 문제는 해결된 적이 없습니다. 그리고 소셜미디어, 필터, AI가 등장한 이후 이 문제는 오히려 더 시급해졌습니다. 중요한 사실은, 목적은 비즈니스 성과와 충돌하지 않았다는 점입니다. 도브는 목적 이전에도 큰 브랜드였습니다. 그러나 목적은 도브를 '전혀 다른 층위'로 올려놓았습니다. 사람들이 존중받고 있는 그대로 '존재가 인정될 때', 신뢰는 깊어지고 충성도는 강화됩니다. 브랜드는 문화 속에서 존재할 정당성을 얻게 됩니다. 도브가 수십억 유로 규모의 브랜드가 된 것은 목적 덕분입니다. 결국 도브가 흔들리지 않은 이유는, 그 뒤에서 이 목적을 믿고 지킨 사람들이 있었기 때문입니다. 편의보다 진정성을, 유행보다 신념을, 단기적인 전술적 성과보다 장기 임팩트를 선택한 사람들이 있었기 때문입니다. 리얼 뷰티는 쉬웠기 때문이 아니라, 옳았기 때문에 지속될 수 있었습니다.

4. 10년 뒤, 도브가 어떤 브랜드로 기억되기를 바라십니까?

10년 뒤 제가 바라는 것은 사람들이 도브라는 이름을 먼저 떠올리는 것이 아닙니다. 저는 그보다, 여성들이 자기 자신을 더 선명하게 그리고 더 따뜻하게 떠올리길 바랍니다. 자신의 아름다움, 자신의 가치, 그리고 자신이 세상에 당당히 설 자리가 있다는 확신을요. 만약 10년 뒤 더 많은 여성이 거울 속 자신을 볼 때 비판적인 시선이 아니라 '부드러움과 따뜻함'을 먼저 느낀다면, 더 많은 소녀가 '나는 이대로 충분하다'라고 느끼며 자란다면 우리는 우리의 일을 잘한 것입니다. 더 다양한 얼굴, 나이, 몸, 이야기 안에서 아름다움이 발견되는 세상이 된다면, 우리의 사명은 충분히 의미가 있습니다. 사람들이 모든 캠페인이나 메시지를 기억할 필요는 없습니다. 도브가 그들에게 어떤 감정을 남겼는지가 중요합니다. 그리고 그 감정이 '나는 있는 그대로 존중받았다'라는 느낌이었다면 우리가 해온 모든 일은 충분히 의미가 있었던 것입니다.

벤앤제리스 Ben & Jerry's
달콤한 아이스크림 안의 사회 정의

아이스크림이 세상을 바꿀 수 있을까?
: 벤앤제리스의 시작과 철학

1980년대 초, 미국 버몬트주의 한 작은 마을에서 두 명의 친구가 작은 아이스크림 가게를 열었다. 벤 코언 Ben Cohen 과 제리 그린필드 Jerry Greenfield. 둘 다 대학을 중퇴했고, 요리에 대한 특별한 교육을 받은 적도 없었다. 다만 '사람들에게 기분 좋은 무언가'를 만들고 싶다는 마음과, 유쾌한 실험 정신만 있었다. 우유와 크림, 설탕, 그리고 '정의감'이라는 독특한 재료가 더해져 탄생한 브랜드가 바로 벤앤제리스다. 두 사람은 어린 시절부터 친구였지만, 사업가가 되기보다는 커뮤니티를 위한 일을 하고 싶어 했다. 실제로 제리는 의과대학 입학을 준비했지만 번번이 떨어졌고, 벤은 세상에 대한 문제의식을 예술과 공동체 정신으로 풀던 청년이었다. 둘은 "우리가 사업을 한다면, 그건 단지 돈을 버는 일이 아니라, 세상을 좀 더 좋게 만들 수 있어야 한다"고 늘 이야기했다. 벤 코언은 한 인터뷰에서 이렇게 회고한 바 있다.

"우린 아이스크림을 통해 행복을 주고 싶었지만, 동시에 우리가 사는 세상이 조금이라도 더 따뜻해지는 데 기여하고 싶었어요. 그게 우리가 아이스크림보다 '사람'을 먼저 보기로 한 이유예요."

이들에게 비즈니스는 수단이었지, 목적이 아니었다. 아이스크림을 만들면서도, 세상을 더 나은 방향으로 바꿀 수 있다고 믿었고, 이 믿음을 '브랜드의 사명Mission'으로 구체화했다. 브랜드의 사명은 세 가지로 구성되어 있다.

- 제품 사명: 고품질의 천연 재료를 사용한 아이스크림을 만들되, 맛과 독창성을 추구한다.
- 경제적 사명: 건강한 수익을 추구하지만, 이는 직원과 파트너, 공급업체, 커뮤니티와 함께 나눌 수 있어야 한다.
- 사회적 사명: 사회 정의를 증진하는 활동에 적극적으로 참여하고, 이를 비즈니스와 연결한다.

이처럼 세 가지 축이 서로 균형을 이루도록 설계된 브랜드 미션은, 단지 선언에 머무르지 않고 운영의 기준이 되었다. 예를 들어, 원료 수급에 있어서도 대형 공급처보다는 지역 소상공인들과의 거래를 우선시했으며, 자사 공장에서 발생하는 폐기물 감축과 재활용 시스템 도입에도 일찌감치 앞장서 왔다.

또 하나 벤앤제리스의 특이한 부분은 이들이 매출보다 다양한 이해관계자들과의 '관계'를 우선시한다는 점이다. 소비자와의 관계, 지역사회와의 관계, 그리고 더 나아가 브랜드가 속한 사회와의 관계 말이다. 그래서 이들은 광고 대신 커뮤니티 활동에 집중했고, 아이스크림 가게에서 자주 만나는 손님들과 나누는 대화에서 사회적 이슈를 발견했다. '우리 고객들이 중요하게 여기는 사안이라면, 이에 대해 브랜드가 의견을 말할 수 있어야 한다'라는 철학이 이때부터 자라나기 시작한 셈이다.

벤앤제리스의 첫 번째 대중적 캠페인 중 하나는 '세계 평화'를 외치는 "World Peace Day"였다. 이날 하루 동안 아이스크림을 무료로 나눠주는 이 캠페인은 단순한 이벤트가 아니라, 사람들이 서로에게 조금 더 다정해지길 바라는 철학의 표현이었다. 이 작은 시도를 통해 벤앤제리스는 브랜드가 단순한 판매자를 넘어, 사회적 이슈에 대해 입장을 취하고 행동하는 주체Activist가 될 수 있음을 보여주었다.

이러한 철학은 시간이 흐르며 점점 더 명확하고 체계적으로 발전했다. 2000년대 초반 벤앤제리스는 기후 변화, 경제적 불평등, 지속가능한 농업 등 다양한 이슈에 대해 입장을 내고, 실제로 제품과 캠페인, 유통까지 이를 연결했다. 예컨대, 공정무역 인증을 받은 코코아와 설탕만 사용하고, 소규모 목장의 우유를 구매하며, 유전자조작GMO을 배제한 원료만 사용한다는 정책도 모두 이 사회적 사명의 연장선이다.

흥미로운 건, 벤앤제리스가 이런 철학을 내세운다고 해서 소비자들이 '진지하고 무거운 브랜드'로 인식하지 않았다는 점이다. 오히려 유쾌하고 엉뚱한 톤앤매너를 유지하면서, 브랜드 철학을 자연스럽게 받아들이도록 만들었다. 누가 봐도 즐거운 제품인데, 그 안에 깊은 철학이 담겨 있다는 것. 이 '단맛 뒤의 진심'이야말로 벤앤제리스라는 브랜드의 매력이자, 강력한 경쟁력이었다.

아이스크림에 철학을 담는 제품 커뮤니케이션 전략

벤앤제리스의 진짜 강점은, '맛'과 '메시지'를 자연스럽게 섞어내는 능력에 있다. 누구보다 유쾌한 모습으로, 누구보다 강한 말을 하고, 누구보다 일관된 방식으로 실천한다. 할 말은 하되, 웃음을 잃지 않는 브랜드. 그리고 그 유머 속에 사회 정의에 대한 날카로운 감각이 숨어 있다. 예를 들어 "If it's melted, it's ruined녹으면 망한 거야"라는 문장은 겉보기엔 단순히 아이스크림을 말하는 것 같지만, 사실은 지구 온난화로 인한 환경 위기를 경고하는 이중적인 메시지다. 이처럼 벤앤제리스는 유쾌한 언어를 활용해 사회적 메시지를 전달하는 데는 전문가라고 할 수 있다. 또한 이들은 제품 이름 그 자체를 하나의 사회석 메시시 전달 채널로 활용한다. 및 가지 대표적인 예를 보자.

Save Our Swirled

'세상을 구하자 Save Our World'를 재치 있게 패러디한 이름으로, 아이스크림 안의 소용돌이 무늬 Swirled 가 복잡하게 뒤얽힌 기후 문제를 상징한다. 이 제품은 2015년 파리 기후 협약 COP21에 맞춰 출시되어, 아이스크림이 녹듯 지구도 녹고 있다는 메시지를 전달하며, 기후 위기에 대한 경각심을 일깨우고 소비자의 행동을 촉구하는 캠페인 제품이었다.

Empower Mint

'민트 Mint' 맛을 활용한 말장난으로, "Empowerment 권한 부여"와 연결된다. 민주주의와 투표권 확대를 지지하는 캠페인 제품으로, 2016년 미국 대선 시즌에 맞춰 출시되었다. 특히 노스캐롤라이나 주에서의 유권자 억압 문제에 주목하며, NAACP National Association for the Advancement of Colored People, 전미 유색인 지위 향상 협회 와 협력하여 수익금의 일부를 기부했다.

Pecan Resist

'We can resist 우리는 저항할 수 있다'를 'Pecan 피칸'과 결합한 이름이다. 트럼프 행정부의 정책에 대한 저항을 표현한 초콜릿 아이스크림으로, 2018년 미국 중간선거를 앞두고 출시되었다. 이 제품은 여성, 이민자, 유색인

종, LGBTQ+ 커뮤니티를 지지하는 메시지를 담았으며, 관련 단체에 기부
도 함께 진행되었다.

Change is Brewing

'Something is brewing 뭔가 심상치 않게 벌어지고 있다'는 관용 표현과, 커피향
이 퍼지는 'brewing'을 중의적으로 사용한 제품. 흑인 유권자의 권리 보
호와 형사 사법 개혁을 지지하는 콜드 브루 커피 아이스크림으로, 2021
년 출시되었다. 이 제품은 Black Voters Matter와 협력하여 유권자 참여
를 독려하고, 사회 정의 실현을 위한 활동을 지원하였다.

이처럼 벤앤제리스의 제품 네이밍은 단순한 말장난을 넘어서, 사회적
이슈에 대한 브랜드의 입장을 유쾌하게 표현하는 하나의 캠페인 도구다.
소비자들은 아이스크림을 통해 자연스럽게 이슈를 접하게 되고, 브랜드
는 그 과정을 통해 '맛있는 설득'을 실현한다. 달콤하지만 날카로운 메시
지를 그 안에 담고 있기 때문에, 기억에 남는다. 그렇기에 벤앤제리스의
커뮤니케이션 방식은 아이스크림을 넘어서, 하나의 사회적 언어로 작동하
고 있다.

브랜드 철학을 구조적으로 지켜내기 위한 결정들

벤앤제리스는 늘 '가성비'와는 거리가 먼 브랜드였다. 473ml 파인트 한 통이 만 원이 넘는 가격은 소비자에게 비싸게 느껴질 수 있다. 하지만 이 브랜드는 그 가격이 단순한 '프리미엄'의 상징이 아니라, 사회적 책임과 지속 가능성을 담보하는 구조적 선택이라고 말한다. 우유는 미국 내 'Caring Dairy'라는 윤리적 낙농 프로그램을 통해 인증받은 목장에서 공급된다. 이 목장들은 단순한 생산성이나 위생 수준뿐 아니라, 젖소의 복지와 스트레스 관리까지 종합적으로 평가받는다. 농장주는 매년 교육을 이수해야 하며, 환경 보호 기준도 충족해야 한다. 단순히 제품 품질이 아닌, 생산 과정 전반에 걸친 윤리적 기준이 적용되는 셈이다.

기본 원재료인 설탕, 바닐라, 카카오 등은 공정무역 인증을 받은 농장에서 수급한다. 예컨대, 바닐라는 마다가스카르의 소규모 농부들로부터, 카카오는 코트디부아르의 공정무역 연합을 통해 조달된다. 이러한 조치는 생산지의 경제적 자립을 돕고, 착취 없는 공급망을 형성하기 위한 노력의 일환이라고 볼 수 있다. 여기에 더해, 벤앤제리스는 사회적 기업과의 협업도 꾸준히 실천하고 있다. 대표적인 사례가 그레이스톤 베이커리 Greyston Bakery 이다. 이 뉴욕의 베이커리는 경력이 없거나 전과 기록으로 인해 취업이 어려운 이들을 고용해 제2의 삶을 열어주는 곳으로 유명하다. 이곳에서 생산된 브라우니는 벤앤제리스의 인기 메뉴인 초콜릿 퍼지 브라우니에 들어가는 핵심 원료다. 단지 착한 일을 따로 하는 것이 아니라, 제품 생산 과정 자체에 사회적 가치를 통합한 방식이니, 훨씬 더 지속 가능할 것으로 보인다. 이 모든 선택은 원가를 높이는 요인이지만, 벤앤제리스는 그 대가로 소비자에게 '가치 있는 소비'라는 경험을 제안한다. "당신이 먹는 한 숟갈의 아이스크림이, 더 나은 세상을 만드는 데 기여하고 있다면, 그것이 진짜 프리미엄 아니겠는가?" 벤앤제리스는 이 질문을 제품을 통해, 끊임없이 사회에, 소비자에게 던지고 있다.

또한 벤앤제리스는 브랜드 철학이 말로만 끝나지 않도록, 조직 구조와 운영 체계에 그 철학을 내장해 왔다. 이는 단순히 '착한 브랜드'로 보이기 위한 장식이 아니라, 철학을 지키기 위해 조직적으로 어떻게 설계되어야 하는가에 대한 매우 전략적인 접근이었다. 1985년, 이들은 '벤앤제리스 재단'을 설립하고, 매년 세전 수익의 7.5% 또는 110만 달러 중 더 큰 금액을 사회 정의와 지역 커뮤니티를 위해 기부하기 시작했다. 이는 미국 내 대기업 기준으로도 유례없는 수준의 기부율이며, 단발성 기부가 아니라 매년 지속되는 제도화된 약속이라는 점에서 큰 의미를 가진다. 2000년, 유니레버에 인수되었음에도 벤앤제리스는 브랜드 철학을 보호하기 위한 독립 이사회와 CEO 체제를 유지했다. 일반적으로 인수 이후 브랜드의 독립성이 축소되는 것과 달리, 이들은 사회적 사명과 비즈니스적 의사결정이 충돌하지 않도록 제도적 안전장치를 마련해 둔 것이다. 아울러, 유니레버 인수 이후, 기부금액은 더욱 크게 증가하여, 2022년에는 520만 달러를 다양한 NGO 등에 기부하기도 하였다.

논쟁을 피하지 않는 브랜드

: 브랜드 액티비즘의 한계와 진화

벤앤제리스는 정치적 중립을 주장하지 않는다. 오히려 "모든 브랜드는 본질적으로 정치적이다"라는 입장이다. 그들에게 있어 '정의'는 비즈니스의 외피가 아니라 중심이고, 사회적 이슈에 침묵하는 것 자체가 하나의 정치적 태도라고 여긴다. 이런 태도는 강력한 지지와 깊은 신뢰를 낳기도 했지만, 동시에 논쟁과 불매운동, 내부 갈등이라는 부작용을 피할 수는 없었다.

벤앤제리스는 2021년, 이스라엘과 팔레스타인 간의 분쟁과 관련해, 유대인 정착촌 지역에서 자사 제품의 판매를 중단하겠다고 발표했다. 이 결정은 브랜드 역사상 가장 격렬한 반발을 불러온 사건 중 하나였다. 보수 성향의 소비자와 언론은 즉각적으로 불매운동을 벌였고, 일부 주 정부는 벤앤제리스에 대한 투자 철회를 선언했다. 그럼에도 브랜드는 한 발자국도 물러서지 않고 공식 입장에서 이렇게 밝혔다.

"벤앤제리스는 오랜 시간 동안 인권과 평화, 정의를 위한 목소리를 내 왔습니다. 이번 결정도 그런 연장선 위에 있습니다. 우리는 어떤 이익이나 압력에도 우리의 철학을 굽히지 않을 것입니다."

이것은 단순히 한 번의 캠페인보다 훨씬 강력한 메시지였다. 브랜드가 감수해야 할 리스크를 정확히 인식한 채, 철학을 선택한 행동이었다. 하지만 아무리 진정성 있는 메시지라도, 사람들의 피로는 생긴다. 일부 소비자들은 "이제 아이스크림을 먹을 때마다 정치적 성명을 읽는 것 같다"며 피로감을 토로했고, SNS에서도 "벤앤제리스가 너무 멀리 간 것 아니냐"는 목소리도 적지 않았다.

이런 반응은 브랜드 액티비즘의 '한계'를 보여주는 중요한 신호다. 진정성 있는 메시지라도, 과잉되거나 너무 자주 노출되면 소비자의 정서적 거리감이 생길 수 있다는 점에서, 메시지의 '빈도'와 '형식'은 전략적으로 재정비될 필요가 있다는 생각도 든다. 벤앤제리스는 이런 지점을 인식하고, 최근에는 더욱 '공감형' 콘텐츠에 집중하는 방식으로 진화 중이다. 직접적인 비판보다는, '사람의 이야기'를 중심에 둔 서사형 캠페인, 지역 커뮤니티 협력 프로젝트 등으로 메시지 방식을 넓히고 있다.

벤앤제리스는 유니레버라는 거대 기업 산하에 있지만, 사회적 이슈에 대해 비교적 독립적인 목소리를 유지하고 있다. 그러나 모든 결정이 순탄한 건 아니다. 유니레버는 글로벌 시장, 다양한 이해관계자를 고려해야 하는 입장이고, 때로는 벤앤제리스의 급진적인 메시지가 본사 이미지에 부담이 될 수 있다. 실제로 이스라엘 판매 중단 건 이후, 유니레버는 해당 사업권을 현지 기업에 넘기며 벤앤제리스 본사와 결이 다른 선택을 했다. 이일은 내부적으로도 논란이 되었고, 사회적으로도 "과연 브랜드 철학을 끝까지 지켜낼 수 있는가?"라는 질문을 던지게 했다. 하지만 여기서 중요한 것은 벤앤제리스가 이와 같은 갈등 속에서도 이 철학을 타협할 수 없다는 입장을 분명히 했다는 점이고, 이러한 단호한 태도 때문에 브랜드의 팬들은 오늘도 벤앤제리스를 사랑하고 신뢰하게 되는 것이 아닐까.

브랜드가 '사회적 존재'라는 것을 증명하다

벤앤제리스는 언제나 질문을 던져왔다. "브랜드는 세상에서 어떤 역할을 해야 하는가?" 그들은 단순한 '시장 참여자'가 아니라, 하나의 '사회적 존재'로서 기능할 수 있음을 증명해 냈다. 그리고 그 결정은 종종 불편함과 마주하는 일이기도 했다. 벤앤제리스는 모두에게 사랑받는 브랜드가 되려 하지 않았다. 오히려 "우리가 옳다고 믿는 방향이라면, 누군가에게 불편하더라도 기꺼이 그 길을 택하겠다"는 선택을 해왔다. 그 결정은 수많은 논쟁과 갈등을 불러왔고, 때로는 보이콧이나 언론의 비판을 감수해야 했지만, 그 모든 과정은 오히려 브랜드가 진짜 철학을 가졌는지를 보여주는 거울이 되었다.

이들은 브랜드 철학을 포장하지 않았다. 거창한 언어보다 작고 구체적인 행동, 마케팅보다 의미 있는 실천을 통해 메시지를 전달해 왔다. 공정무역 재료, 지역 기반 생산, 사회적 기업과의 협업, 그리고 불편함을 감수하는 사회적 발언. 그 모든 선택에는 '세상을 더 나은 방향으로 밀어붙이려는 작은 믿음'이 담겨 있었다. 그래서 벤앤제리스는 쉽게 정의할 수 없는 브랜드다. '착한 브랜드', '비싼 아이스크림', '히피 정신'이라는 표현만으로는 부족하다. 이 브랜드는 자신들이 만드는 제품 하나하나에 세계관을 담고, 그 세계관을 수십 년간 일관되게 실천해 온 브랜드다.

벤앤제리스는 브랜드가 세상을 바꿀 수 있다는 믿음을 말이 아니라 행동으로 설득해 왔다. 그리고 그들은 그 믿음을 지금도 멈추지 않고 실천하고 있다. 그 일관된 실천이야말로, 우리가 이 브랜드를 응원하게 되는 이유다.

3

러쉬 Lush
감각으로 전하는 브랜드 액티비즘

고객 경험 이상의 브랜드

러쉬를 처음 만난 건 아주 오래전 강남역 매장이었다. 인파로 북적이던 거리 한복판에서 어디선가 나는 짙은 꽃향기가 발길을 멈추게 했고, 향기의 출처를 따라가 보니 러쉬 매장이 있었다. 문 앞에선 한 직원이 활짝 웃으며 비누 거품을 내고 있었고 "한 번 체험해보실래요?"라는 말에 나도 모르게 끌려 들어갔다. 어느새 나는 강남역에 있다는 걸 잠시 잊고, 생전 처음 보는 입욕제 하나를 손에 쥐고 매장을 나왔다.

이 경험은 단순한 제품 구매가 아니었다. 감각을 자극하고 사람의 마음을 움직이는 방식으로 브랜드를 전달하는 힘, 러쉬는 '고객 경험'이라는 말이 본격적으로 회자되기도 전에 이미 그것을 구현해 내고 있던 브랜드였다. 그래서일까? 지금도 리테일 공간에서의 고객 경험을 이야기할 때, 많은 사람들은 '애플'과 함께 '러쉬'를 가장 자주 언급한다.

'LUSH'라는 이름은 그 자체로 브랜드의 철학을 담고 있다. 단어 자체는 '무성한', '싱싱한', '풍성한'이라는 뜻이 있고 자연의 생명력을 상징한다. 발음할 때 혀끝이 입천장을 밀어 올리는 'L' 사운드는 브랜드가 주는 감각적인 에너지와도 묘하게 맞아떨어진다. 단어 하나에도 러쉬의 생기 넘치는 기운이 배어 있는 셈이다.

많은 소비자는 러쉬를 '향기로운 매장', 'ENFP 직원의 활기찬 안내', '풍성한 거품과 재미있는 이름의 비누들'로 기억하지만, 러쉬는 단지 유쾌하고 신나는 브랜드만은 아니다. 그 매력적인 향기와 다채로운 색감, 유쾌한 고객 경험 뒤에는 매우 단단한 철학이 자리 잡고 있다. 러쉬는 단순히 '재미있는 화장품 회사'가 아니라, 소비자가 무심코 지나칠 수 있는 문제들에 대해 강렬한 방식으로 질문을 던지고, 행동으로 실천하는 브랜드다.

러쉬의 진짜 힘은 '경험을 즐겁게 만드는 것'이 아니라, '그 즐거움 속에 깃든 철학을 소비자 스스로 느끼게 만드는 것'에 있다. 고객 경험이라는 단어만으로 설명할 수 없는, 행동하고 도전하며 경계를 넘는 브랜드. 러쉬는 그렇게 소비자에게 '향기로운 기억'을 넘어 '깊은 질문'을 남긴다.

브랜드 액티비즘 Brand Activism 의 본질을 보여주다

러쉬를 처음 접한 사람은 대부분 즐겁고 유쾌한 브랜드라는 생각을 할 것이다. 매장 내의 강렬한 향기, 형형색색의 제품, 에너지 넘치는 매장 직원들. 하지만 러쉬를 오래 들여다본 사람이라면 곧 다른 진실과 마주하게 된다. 이 브랜드는 때로는 우리의 마음을 불편하게 만들고, 때로는 도발적인 커뮤니케이션을 감행하며, 무엇보다도 '행동하는 브랜드'라는 사실이다.

브랜드 액티비즘. 사회적 이슈에 적극적으로 목소리를 내고 행동에 나서는 브랜드 전략. 러쉬는 이 단어가 대중화되기 훨씬 전부터, 이미 그렇게 행동하고 있었다. 러쉬는 다양한 사회의 문제를 관찰자로서 그저 바라보고 있지 않는다. 그 문제들에 직접 참여하고, 때로는 논란을 감수하면서도 자신들의 가치를 밀어붙이는 브랜드라고 할 수 있다.

2012년, 런던 리젠트 스트리트의 러쉬 매장 쇼윈도에는 상상도 못 할 장면이 펼쳐졌다. 쇼윈도에 보통 진열되어 있어야 할 제품과 그 시즌의 키 비주얼 대신, 흰 가운을 입은 '실험자'와, 동물 역할을 맡은 여성이 등장한 것. 실험자는 여성의 입을 억지로 벌려 약을 주입하고, 눈에 식염수를 떨어뜨리며, 화장품 개발 과정에서 실험동물이 겪는 고통을 그대로 재현했다. 이 충격적인 퍼포먼스는 단지 시선을 끌기 위한 것이 아니었다. 러쉬는 유럽에서 여전히 수입이 허용되던 동물실험 화장품을 완전히 금지하기 위한 입법을 목표로 시민 서명을 받았고, 그 결과 1년 뒤인 2013년, EU는 마침내 동물실험 제품의 판매와 수입을 전면 금지하는 법안을 통과시켰다.

러쉬는 '우리는 동물실험에 반대합니다'라는 말로 끝내지 않았다. 사람들의 눈앞에 불편한 진실을 보여주고 행동으로 법을 바꿨다. 이 캠페인은 러쉬가 '브랜드 액티비즘'이라는 말을 실천으로 정의한 첫 번째 상징적인 사례였다.

러쉬는 2014년, 또 한 번 경계를 넘는 시도를 했는데, 이번엔 상어였다. 매년 1억 마리의 상어가 샥스핀상어 지느러미 요리를 위해 지느러미만 잘린 채 바다로 버려져 고통스럽게 죽어간다는 사실. 러쉬는 이 잔혹함을 대중에게 알리기 위해, 또다시 극적인 퍼포먼스를 택했다. 매장 쇼윈도에 한 행위예술가가 상어처럼 지느러미가 잘린 상태를 재현하며 몇 시간 동안 공중에 매달려 있었고, 피를 흘리는 그 모습은 SNS와 언론을 통해 전 세계로 퍼졌다. 러쉬는 이 캠페인 판매금액 100%판매이익금의 100%가 아니라를 해양보호 NGO인 'Sea Shepherd'에 기부하며 말이 아닌 '돈으로' 세상을 바꾸고자 하는 자신들의 의지를 증명했다. 러쉬가 보여준 건 단순한 공감이 아니다. 상업적 브랜드로서 감수하기 어려운 리스크를 감내하면서, 사회적 어젠다를 현실로 이끌어낸 힘이었다.

러쉬는 매년 1~2개의 쇼킹한 캠페인을 하는 브랜드가 아니다. 오히려 수년간 일관되게 하나의 주제에 매달리는 브랜드다. 동물실험 반대, 해양 생물 보호, 채식주의 확산, 젠더 이슈, 정신건강, 반권위주의 등 수많은 주제가 러쉬의 제품과 공간, 그리고 캠페인 속에서 끊임없이 되풀이된다. 때로 비즈니스적 타협을 거부하며 '손해를 감수하는 브랜드'로 평가받기도 한다. 캠페인 내용이 자극적이거나 논란을 불러올 수 있음에도 불구하고,

러쉬는 '우리가 중요하다고 믿는 가치는, 브랜드가 가장 바쁠 때, 가장 힘들 때조차도 놓지 않는다'라는 메시지를 소비자에게 던진다.

러쉬는 대체 왜 이런 고생을 사서 할까? 그 이유는 하나다. 브랜드의 존재 목적이 '가치 있는 변화를 만들어내는 것'이기 때문이다. 러쉬는 사회 문제에 접근할 때, 그걸 마케팅 수단으로 활용하지 않는다. 브랜드 액티비즘이라는 말이 세상에 회자되기도 전에 그것을 실제로 해 낸 이들은, 소비자들이 브랜드의 광고보다 브랜드가 어떤 현안에 대해 어떤 입장을 취하고 그 입장을 얼마나 꾸준히 실천하는지를 주시하고 있다는 점을 정확히 이해하고 있다. 러쉬는 그 모든 기준에서 가장 앞서 있는 브랜드 중 하나다.

환경을 위한 제품 혁신

: 벌거벗은 Naked 제품 그리고 윤리적 구매

러쉬 매장에 들어서면 마치 식료품점에 온 듯한 착각이 들게끔 생생한 분위기가 연출된다. 포장되지 않은 비누가 정육점처럼 진열돼 있고, 고체 샴푸는 치즈처럼 잘려 있다. 직원은 손에 거품을 내며 고객에게 "한 번 써 보세요"라고 외친다. 이 색다른 풍경은 그저 판매를 위해 기획된 영업 장면이 아니다. 러쉬가 진지하게 고민해 온 '환경을 위한 혁신'이 실현된 공간이다.

러쉬는 포장을 줄이기 위해 제품 자체를 '벌거벗은' 형태로 내놓는 브랜드다. 비누, 샴푸, 클렌저, 입욕제까지도 포장 없이 매대에 진열되어 있고, 소비자는 이를 원하는 만큼 덜어 종이에 싸서 가져간다. 이렇게 포장재를 없앤 러쉬의 '벌거벗은' 제품 비중은 전체의 50%를 넘는다. 러쉬는 이를 통해 매년 수백 톤의 플라스틱 사용을 줄이고 있다. 이런 과감한 접근의 시작은 바로 고체 샴푸바였다. 처음에는 "비누로 머리 감는 거 아니야?"라는 반응이 많았지만, 고체 샴푸바 하나가 액상 샴푸 3병 분량이라는 설명과 함께, 세면대에서 직접 체험해 볼 수 있게 한 매장 직원의 안내는 소비자들의 편견을 무너뜨렸다. 이 한 개의 샴푸바는 러쉬가 친환경 제품을 '설득'이 아닌 '경험'으로 전파한 대표 사례가 되었다.

러쉬의 포장 최소화 철학은 단지 포장을 없애는 데서 멈추지 않는다. 포장이 필요한 경우에도 일회용 플라스틱 대신, 일본의 '후로시키' 문화에서 영감을 받은 천 포장 '낫랩 Knot Wrap'을 도입했다. 고객은 종이 대신 보자기 형태의 천을 선택해 제품을 포장할 수 있고, 이 천은 다시 선물 포장, 스카프, 가방 등으로 재사용된다. 러쉬는 '포장은 버려지는 것이 아니라, 다시 쓰이는 것이어야 한다'라는 메시지를 통해, 소비자가 단순 구매자가 아니라 지속가능성을 실천하는 참여자가 되도록 유도한다. 일부 낫랩은 예술가나 공정무역 커뮤니티와 협업해 만들어지며, 포장 하나에도 브랜드의 윤리적 태도와 문화적 감각이 담겨 있다. 이렇게 러쉬는 제품의 겉을 비워내고, 포장에는 의미를 채워 넣는 방식으로 지속가능성을 경험하게 만든다.

포장을 없앨 수 없는 제품에도 러쉬는 대안을 제시한나. 블랙 팟Black Pot이라고 불리는 러쉬의 기본 용기는 90% 이상 재생 플라스틱으로 제작되며, 'Bring it back' 캠페인을 통해 소비자가 다 쓴 용기를 매장에 가져오면 5개당 마스크팩 1매로 교환을 해주거나 1개당 1,000원 적립을 해준다. 최근에는 고객 경험을 더 개선하기 위해 '매장 내 적립 제도'를 시행하고 있다. 고객이 집에서부터 팟을 챙겨왔는데, 알고보니 수량이 부족해서 곤란했던 경험, 그리고 매장 내 원하는 마스크팩 재고가 없어 다시 팟을 들고 집으로 돌아가야만 했던 경험 등 고객 입장에서 다소 아쉬웠던 그 경험을 개선해 나간 것이다. 2013년부터 시작해온 Bring it back 캠페인은, 2023년까지 약 190만 개가 넘는 팟을 모았고, 이렇게 회수된 팟은 협력 업체를 통해 세척 및 분쇄 후 새로운 팟으로 재탄생하였다. 최근 들어 많은 브랜드에서 재활용에 나서고 있지만, 러쉬의 이런 움직임은 소비자 참여를 유도하는 '순환경제'의 일환으로, '우리가 만든 것은, 우리가 책임진다'라는 단순하지만 강력한 메시지를 준다.

요즘 많은 고객이 피부질환을 경험하거나 민감성 피부를 가지고 있어서, 어떻게 하면 자극을 줄이고 효과는 유지할지 화장품 회사들이 고민한다. 러쉬는 일찍부터 피부 자극이나, 알레르기 반응을 줄일 수 있는 '방부제 없는 화장품'을 만들기 위해 수많은 실험을 반복해 왔다. 제품에 최소한의 방부제만 사용하거나, 아예 방부제가 필요 없는 '셀프-프리저빙 Self-Preserving' 방식을 개발하기도 했다. 셀프 프리저빙이란 화학 방부제 없이 자연 유래 성분들을 사용하여 제품의 안전성은 확보하면서도 신선도를 유지하는 방법인데 꿀, 글리세린, 소금, 카카오, 버터와 같은 천연 성분을 활용해 박테리아 번식을 억제하는 방식이다.

이를 통해 러쉬 제품 중 약 70%는 방부제를 전혀 사용하지 않는다고 한다. 특히 '프레시 마스크' 같은 경우는 유통기한이 단 4주밖에 되지 않아서 제조 후 6개월이 지나면 판매 자체를 하지 않는다고 한다. 이렇게 유통기한이 짧은 제품을 판매하는 것은 회사 입장에서 상당한 부담이 되기도 하는데, 방부제를 포기하면서까지 신선함과 자연 원료의 진정성을 이렇게까지 고집하는 브랜드는 참 드물다.

러쉬는 원재료를 '구매하는 방식' 자체에 철학을 담기도 한다. 단순한 원재료 조달이 아니라, 브랜드의 가치를 실천하는 하나의 전략으로 접근하는 것이다. 러쉬가 이를 윤리적 구매라 부른다면, 내부에서는 한 걸음 더 나아가 창의적 구매라는 표현을 쓴다. '어디에서, 무엇을, 누구로부터, 어떤 방식으로 구매하느냐'에 따라 제품의 정체성과 소비자와의 관계가 달라진다는 확신에서다. 실제로 러쉬는 전 세계에 '바이어'가 아니라 '소싱 액티비스트'를 파견해 지역 농가와 직접 연결된 공급망을 구축해왔다. 한국에서 판매되는 제품에 들어가는 블루베리는 전북 진안의 깊은샘 농장에서, 꿀은 지리산 꿀농원에서 공급받는다고 하는데, 이는 지역 공동체의 지속가능성과 품질을 함께 고려한 결과다. 이들은 공급자의 생산 방식, 노동 환경, 생태계 영향까지 들여다보며 구매 여부를 판단한다. 그 기준은 숫자가 아니라 '진정성'이다. 러쉬는 과거 에센셜 오일 납품처에서 성분 속임수가 있었다는 제보를 받자, 즉시 거래를 중단하고 자체 윤리적 구매팀을 조직했다. 공동 창립자 마크 콘스탄틴은 러쉬의 구매 철학을 이렇게 설명한 적이 있다.

"우리는 가격을 흥정하는 트레이더가 아닙니다.
우리가 구매하려는 것은 정직함입니다."

이는 러쉬가 원료를 단순한 상품이 아니라 관계와 신뢰의 결과로 본다는 뜻이었다. 러쉬는 그때그때 달라지는 단가 차익보다는 지속적인 신뢰를, 단기적인 수익보다는 장기적인 철학을 반영한 선택을 해왔다. 그렇기에 단순히 친환경적인 제품을 파는 브랜드가 아니라, 친환경적인 방식으로 비즈니스를 다시 디자인한 브랜드로 불릴 수 있는 것이다.

디지털 시대의 저항
: 러쉬의 소셜미디어 보이콧

대부분의 브랜드에게 소셜미디어는 '없어서는 안 될' 마케팅 채널이다. 인스타그램, 페이스북, 틱톡에서의 존재감이 곧 브랜드의 존재감을 좌우한다고 여겨지는 시대. 하지만 러쉬는 그 흐름을 정면으로 거슬렀다. 2021년 11월, 러쉬는 전 세계 공식 인스타그램, 페이스북, 스냅챗, 틱톡 계정을 모두 폐쇄하며 깜짝 선언을 했다. 그들의 공식 입장은 단순하고 강력했다.

"우리는 기꺼이 소셜미디어에서 떠나기로 했습니다.

왜냐하면 플랫폼들이 사용자들의 정신 건강을 충분히 보호하지 않기

때문입니다."

러쉬는 이 결정을 '소셜 미디어 디톡스'라고 불렀다. 고객에게 디지털 휴식을 권유하면서도, 자신들이 먼저 실천에 나선 셈이다. 러쉬의 소셜미디어 계정에는 단 한 줄의 메시지만이 남았다.

"Be elsewhere. 다른 곳에서 만나요."

이 한 문장은 브랜드가 단지 소셜이라는 오운드 미디어 Owned Media 를 '끊었다'는 선언이 아니라, 고객과의 만남의 방식을 다시 정의하겠다는 의지였다. 더 이상 알고리즘에 지배당한 타임라인에서가 아니라, 매장에서의 직접 대화 속에서 고객을 만나겠다는 것이다. 러쉬는 단순히 SNS 광고를 줄인 것이 아니라, 40여 개 국가에서 아예 브랜드 계정을 폐쇄했고, 이로 인한 광고 및 미디어 손실을 모두 감수했다. 이건 어느 브랜드든 절대 쉽지 않은 결정이다. 러쉬 공동 창업자 마크 콘스탄틴은 한 인터뷰에서 이렇게 말했다.

"지금은 소셜 미디어가 젊은 세대의 정신 건강에 해를 끼친다는,

부정할 수 없는 증거들이 나와 있습니다."

그는 평생 '고객에게 해가 되는 것은 배제한다'라는 원칙 아래 제품에서 유해한 성분을 제거해 왔으며, 이제는 그 기준을 소셜 미디어에도 적용해야 할 때라고 판단했다. 매출 감소를 감수하면서까지 SNS 플랫폼에서 철수한 결정은, 단순한 전략이 아닌 책임의 문제였다. 시대의 흐름을 감지하고, 브랜드의 철학을 실천으로 끌어올리는 창업자만의 용기 있는 선택이었다.

러쉬가 이 결정을 내린 배경에는 특히 10대 청소년의 정신 건강에 대한 우려가 있었다. 페이스북의 내부 보고서가 폭로되며 인스타그램이 10대 소녀들에게 자존감 저하와 우울감을 유발하고 있다는 사실이 공론화되었고, 러쉬는 그 문제를 그냥 지나치지 않았다. 앞서 도브의 #TurnYour Back 캠페인이 SNS 필터가 만들어낸 외모 왜곡 문제를 지적한 바 있다면, 러쉬는 아예 SNS 자체를 떠나며 훨씬 급진적인 방식으로 저항을 택한 셈이다. 물론 이 선택이 마냥 '낭만적'인 것만은 아니다. 브랜드 입장에서 도달률, 고객과의 상호작용, 바이럴 효과를 스스로 포기하는 일이기 때문이다. 그러나 러쉬는 그 공백을 오히려 매장 경험, 뉴스레터, 자체 콘텐츠 채널, 그리고 오프라인 커뮤니티 활동을 통해 메우려 노력하고 있다. 2023년 말, 러쉬는 인스타그램 계정을 일부 국가에서 재활성화했지만, 이는 '복귀'가 아닌 '새로운 실험'이라 밝혔다. 이전처럼 일방적 광고를 쏟아내는 것이 아니라, '플랫폼의 윤리성과 기능적 개선 여부에 따라 계속해서 판단하겠다'라는 입장이다.

러쉬는 디지털 마케팅의 기본 공식을 스스로 깨트렸다. 도달보다 깊이를 선택한 것이다. 오늘날 대부분의 브랜드가 '더 많이 노출되기'를 고민하는 사이, 러쉬는 '어떻게 기억될 것인가'를 고민한다. 브랜드가 플랫폼을 사용하는 방식도, 그 플랫폼이 우리 삶에 어떤 영향을 미치는지도 고민하는 시대, 러쉬는 이 흐름 속에서 브랜드가 기술에 휘둘리는 것이 아니라 기술에 대해 도덕적 질문을 던질 수 있는 주체임을 보여줬다.

브랜드의 모든 구성원이 '활동가'가 될 때

러쉬는 전통적인 마케팅을 최소화하는 브랜드다. 광고나 외부 대행보다, 내부 구성원 모두가 브랜드의 철학을 자신의 언어로 전하는 방식을 선택한다. 제품을 개발하는 이, 제조하는 이, 매장에서 고객을 만나는 이, 물류를 담당하는 이까지, 누구도 단순한 '직원'으로 머물지 않는다. 실제로 러쉬 매장에서 우리는 판매원이 아니라 브랜드의 신념을 만난다. 제품의 성분을 설명하는 것을 넘어, 왜 그 성분을 선택했는지, 왜 플라스틱을 줄여야 하는지, 왜 동물실험을 거부하는지를 이야기한다. 소비자는 제품을 구매하는 것이 아니라, 하나의 신념과 관계를 맺는 경험을 하게 된다. 최근 제주 매장에서 나는 그 철학을 다시 확인했다. 벌의 생태적 가치를 이야기하며 꿀이 들어간 제품을 설명해준 직원, 동물실험 문제를 초등학생도 이해할 수 있는 언어로 풀어준 직원, 그리고 제품 뒷면 'Made by ○○'에 새겨진 얼굴들까지 — 그들은 모두 브랜드의 철학을 몸으로 말하고 있었다.

러쉬는 어떻게 이런 헌신된 직원들을 만들어낼 수 있을까? 그 이유는 '교육'이 아닌 '동의'에서 시작된다. 러쉬는 신입 직원에게 제품 기능보다 먼저 브랜드의 질문을 던진다. '왜 우리는 고체 샴푸를 만들었을까?', '왜 우리는 방부제를 넣지 않을까?' 이 질문에 답하며 직원은 단순한 판매자가 아니라, 가치의 전달자가 된다. 윤리, 환경, 동물권, 포용성을 다루는 워크숍들도 역시 이 철학을 확고히 한다. 이런 구조 속에서 고객과 직원의 경계도 흐려진다. 매장에서 감동한 고객이 직원이 되기도 하고, 현장에서 일하던 직원이 나중에는 파트너 NGO 활동가로 활동하기도 한다. 러쉬에서 '일한다'는 것은 단순한 생계를 넘어, 하나의 목소리로 참여한다는 의미가 된다. 말하자면 이런 선언이랄까?

"우리는 비누를 팔기 위해 고용된 사람들이 아니다.
세상을 바꾸기 위해 고용된 사람들이다."

많은 사람들이 러쉬를 향과 색으로 기억하지만, 결국 오래 남는 것은 그 안에서 일하는 사람들의 태도다. 브랜드의 내구성은 디자인에서 오지 않는다. 그것은 신념을 실천하는 사람들로부터 비롯된다.

러쉬는 브랜드의 목적을 말로만 외치지 않는다. 제품, 유통, 커뮤니케이션, 조직문화, 그리고 매장 경험까지 브랜드를 이루는 모든 요소에 질문을 던지고, 그 질문에 대한 답을 행동으로 보여준다. 지속가능성이 유행어가 되기 훨씬 전부터 러쉬는 플라스틱을 줄였고, 보존제를 뺐으며, 윤리적 소비를 선택했다. 마케팅이나 광고를 통하지 않고도, 사람들은 러쉬의 메시지를 기억한다. 거기에는 사람과 사람사이의 온기가 있는 커뮤니케이션이 있다. 러쉬는 소셜미디어에서 가장 큰 브랜드가 되는 길보다, 세상을 바꾸는 작은 실천을 반복하는 길을 택했다.

모든 직원이 Brand Advocate같은 마케터가 되는 브랜드, 모든 제품이 하나의 선언이 되는 브랜드 그리고 모든 고객이 변화를 위한 연대자가 되는 브랜드. 그것이 러쉬가 목적 중심 브랜드로 살아가는 방식이다. 제주 러쉬 매장의 한 벽면에서 한 문장을 발견했다.

“LEAVING THE WORLD LUSHER THAN WE FOUND IT.”

매장에서는 “더욱 러쉬스러운 세상 만들기”라고 번역되어 있었지만, 나에게는 브랜드 이름을 넘어, 우리가 세상을 처음보다 더 풍요롭게 남길 수 있다는 다짐처럼 들렸다. 이 문장은 러쉬만의 구호가 아니다. 진짜 브랜드라면 결국 이 문장 앞에 서야 한다. 우리는 무엇을 남기고 떠날 것인가?

4

네스프레소 Nespresso
커피 한 잔에서 농부와 지구까지

네스프레소 브랜드의 목적을 생생히 느끼게 된건, 다름 아닌 면접중이었다. 인사부 본부장님과 네스프레소 코리아의 대표이사님을 거쳐 그리고 마지막으로 네스프레소 아시아 총괄 사장님 면접에 들어갔다. 아시아 총괄 사장님 인터뷰는 비대면 인터뷰였고 50분 가까이, 지금까지의 경력과 네스프레소에서 어떤 기여를 할수 있을지를 열심히 설명했고, 다행스럽게 면접이 잘 끝나는 분위기였다. 으레 그렇듯이, 마지막으로 혹시 질문이 있냐고 여쭤보셨는데, 여기서 나는 다소 도발적인 질문을 드렸다.

"면접을 준비하면서 네스프레소 공부를 하다가 느낀 것인데, 지속가능성이라는 주제에 대해 꽤 많은 노력을 하는듯 합니다. 그런데요, 얼마나 진심으로 하고 계신 건가요?"

　이 질문에 네스프레소에서만 20년 넘게 근무하신 이 베테랑 사장님이 그 시간으로부터 15분이 넘게, 화면에 침을 튀겨가며, 거의 화면 바깥으로 나올 정도의 열정을 가지고, 네스프레소의 지속가능성철학에 대해 설명해 주시는게 아닌가?

　"지속 가능성이요? 네, 좋은 말이지요. 특히 요즘 MZ 세대들은 이 지속가능성을 매우 중요하게 여기고 있어서, 우리 네스프레소도 점점 그런 부분들을 우리 커뮤니케이션에 노출할 예정입니다."

　이런 영혼 없는 대답이었다면, 과연 난 네스프레소에서 최종 오퍼가 왔을 때, 주저하지 않고, 네스프레소를 선택할 수 있었을까? 그 마지막 면접의 강렬한 기억이 큰 역할을 했다는 것은 확실히 부인할 수 없다. 세 아이를 키우는 아빠로서, 우리 자녀들이 살아갈 이 지구에 조금이라도 덜 해를 주는 방식으로 사업을 하는 데 내 마케팅 실력을 집중한다는 것에 매일매일 자부심이 든다. 어떤 산업군에 어떤 브랜드와 비교해도, 지속가능성과 품질에는 타협이 없는 지독한 회사. 네스프레소를 소개한다.

　네스프레소는 네슬레의 산하 사업 부문으로 전 세계 1만 4000명 정도의 직원이 근무하고 있다. 많은 소비자가 머신을 통해 네스프레소를 먼저 만나기에, 커피 머신 브랜드로 생각할 수 있지만, 네스프레소는 커피 브랜드라고 소개하고 싶다. 커피 머신은 커피를 가장 맛있게 추출할 수 있는 방법 중 하나인 것이고, 네스프레소는 커피의 재배과정부터 제품으로 만드는 모든 과정을 세심하게 관리하는 것에 가장 많은 자원을 집중하고 있기 때문이다. 커피 재배는 고도, 기온, 강우량, 토양 등 섬세한 자연조건에 따라 결정되며, 그중에서도 아라비카 커피는 특히 기후 변화에 민감한 품종이다. 이 커피가 자라는 지역은 주로 적도 근방의 '커피 벨트'라 불리는 지역으로, 라틴 아메리카, 아프리카, 동남아시아 등을 아우른다. 그런데 이 '커피 벨트'가 점점 북쪽 혹은 더 높은 고도로 밀려나고 있다. 세계자연보전연맹과 국제커피기구 등의 보고서에 따르면, 2050년까지 현재의 커피 재배지 중 절반 이상이 사라질 수 있다는 예측도 있다. 기후 변화로 병해충이 증가하고, 극심한 가뭄이나 폭우가 반복되며, 재배지의 안정성이 무너지고 있기 때문이다. 대표적으로 콜롬비아와 브라질의 고온·건조화, 에티오피아 고지대의 병충해 확산, 베트남의 물 부족 현상 등은 이미 현실화된 문제다. 농부들은 해마다 수확량의 불안정을 겪고 있고, 많은 농부들이 커피를 포기하거나 타 작물로 전환하고 있다. 결국 이는 고스란히 가격 인상과 품질 저하로 이어지게 된다. 여기에 농부들의 고령화, 다음 세대의 이탈, 수익의 불균형이라는 구조적 문제까지 겹치며 우리는 지금 '지속 가능하지 않은 커피'의 한계선에 다다르고 있다.

커피는 단순히 기후 문제의 피해자일 뿐 아니라, 글로벌 공급망과 소비 문화의 미래를 묻는 질문이 되었다. 이 위기 앞에서, 브랜드가 할 수 있는 일은 무엇이며, 어떤 방식으로 '좋은 커피'의 지속 가능성을 지켜낼 수 있을까? 그 질문에 대한 한 가지 대안이 바로 네스프레소의 지속 가능 품질 계획Nespresso Sustainable Quality Plan이고, 그 이야기를 통해 브랜드의 '지속 가능성'이 단지 마케팅이 아닌 구조적 선택이라는 사실을 살펴보고자 한다.

가장 느린 방식으로 최고의 커피를 만드는 법

네스프레소의 지속가능한 품질 계획은 네스프레소가 커피를 대하는 방식의 핵심을 보여준다. 사실 네스프레소에 입사하기 전까지만 해도, 나는 이 정도 규모의 글로벌 기업이라면 당연히 커피를 뉴욕 선물시장 같은 데서 일괄적으로 사들일 줄 알았다. 그리고 그 이후의 공장 생산부터가 네스프레소의 밸류체인일 것이라 막연히 생각했다. 하지만 그것은 정확한 원산지를 알 수 없게 만든다. 커피가 어느 나라에서 왔는지는 파악할 수 있어도, 정확히 어떤 농부가, 어떤 방식으로 길러낸 커피인지 알 수 없다면 진짜 품질은 담보되지 않는다. 네스프레소가 선택한 방식은 다르다. 전 세계 18개국, 15만 명 이상의 커피 농부들과 직접 협력하며, 커피 재배의 첫 단계부터 관여하고 있다. 단순히 좋은 원두를 확보하기 위한 계약 관계가 아니라, 농부들의 삶과 커뮤니티 전체에 깊이 개입하는 것이다. 고품질 커피를 재배하는 노하우를 전수하는 것에서 그치는 것이 아니라, 네스프레소는 농부들의 의료, 교육, 소득 안정, 심지어 연금과 보험 시스템까지 함께 고민한다. 이 방식은 단기적으로 빠른 수익을 보장하진 않는다. 그러나 장기적으로 우수한 커피를 지속가능하게 공급받기 위한 유일한 길이라는 걸, 네스프레소는 경험을 통해 배워왔다. 직접 협업은 비용이나 시간, 인력 측면에서 가장 효율적인 방식은 아닐 수도 있다. 그럼에도 네스프레소는 '퀄리티'와 '지속가능성'이라는 핵심 가치를 타협 없이 지키는 길을 택했다.

이러한 철학과 실천은 외부에서도 인정을 받았다. 2022년, 네스프레소는 B Corp 인증을 획득하며, '지속가능한 커피 브랜드'라는 것을 증명했다. 이는 단순한 ESG 캠페인이 아니라, 공급망부터 소비자 경험까지 이어지는 구조적 변화를 지속적으로 추구해 온 결과라고 할 수 있다. 특히, 커피의 원산지에서부터 소비자의 테이블까지 이어지는 전 과정을 투명하고 정교하게 설계한 운영 시스템이 높은 평가를 받았다. 말보다 행동으로 목적을 증명해 온 네스프레소의 방식이, 지금의 '신뢰받는 커피 브랜드'라는 이미지를 만들어온 것이다.

커피가 다시 자라는 곳
: 전쟁터에서 시작된 한 잔의 가능성

조지 클루니는 네스프레소와 거의 20년의 인연을 이어오고 있는 대표적인 브랜드 앰배서더다. 하지만 이 관계는 단순한 광고 계약을 훨씬 넘어선 것이다. 클루니는 현재 네스프레소 지속가능성 자문위원회의 일원으로 활동하고 있다. 네스프레소의 지속가능성은 흔히 알려진 '캡슐 재활용'을 넘어, 커피 재배지의 생물 다양성 보존, 재생 농업, 기후 변화 대응 등 매우 구체적이고 실질적인 현장 활동을 포함한다. 그중에서도 '리바이빙 오리진Reviving Origins' 프로젝트는 클루니의 제안에서 시작된 사례다.

2010년, 영화 촬영차 아프리카 남수단을 방문한 클루니는 내전으로 인해 폐허가 된 커피 농장을 목격했다. 농부들이 모두 떠나고, 나무들은 방치돼 있었다. 이 장면은 단순한 전쟁의 풍경이 아니라, 커피라는 생업의 붕괴를 눈앞에서 마주한 순간이었다. 클루니는 당시 본사 회의에서, 자신이 남수단에서 목격한 상황을 공유하며, "세상을 더 나은 방향으로 바꿀 수 있다고 믿는 브랜드라면, 지금 이곳에서 할 수 있는 일이 무엇인지 먼저 고민해야 하지 않겠느냐"라는 문제의식을 던졌다. 그 말은 단순한 제안이 아니라, 브랜드의 책임과 행동 사이의 간극을 되묻는 진심 어린 도전이었다. 이 발언은 본사의 깊은 공감을 끌어냈고, 당시 CEO와 함께 위험 지역이었던 남수단 예이Yei 지역을 직접 방문하는 데까지 이어졌다. 이후 네스프레소는 몇 년간에 걸쳐 농장을 복원하고, 커피 종자를 되살리는 프로젝트를 시작한다. 그렇게 세상에 나온 커피가 바로 '수루자 티 사우스 수단Suluja ti South Sudan', 리바이빙 오리진 라인의 첫 커피이고, 이를 통해 문자 그대로 커피 원산지를 복원할 수 있었다.

이 경험은 네스프레소에 중요한 전환점이 되었다. 고품질 커피가 단순히 맛의 결과가 아니라, 농부 공동체의 안정성과 직결된다는 사실을 현장에서 다시 한번 배운 것이다. 커피 한 잔은 공동체 전체의 회복과 자립을 담는 그릇이 될 수 있다는 믿음. 그것이 네스프레소가 커피를 'Force for Good', 선한 영향력의 수단으로 정의하게 된 배경이다. 리바이빙 오리진 프로젝트는 이후 콩고, 짐바브웨, 콜롬비아 등 다양한 분쟁 혹은 재난 지역으로 확장되었다. 그리고 이 프로젝트가 당장 수익에 큰 도움이 되는 건 아니다. 오히려 리스크와 시간이 더 많이 드는 방식이다. 그럼에도 네스프레소는 이 길을 포기하지 않았다. 결국 이 프로젝트는 고객, 농부, 브랜드 모두가 혜택을 누릴 수 있는 선순환 구조를 만든다. 고객은 맛과 이야기를 함께 마시고, 농부는 더 나은 수익과 안정성을 확보하며, 브랜드는 장기적인 신뢰와 존경을 얻는다. 이 순환이 지속가능성의 본질이며, 네스프레소가 지향하는 브랜드의 미래다.

캡슐 너머의 가치
: 네스프레소가 순환을 설계하는 방식

네스프레소를 떠올릴 때 가장 먼저 연상되는 이미지는 아마도 알루미늄 캡슐일 것이다. 왜 네스프레소는 수많은 포장재 중 '알루미늄'을 선택했을까? 가장 직접적인 이유는 커피의 품질을 지키기 위한 선택이다. 알루미늄은 산소, 습기, 빛 — 이 세 가지 외부 자극으로부터 커피를 완벽하게 차단한다. 그 덕분에 갓 볶은 커피의 아로마와 풍미를 오랫동안 유지할 수 있고, 전 세계 어디서든 동일한 맛의 경험을 보장할 수 있다. 하지만 이 선택은 단지 '커피 품질'의 문제 때문만은 아니다. 알루미늄은 무한히 재활용이 가능한 소재다. 그리고 알루미늄을 재활용하면 신규 생산 대비 약

95%의 에너지를 절약할 수 있다. 즉, 매일 소비되는 수많은 캡슐이 쓰레기로 사라지지 않고 다시 새로운 자원으로 되돌아갈 수 있는 순환의 가능성을 품고 있다는 의미다. 그렇기에 네스프레소는 고객 여정의 끝까지를 책임지고자 한다. 2011년부터 한국에서도 본격적으로 캡슐 재활용 프로그램을 시작했고, 지금은 글로벌에서도 손꼽히는 캡슐 회수율 상위 국가로 자리잡고 있다. 재활용이란 단어가 여전히 번거롭게 들릴 수 있지만, 네스프레소는 이 과정을 '가치 있는 일상 습관'으로 전환하기 위해 다양한 시도를 계속해왔다.

그중 하나가 바로 카카오메이커스와 함께한 '새가버치' 프로젝트다. '캡슐을 모으면, 새 값어치 있는 제품으로 다시 태어난다'라는 메시지를 담은 이 캠페인은, 재활용된 알루미늄으로 제작한 라이프스타일 제품을 선보이며, 캡슐의 두 번째 생명을 소비자와 함께 상상해 보는 실험이었다. 지금까지 두 차례에 걸쳐 진행된 이 프로젝트는 단순한 친환경 제품을 넘어, '함께 만드는 순환'이라는 철학을 대중과 공유한 사례로 평가받는다. 특히 타 브랜드의 캡슐까지 모두 수거 대상으로 포함시켜, 캡슐 커피 전체의 재활용 인식을 높이고자 하는 대승적 시도를 담았다. 실제로 약 6만 명의 소비자가 참여해, 총 70톤에 가까운 캡슐을 수거하는 성과를 거두었다. 1차 수거한 캡슐로는 '알루미늄 라이언 & 춘식이 키링'을 제작했는데, 고객들의 높은 관심과 참여로 앵콜 판매까지 이어지는 반응을 얻었다. 이 키링의 판매 수익과 함께, 네스프레소는 커피 클래스를 수강한 고객들의 예약금을 모아 총 3,200만 원을 비콥 인증 기업인 트리플래닛에 기부하였다. 이 기부금은 2022년 대형 산불로 임야 1만 6천 헥타르가 소실된 경북 울진 지역의 양봉 농가를 위한 1,400주 음나무 식재에 사용될 예정이다. 음나무는 꿀벌의 주요 먹이원이자 생태계 회복과 생물다양성 증진에 기여하는 밀원수로, 이번 프로젝트는 재활용을 통한 소비자 행동이 실질적 환경 개선으로 이어질 수 있음을 보여주는 사례가 되었다.

이러한 프로젝트는 소비자에게도 명확한 메시지를 전달한다. '내가 한 행동이 실제 사회적 가치로 연결되었다'는 확신, 이 작은 연결이 다음 행동으로 이어지는 원동력이 된다. 이 순환의 고리를 더 단단하게 만들기 위해, 네스프레소는 2025년 4월 우정사업본부와 업무협약을 체결했다. 소비자들이 더 손쉽게 캡슐을 반납할 수 있도록, 전국 3,300여 곳의 우체국을 재활용 수거 거점으로 활용하게 된 것이다. 이런 노력은 명확한 수치로 증명되고 있다. 2025년 한 해 동안 네스프레소 코리아는 총 2,388톤의 캡슐을 재활용했고, 이를 통해 약 2,136톤의 탄소 배출을 줄이는 효과를 냈다. 단순한 친환경 메시지를 넘어서, 지속 가능한 소비의 실천이 실질적 환경 기여로 이어지고 있다는 확실한 근거인 셈이다. 커피 한 잔이 만들어지는 긴 여정처럼, 네스프레소가 고객들과 함께 만들어가는 순환의 길도 그렇게 이어지고 있다.

커피처럼 사람의 가능성을 끌어내는 일

네스프레소의 지속가능성에 대해 여러 각도에서 살펴보았지만, 사실 브랜드가 공식적으로 내세우는 목적은 다음 한 문장으로 요약된다.

"Cultivating coffee as an art to grow the best in each of us."
커피를 예술의 경지로 끌어올려, 각자의 잠재된 가능성을 깨운다.

여기서 cultivate라는 단어는 단지 커피나무를 기른다는 뜻만은 아니다. 이 말에는 '키운다', '가꾼다', '돌본다'는 넓은 의미가 담겨 있다. 커피뿐 아니라 사람에게도, 관계에도 적용될 수 있는 말이다. 나는 이것이 네스프레소가 지향하는 철학의 본질이라고 생각한다. 이 문장은 명확하게 'what we do'와 'why we do'으로 나눠진다.

What we do

우리가 하는 일은, 커피를 단순한 소비재가 아닌, '예술의 수준'까지 끌어올리는 것이다. 이는 재배 단계에서의 정교한 품질 관리, 농부들과의 파트너십, 로스팅과 블렌딩의 기술, 기계의 정밀한 추출 설계, 그리고 마지막으로 소비자와 만나는 커뮤니케이션 전반을 포괄한다. 한 잔의 커피가 만들어지는 모든 여정을 예술처럼 여긴다는 자세가 브랜드의 일관된 태도로 드러난다.

Why we do

그러면 왜 이 일을 하는가. 이는 커피를 넘어선 질문이다. 나에게 '일'이란 생계를 위한 수단이기 이전에, 내가 어떤 사람인지 알아가고, 또 그 한계를 넘어서도록 도전하게 하는 과정이다. 특히 네스프레소에서 내가 맡고 있는 마케팅이라는 일은 정답이 없는 '고객 경험'을 만들어가는 일이다. 매일 달라지는 고객의 기대를 읽고, 거기에 가장 정제된 방식으로 반응하는 것. 어제 좋았던 방식이 오늘은 통하지 않을 수도 있는 그 끊임없는 탐색이, 이 브랜드가 예술을 닮았다고 말할 수 있는 이유다. 나는 이 브랜드의 목적을 단순히 업무 목표로 받아들이지 않는다. 그것은 내가 팀을 이끌고, 구성원과 일하며, 브랜드를 설계하는 방식에 스며들어 있다. 누구나 안에 좋은 씨앗을 가지고 있다. 그 씨앗이 자라 열매를 맺을 수 있도록 곁에서 돕는 것, 그것이 내가 생각하는 리더십이고, 또 이 브랜드가 말하는 'grow the best in each of us'라는 표현의 진짜 의미라고 생각한다. 커피는 한 사람의 하루를 깨운다. 그 하루의 변화가 쌓이면 삶의 결도 달라진다. 네스프레소는 그 믿음을 실천하는 브랜드이고, 그리고 나는 그 믿음을 함께 지켜가는 사람 중 한 명이라는 것이 진심으로 자랑스럽다.

네스프레소 커피 농장 방문기

2024년 5월에 인도네시아 커피농장을 견학할 수 있는 기회가 있었다.

이제껏 문서와 영상으로만 보았던 네스프레소의 커피의 밸류체인, 'bean to cup'으로 요약되는, 그 전 과정을 볼 수 있어서 정말 의미가 있었다. 또한 네스프레소 브랜드의 목적과 커피의 생산과정은 어떻게 연결되어 있는지 스스로 검증해 보는 시간이었다.

네스프레소는 웨스트자바와, 수마트라 섬의 아체지역에 협력 농장이 있는데, 내가 방문한 곳은 웨스트자바에 위치한 두 농장이었다. 원산지를 방문한다는 것은, 크게 3곳의 견학을 의미한다. 첫 번째 커피 농장, 두번째 윗밀 Wet Mill, 세번째 드라이밀 Dry Mill 이다. 농장은 말 그대로, 커피나무를 기르고, 열매를 수확하는 곳이다. 내가 처음으로 방문한 농장은 네스프레소와는 이미 10년 넘게 거래를 하고 있는 곳이고, 여느 커피 농장과 비슷하게 고도 1,500미터 정도에 위치해서 좀 서늘한 바람이 부는, 기분 좋은 곳이었다. 고도가 높은 곳에서 커피나무를 기르는 이유는, 일반적으로는 식물들이 자라기 더 어려운 환경이기에, 열매가 더 많은 당분을 머금게 되기 때문이라고 한다. 이곳에서 커피를 어떻게 기르고 있는지 자세한 브리핑을 듣고, 커피 열매를 직접 수확하는 첫 미션에 돌입했다. 커피 열매를 수확하는데는, 크게 3가지 방식이 있다고 하는데, 첫째는 머신으로 일괄 수확하는것이고, 둘째는 손으로 하나하나 익은 열매를 중심으로 수확, 셋째는 이 둘을 병행하는 것이다. 이곳 인도네시아 농장에서는 전 물량을 모두 손으로 수확하고 있었는데, 커피 나무가지 하나에 달린 열매도 익은 정도가 다 달라서 그중 가장 빨갛게 잘 익은 열매만을 선별해서 앞주머니에 담았다.

배우 더운 인도네시아였지만, 여기 커피농장은 고도가 높아서 그런지, 크게 덥다는 생각은 들지 않았는데, 위를 보니, 그늘을 제공해 주는 나무들이 보였다. 이 나무들을 그늘 나무 shade tree 라고 부르는데, 커피 나무가 직사광선에 그대로 노출되면 나무가 너무 빨리 자라거나, 열매가 너무 빨리 익는 등 맛있는 커피를 생산하기에 좋지 않은 환경이 된다. 이에, 그늘을 제공해 줄 수 있는 바나나 나무 등을 곳곳에 심어, 30-40% 정도의 그늘이 생기도록 관리한다고 했다.

커피 농장에 들어갈 때 따로 장화를 제공해 주셨는데, 땅에 진흙도 많고 쿰쿰한 냄새 나는 자연비료를 쓰고 있어서 그렇다고 했다. 네스프레소와 거래하는 커피 농장은 전혀 화학비료를 쓰고 있지 않고 농장에서 직접 자연비료를 만들고 있다고 한다. 이것을 만들기 위한 그간의 노력을 들으니 '참 서로서로 쉽지 않은 길을 가는구나' 하는 생각이 들었다. 화학비료에서 자연비료인 퇴비로 넘어오는 데는 약 3년이 걸리는데, 그간 화학비료에 찌들어 있던 땅과 나무에게 휴식을 줘야 하기에 그 사이에는 수확을 사실상 포기해야 한단다. 그 3년 동안은 생계를 어떻게 유지했냐고 물으니 남편은 목수일을 하면서, 아내는 봉제일을 하면서 버텼다고 한다. 그만큼 네스프레소와 함께 가고자 하는 길에 대한 확신이 있었고 그래서 지금 그 열매를 거두고 있는 것 같았다. 퇴비를 만들기 위해서 커피열매 껍질, 나뭇잎, 열매를 씻은 물 등을 섞어서 5개월간 온실에서 발효하는 수고스러운 작업을 하고 있었다. 5개월이 지나면, 까만 흙과 같은 퇴비가 완성되고 쿰쿰한 냄새는 나지만 커피나무의 성장에 가장 좋은 영양분이 된다.

농부분들과 열매를 직접 따보는 체험을 하고 있을 때 옆에 계속 같이 한 분이 계셨는데, 바로 농학자분이셨다. 이분은 농대를 졸업하고 따로 네스프레소가 요구하는 과정을 특별 이수하신, 커피 나무에 있어서 가장 전문적인 지식을 농부들에게 전수해 주시는 현장의 선생님이다. 농부들도 물론 다년간의 경험으로 어떻게 하면 좋은 커피를 생산하는지 나름의 노하우가 있겠지만, 이분들을 통해 전 세계적으로 수십 년간 체계적이고, 과학적으로 쌓아온 네스프레소의 노하우가 현장에 이식된다. 토양과 잎을 분석하여 가장 적절한 영양 정도를 제안하고, 또 커피나무의 질병에 관한 과학적인 처방을 내린다. 때로는 현지에서의 인사이트를 바탕으로 본사에 새로운 방식을 제안하는 분들도 있다고 하니, 본사 R&D센터와 각 커피농장을 연결하는 가교 역할도 하며 네스프레소 커피 퀄리티를 보장하는 숨겨진 영웅들이라고도 하겠다.

이어서, 수확한 커피 열매를 씻고, 1차 가공하는 웻밀Wet Mill로 향했다. 커피 열매를 가공하는 첫 과정은 깨끗한 물로, 씻어내는 것인데, 주로 워시드washed 가공이라고 부른다. 이 과정의 목적은 커피 열매가 건조되기 전에 끈적끈적한 과육을 제거하는 것인데, 이를 통해 건조과정에서 이상 현상이 생길 확률을 줄이고 생두의 가치를 높일 수 있다. 사실 웻밀에서도 이 농부 커뮤니티, 그리고 생산과정 안에 있는 모든 노동자를 파트너로 대우하고 있는 네스프레소의 특별한 배려가 보였다.

이 모든 농부들은 네스프레소 지속가능 품질 프로그램에 참여하고 있다. 이 프로그램에는 세 가지 축이 있는데, 고품질의 커피를 생산하는 것과 농부들의 삶의 질을 높이는 것 그리고 환경을 보호하는 것이다. 이 세 가지는 다 유기적으로 연결이 되어 있는 것으로 농부들의 삶의 질이 지속적으로 높아져야지만 그것이 지속적인 고품질의 커피 공급으로 이어지고, 또한 환경을 보호하면서 커피를 기른다는 자부심이 농부들에게도 진하게 퍼지게 된다. 이런 고품질의 커피를 공급하기에 농부들의 수익 또한 증대될 수 있는데, 이것이 바로 네스프레소가 좋은 원두를 경쟁력 있게 확보하는 방식이다. 또한 농부들의 자녀들에 대한 배려도 눈에 띄었다. 부모님들이 일하는 공간 바로 옆에 학교에 다녀온 자녀들이 다양한 방과후 프로그램을 할 수 있는 공간이 마련되어 있어서 음악과 미술 등 다양한 예술 프로그램이 활발히 돌아가고 있었다.

마지막으로, 농부들의 노후에 대한 지원이 내 마음을 푸근하게 했다. 보통 이런 개발도상국에는 연금의 개념이 매우 약하다. 그래서 은퇴를 꿈꾸지도 못하고, 생업에 매달리는 경우가 허다하다. 네스프레소에서는 2014년에 'Farmer Future Program'을 국제 공정무역기구와 함께 콜럼비아에서 런칭하였고, 이것을 전 세계로 확대해 나가고 있는 중이다. 정부차원에서 해주지 못하는 것을, 네스프레소와 같은 사기업이, 공정 무역기구와 함께 해결하고 있는 것이다. 이것이 유일하게 네스프레소가 지속적으로 고품질의 커피를 공급받기 위한 방법이며, 농부들에게는 부모 세대의 고귀한 일을 자녀 세대에게까지 물려줄 수 있는 인센티브도 되고 있다. 인도네시아도 한국과 마찬가지로, 젊은 사람들이 다 시골을 떠나 도시로 가버리는 것이 큰 이슈인데, 실제로 내가 방문한 웨스트자바 커피농장에서는, 농장 주인분의 20대의 두 딸이 2년 전부터 아버지의 가업을 이어받을 준비를 하고 있었다. 어떻게 그 결정을 하게 되었냐고 내가 물으니, "네스프레소와 함께 성장해 나가는 모델을 보며 자신도 사업가로서의 비전을 가지게 되었다"고 말하며 수줍게 웃는 모습이 꽤나 고무적이었다.

여정의 마지막, 드라이밀로 향했다. 커피의 품질을 결정짓는 마지막 관문이자, '생두'라 불리는 최종 원재료가 완성되는 공간. 여기서는 웻밀에서 1차 세척·발효·건조된 커피 원두가 다시 한번 철저하게 선별되고, 등급이 나뉘며, 수출을 위한 준비가 이뤄진다. 겉으로 보기에는 단순히 마른 원두를 선별하는 곳처럼 보일 수도 있다. 하지만 실제 드라이밀 내부를 둘러보면, 이곳이 단순한 가공시설이 아니라 커피 한 잔이 소비자에게 도달하기 전 마지막 정성을 담는 곳이라는 것을 느끼게 된다. 드라이밀에서 내가 가장 놀랐던 점은 선별 과정의 집요함이었다. 커피 원두는 우선 크기, 밀도, 수분 함량에 따라 기계적으로 1차 분류된다. 이때 최신 센서와 자동화된 기계가 사용되지만, 이후에는 사람이 직접 눈으로 보고 판단하는 단계가 기다리고 있다. 결점이 있는 원두를 손으로 하나하나 골라내는 작업이다. 이것은 단순히 불량품 제거가 아니라, 네스프레소가 약속한 고품질 커피를 위해 반드시 거쳐야 하는 과정이다.

여기서 일하는 직원 대부분은 이 지역 주민들이며, 네스프레소의 교육 프로그램을 통해 전문적인 커피 선별 지식을 습득한 이들이다. 매년 품질 기준에 대한 교육을 받고, 시음 교육을 병행하며, 자신의 손끝이 커피의 '마지막 품질'을 책임진다는 자부심을 갖고 있었다. 선별이 끝난 원두는 샘플로 추출되어, R&D팀에서 '컵 테스트'를 통해 맛과 향미, 바디감, 산미, 여운 등을 점검받는다. 이 테스트를 통해, 상위 20% 정도만 선별이 되어서 이 과정은 마치 커피의 졸업시험 같기도 했다. 이 테스트를 통과한 원두만이 네스프레소의 블렌딩 프로세스에 참여할 수 있는 것이다.

또 하나 인상 깊었던 점은 '생산 이력 추적' 시스템이다. 드라이밀에 도착한 생두는 출처 농장, 수확일, 건조 방식, 운송 정보까지 모든 데이터가 라벨링 되어 추적된다. 그 커피가 어떤 농장에서 어떤 방식으로 수확되고, 어떻게 운송되어 여기에 이르렀는지를 투명하게 보여주는 구조다. 이는 단지 품질 관리를 위한 것만은 아니다. 공급망 전체를 신뢰 기반으로 설계하겠다는 네스프레소의 철학이 반영된 것이다. 이런 시스템은 농부들에게도 매우 긍정적인 영향을 미친다. 예전에는 자신들이 어떤 커피를 어떻게 수확해도 그게 어디로 가는지, 어떤 평가를 받는지 알 수 없었다면 지금은 자신이 수확한 커피가 어떤 평가를 받고 어떻게 판매되고 있는지를 확인할 수 있다. 이는 농부들의 자부심과 기술 향상에 직접적인 동기 부여가 되고 있었다.

드라이밀을 떠나기 직전, 마지막으로 정제된 생두 한 줌을 손에 올려보았다. 껍질 하나 없는 매끈한 생두가 가지런히 놓인 것을 보며, 그 속에 담긴 수많은 사람들의 손길과 시간, 지식과 신뢰를 떠올렸다. 커피 한 잔의 여정이 이렇게까지 깊고 정교하며 시스템적으로 설계되어 있다는 사실에 커피를 단순한 음료가 아닌 공동체의 땀이 담긴 결정체로 느껴졌다.

나는 수없이 '지속가능성'이라는 단어를 말해왔지만, 그 단어의 진짜 의미는 여기서 처음 피부로 느낀 것 같았다. 퇴비를 만들기 위해 3년을 참아야 했던 농부 부부, 그 땀의 결실을 평가하고 더 나은 방향을 함께 고민하는 농학자들, 그리고 마지막 한 알의 생두를 손으로 다시 골라내는 드라이밀의 직원들까지, 이 모든 사람이 '좋은 커피를 함께 만든다'는 자부심 하나로 연결되어 있었다. 그 자부심이 커피에 고스란히 담겼고, 나는 그걸 한 잔의 커피를 통해 매일 마시고 있었다. 브랜드의 목적은 말로만 외치는 것이 아니라 이렇게 현장에서 체화되어야 한다는 걸, 그리고 소비자와의 신뢰는 '어디까지 할 수 있느냐'라는 물음에 어떻게 행동으로 답하느냐에 달려 있다는 걸 이 여행을 통해 확신하게 되었다. 이제 내 손에 들린 커피 한 잔이 훨씬 더 진하게, 무겁게 느껴진다. 그것은 단지 하루의 피로를 달래주는 음료가 아니라 누군가의 5개월의 발효, 3년의 기다림 그리고 수백 번의 손길이 담긴 결정체이기 때문이다.

5

파타고니아 Patagonia
이윤 너머의 신념, 지구를 위한 비즈니스

매출보다 신념을 선택한 결단의 증명

20세기의 경영학 교과서에는 의심의 여지 없이 이렇게 적혀 있었다.

"기업의 존재 이유는 이윤 창출이다."

나 역시 오랫동안 그렇게 배워왔고, 의심하지 않았다. 그러나 시대가 바뀌었다. 이제 '이윤을 위해 존재한다'는 문장으로 마침표를 찍는 기업은 더 이상 소비자의 사랑을 받기 어렵다. 사람들은 물건이 아니라 가치를, 가격이 아니라 철학을 사고 있다. 그리고 그 변화의 중심에서, 수많은 브랜드 중에서도 단연 가장 극단적인 선언을 한 기업이 있다.

“우리는 우리의 터전, 지구를 되살리기 위해 사업을 합니다.”

We're in business to save our home planet.

이 문장을 처음 마주했을 때, 솔직히 믿기 어려웠다. '환경 오염을 줄이 겠다'가 아니라, '지구를 되살리기 위해 사업을 한다'라니. 일반적인 기업 의 사명선언문으로 보기에는 지나치게 낯설고, 심지어 비현실적으로 들 렸다. 환경 보호를 '비즈니스의 한 영역'이 아니라, '비즈니스를 하는 이유 그 자체'로 삼는 기업. 이 얼마나 도전적인 발상인가. 바로, 친환경 아웃도 어 브랜드 파타고니아 Patagonia 의 이야기다. 하지만 이런 선언만으로 기업 이 유지될 수 있을까? 그저 이상주의적 구호가 아닌, 실제로 작동하는 시 스템일까? 그 해답을 찾아보기 위해, 이들의 시작으로 돌아가 보자.

파타고니아는 1973년, 미국의 등반가 이본 쉬나드 Yvon Chouinard 에 의해 설립되었다. 사실 그는 그보다 앞선 1965년, 항공공학자 친구 톰 프로스 트 Tom Frost 와 함께 '쉬나드 이큅먼트 Chouinard Equipment'라는 회사를 세우 며 이미 아웃도어 업계에 발을 들였다. 어린 시절부터 암벽등반을 사랑했 던 쉬나드는, 기존 장비의 불편함을 직접 개선하고 싶어 했다. 그가 만든 첫 히트 제품은 '피톤 Piton', 즉 암벽의 틈에 끼워 고정하는 금속 못이었다. 그의 피톤은 강철합금으로 만들어져 내구성이 탁월했고, 빠르게 시장의 표준이 되었다. 1970년, 쉬나드 이큅먼트는 미국 최대의 등산 장비 회사로 성장한다. 그러던 어느 날, 그는 등반 중 충격적인 장면을 목격했다. 자신 이 만든 피톤이 바위 표면을 훼손시키고 있었던 것이다. 산의 상처 난 흔적을 따라가다 그는 깨달았다. "내가 사랑하는 자연을, 내 제품이 망가뜨리고 있다." 그 순간이 파타고니아의 '자각'의 순간이었다. 많은 목적 중심 브랜드가 그렇듯, 진정한 변화는 이렇게 불편한 깨달음의 순간에서 시작된다. 그리고 그 자각 이후 어떤 결단을 내리느냐가 브랜드의 운명을 갈라놓는다. 파타고니아는 그 순간, '성공의 방식을 바꾸기로' 결정했다.

이본 쉬나드는 본인이 만든 피톤이, 환경파괴의 주범이었다는 사실에 충격을 받고, 그 즉시, 당시 회사에서 가장 잘나가던 제품이었던 강철 피톤의 생산을 중지한다. 아무리 좋은 의도지만, 매출의 큰 부분을 차지하던 제품 라인업을 단종시켰기에 이것은 기업의 생존을 다루는 문제였다. 타고난 사업가였던 쉬나드는 빠르게 새로운 대안의 마련에 착수한다. 곧 이듬해, 손으로 끼워 넣을수 있는 알루미늄 초크 Chock 를 출시하였는데, 기존 피톤이 해머로 때려서 암벽을 갈라지게 했다면, 이 초크는, 손으로 쉽게 끼워 넣고, 환경 파괴도 최소화 하는 제품이었다. 하지만 기존의 피톤에 비해 안전성이 보장되지 않았다는 이유로, 초기 성과는 그리 좋지 않았다. 준프로 암벽등반가였던 쉬나드는 직접 피톤이 없이 초크만을 가지고 캘리포니아 바위산인 엘카피텐을 올랐다. 창업가가 스스로 증명해 낸 초크의 안전성에 소비자들은 다시 신뢰를 보내기 시작했고, 회사와 브랜드는 이전보다 더욱 성장할 수 있게 되었다. 이러한 소비자의 신뢰와 성공에 기반하여, 쉬나드 이큅먼트는 1973년 '파타고니아'라 자회사를 회사명으로 변경하며, 제품의 포트폴리오를 확대해간다.

파타고니아는 모든 의류의 생산에 있어서, 친환경적인 솔루션을 가져가기 위해, 업계 평균이상의 노력을 기울이고 있다. 사실 많은 의류회사에게 있어서, 자신있게 말하지 못하는 환경주제가 있다면, 그것은 아마도 '의류매립' 이슈일것이다. 우리가 입고 버리는 의류의 재활용은 극히 일부에 불과하고 대부분의 의류가 땅에 묻히는 실정이다. 2017년 미국에서 버려진 직물은 약 1300만 톤에 달하는데, 이 중 85%가량이 매립되거나, 소각되었다. 매립하건, 소각하던 환경에 악영향을 주는 건 매한가지인데, 2000년대 초반부터 일어난 SPA브랜드의 열풍은 이런 이슈를 더욱 가중시키고 있다. 파타고니아는 의류 환경 문제를 해결하기 위해 1993년 의류업계 최초로 사람들이 버린 페트병을 모아, 재활용 폴리에스테르 원단을 만들게 된다. 그리고 이를 스냅티Snap-T 에 적용하게 되는데, 한 장의 스냅티에는 34병의 페트병이 들어갔다고 한다. 파타고니아는 이를 일회성 이벤트로 진행한 것이 아니라, 진지하게 R&D의 노력을 통해 지금까지도 벨류체인의 한 축으로 여기고 있으며, 지금도 생산하는 스냅티의 80% 이상이 재활용 폴리에스테르 원단을 사용하고 있다. 이렇게 선구자적인 이들의 노력이 완전히 산업생태계를 바꾸지는 못하더라도, 아디다스등 많은 브랜드들이, 이러한 노력에 연대하면서, 서서히 생태계는 변화해 가고 있다.

다시, 파타고니아의 미션을 읽다

"우리는 우리의 터전, 지구를 되살리기 위해 사업을 합니다."

이 문장을 처음 마주하는 소비자라면, 아마 이렇게 되물을 것이다. '지구를 되살리기 위해 사업을 한다고? 환경오염을 줄이겠다는 정도가 아니라, 그것이 사업의 존재 이유라고?' 이건 단순히 혁신적이 아니라 혁명적이다. 말로는 누구나 '지속가능성'을 외치지만, 파타고니아는 그것을 실제 경영의 중심에 놓았다. 그들이 어떻게 이 사명을 실천하고 있는지를 하나씩 들여다보면 이 브랜드의 진정성과 일관성에 고개가 절로 숙여진다.

1985년, 파타고니아는 '1% for the Planet'이라는 단체를 설립해, 매출의 1%를 환경단체에 기부하기 시작했다. 여기서 중요한 건 '수익'이 아니라 '매출'이라는 점이다. 2024년까지 누적 기부액은 약 2억 3천만 달러한화 약 3천억 원으로 전 세계 기업 중 가장 많은 금액을 기부했다. 환경을 위한다고 말하는 기업은 많지만, 20년 넘게 매년 매출의 1%를 꾸준히 내놓는 기업이 또 있을까? 연 매출 약 2조 원 규모의 회사가 매년 200억 원 가까운 금액을 기부하는 셈이다. 그중에는 영업이익의 상당 부분을 내야 했던 어려운 해도 있었을 것이다. 그럼에도 파타고니아는 한결같이, 묵묵히 '지구를 위한 1%'를 지켜왔다.

미국에서 '블랙 프라이데이'는 그야말로 연중 최대의 소비 축제다. 기업들이 적자赤字를 흑자黑字로 바꾸는 날, 소비자는 '득템'을 위해 몰려든다. 그런데 파타고니아는 이 시기에 "이 재킷을 사지 마세요"Don't Buy This Jacket.라는 전면 광고를 《뉴욕타임즈》에 실었다. 그들의 주장은 단순했다. 이 재킷을 만드는 데 36갤런의 물이 필요하다. 이는 45명이 하루 동안 쓰는 물의 양이다. 20파운드의 이산화탄소가 배출되고, 제품 무게의 3분의

2에 달하는 폐기물이 발생한다. "그러니까, 소비자들이여, 나에게 꼭 필요한지 심사숙고 하시고, 그게 아니라면, 사지마세요!!!" 대부분의 마케팅은 소비자의 '욕망'을 자극하는 데 집중한다. 소비자에게 "이게 정말 필요한가?"라는 질문을 할 틈조차 주지 않는다. 하지만 파타고니아는 정반대로 선택했다. 소비를 부추기는 대신, 소비를 멈추라 했다. 이토록 불편한 진심을 세상에 내건 브랜드가 또 있을까? 흥미롭게도 이 광고 이후, 캠페인에 등장한 재킷은 빠르게 품절됐다. 이를 두고 '결국 마케팅이 아니었느냐'라는 시선도 있었다. 하지만 실제 기업 환경을 아는 사람이라면 이 결정이 얼마나 어려운 선택이었는지 알 것이다. 영업팀의 반대, 매출 타격의 우려, 투자자의 시선 그 모든 현실적 압박을 넘어선 행위였기에 이 캠페인은 마케팅이 아니라 철학의 실천으로 기록된다. 이본 쉬나드는 훗날 이렇게 말했다.

"미친 소리처럼 들리겠지만,

내가 지구를 위한 결정을 내릴 때마다 오히려 돈을 벌게 되더군요."

2011년 'Don't Buy This Jacket' 캠페인 이후, 그들은 2016년 블랙 프라이데이에는 하루 매출 전액을 환경단체에 기부하기도 했다. "목적을 따르라, 돈은 따라온다." 쉽게 말할 수는 있지만, 그 원칙을 50년 가까이 지켜온 기업은 드물다. 파타고니아는 이상을 말하지 않는다. 그들은 그 이상을 삶의 방식으로 증명해 왔다.

Worn Wear 캠페인 오래 입은 옷 이야기

옷장에 그런 옷이 한 벌씩은 있지 않은가? 어렸을 적부터 입어서, 낡고 해졌는데도, 차마 버리지 못하는 옷. 왜일까 생각해 보면, 그 옷에는 내 추억이 담겨 있기 때문이다. "아, 이 옷 입고 그때 바다에서 친구들이랑 놀았었지? 캠핑할 때 추워서 덜덜 떨었지만, 그나마 이 긴팔셔츠가 있어서 다행이었어. 아이고, 팔꿈치가 다 해졌네. 뭐 그럼 어때? 편한데?" 'Worn Wear' 캠페인은 말 그대로, 낡고 해진 옷을 고쳐 입어, 고객들에게 소중한 추억이 담긴 옷을 오래도록 입는 즐거움을 깨닫게 하고, 수선을 통해 새 제품을 덜 생산하게 함으로써 궁극적으로 환경에 미치는 영향을 최소화하는 캠페인이다. 기존 패션업계의 주류 트렌드인 '패스트 패션'의 정신에 직접 대항하는 철학이라고나 할까?

파타고니아 베이비/키즈 라인 의류에는, 네임택이 붙어 있는데, 보통 "This garment belongs to:"라고 적혀 있다. 거기에 자신의 이름을 쓰면, 이 옷은 00것이에요!라는 표시가 되겠다. 그런데 최고의 마케팅은 고객이 직접 해주는 마케팅이라고, 한 사용자가 올린 사연이 파타고니아가 추구하는 가치와 제품의 질을 대변해 주고 있다.

"안녕하세요, 파타고니아. 이 조그만 빨강, 보라 플리스 재킷이 처음에 누구 것이었는지는 모릅니다. 태그에 여러 이름이 적혀 있지만, 몇몇 이름은 알겠네요. 저는 3자녀를 키우고 있는 가족으로부터 이 재킷을 받

"

앉고, 그 가족은, 두 남자아이를 키우고 있는, 직장 동료에게서 받았다고 하네요. 그리곤, 드디어 이 재킷이 제 두 딸에게 왔습니다. 우리는 이 재킷을 입고, 수백 마일의 숲길을 걸었고, 많은 밤을 텐트에서 보냈습니다. 소중한 기억들이죠. 이제 아이들이 컸기에, 또 다른 두 아이를 가진 가족에게 넘겼답니다. 아이들은, '빨리' 자랍니다. 그래서인지, 아이들을 위한 아이템들도, 다들 빨리 사서, 빨리 소비해버리는 경향이 있지요. 하지만, 이 조그만 플리스 재킷은 12명의 아이들을 거쳤음에도 여전히 쓸 만합니다. 'Hand-me-down' 전통을 지켜주셔서 고맙습니다."

Hand-me-down, 말그대로 손에서 손으로 물려받다는 뜻이다. 물건이나 옷을 물려 받는다는 것이 부끄러운 것이 아니라 오히려 가치 있는 일이며, 의식 있는 일이라는 것을 가르쳐준다. Worn wear캠페인을 통해, 소비자는 나에게 필요 없는 파타고니아 의류를 기부하고, 크레딧을 받아 나에게 필요한 파타고니아 제품을 구매할 수 있다. 신제품을 구매하기보다는, 오히려 중고품의 거래를 독려함으로서, 역설적으로 파타고니아의 충성도는 더 올라가고 있는 것으로 보인다. 아울러, 파타고니아 제품의 내구성은 더 많은 소비자가 중고 거래를 하면 할수록 증명되는 것이니, 여러모로 좋은 스토리가 나올수 있는 구조로 보인다. 이 프로그램의 가장 큰 경쟁력은 아무나 따라할 수가 없다는 것이다. 우선 철학적으로, 파타고니아 정도의 목적성이 없이는 우리 새 제품을 사지말고 중고제품을 사라는 커뮤니케이션을 강하게 할 수가 없을 것이고, 제품적으로도 그 정도 내구성 가진 제품이 많지 않기에 괜히 따라했다가 '2년 만에 지퍼가 고장났다, 3년만에 팔꿈치가 해졌다'는 소리만 듣기 쉬울 것이다. 여기서 더 나아가, 파타고니아는 각 매장에서 제품 수선을 위한 수업까지 연다고 하니, 아주 본격적으로 새 옷을 '못 사게' 하는구나 싶다.

한국의 많은 회사들도, 착한소비, 착한 ○○을 내세우지만, 왜 단발성으로 끝나고 마는가? 철학과 목적의 부재가 그 이유가 아닐까 싶다. 목적이 확실하고 그것이 CEO부터 말단 직원까지 명확하다면, 그를 이루기 위한 수많은 아이디어는 쏟아질 수 있다. 그렇지만, 단기적인 이미지 쇄신을 위한 프로그램, 윗선에서 떨어진 업무의 경우에, 아이디어가 나올 때마다, "회사의 이익을 해치지 않는 선에서"만 실행된다. 그 결과, 진정성 없는 '이름만 착한 캠페인'들이 양산된다. 파타고니아는 NGO도, NPO도 아니다. 그럼에도 그 어떤 비영리 단체보다 명확한 목적의식으로 움직인다

이쯤 되면, 이미 파타고니아는 '환경을 위한 기업'이라는 수식어로 충분히 설명될 것 같다. 그러나 2022년, 그들은 한발 더 나아가 세상의 상식을 완전히 뒤집는 결정을 내렸다. 그 어떤 ESG 구호보다, 그 어떤 캠페인보다 이 결정 한 번으로 파타고니아는 '지속가능성의 상징'을 넘어 자본주의의 윤리를 다시 정의한 브랜드가 되었다. 2022년 9월, 창립자 이본 쉬나드와 그의 가족은 회사 지분 100%를 환경 보호와 기후변화 대응을 위한 비영리 단체에 기부했다. 그 가치는 약 4조 2천억 원. 그가 평생 입고 다니던 낡은 플리스 재킷보다 훨씬 더 오래 남을 유산이었다. 10여 년간의 숙고 끝에, 파타고니아는 기업공개Going public 가 아닌 '고잉 퍼포스Going purpose'

의 길을 택했다. 이는 단순한 경영적 선택이 아니라, "기업을 지구 환경 보호를 위한 수단으로 어떻게 활용할 것인가"라는 본질적 질문에 대한 이들의 대답이었다. 환경을 '사업의 제약조건'이 아니라 '존재 이유'로 바라본 결정. 그 깊은 신념과 결단에 마음이 숙연해진다.

한국에서도 실천되고 있는 파타고니아의 철학

파타고니아의 철학은 국경을 넘는다. '환경을 위한 비즈니스'라는 추상적 구호가 아니라, 실제 조직 구조와 일상의 시스템 속에서 실현되는 구체적 실천이다. 그렇다면 한국에서는 이 철학이 어떤 방식으로 구현되고 있을까? 아래의 내용은 파타고니아 코리아의 환경 실무 담당자와의 인터뷰를 바탕으로 정리한 것임을 미리 밝혀둔다.

파타고니아는 전 세계적으로 매출의 1%를 '1% for the Planet'이라는 단체에 기부하고 있다. 한국에서도 매년 환경단체를 대상으로 공모를 진행해, 서류 심사와 내부 평가를 거쳐 후원 대상을 선정한다. 공식 웹사이트에는 그동안 어떤 단체가 어떤 활동을 이어왔는지 상세히 공개되어 있으며, '풀뿌리 환경운동' 섹션에는 현재 진행 중인 모든 활동이 달력 형태로 정리되어 있다. 예를 들어, 2025년 5월에는 전국 곳곳에서 34건의 활동이 진행 중이었고, 4월에는 52건, 3월에는 41건이었다. 이 수치는 단순한 이벤트의 규모가 아니라, 로컬 커뮤니티 중심의 실질적 환경운동 네트워크가 얼마나 활발하게 삭동하고 있는지를 보여준다. 흥미로운 섬은, 일부 활동이 정부 정책과 마찰을 빚기도 한다는 것이다. 예컨대 가덕도 신공항 반대 운동처럼, 기업으로서 쉽지 않은 주제에도 목소리를 내고 있는데, 솔직히 한 명의 직장인 입장에서는 마음이 졸여지기도 한다.

또한 파타고니아 코리아는 2024년 11월, 전 세계 최초로 '파타고니아 퀄리티 랩Quality Lab'을 서울에 오픈했다. 블랙프라이데이 세일로 전 세계가 들썩이던 시기, 이들은 정반대의 선택을 했다. 의류를 무료로 수선해주고, 수선법을 가르쳐주는 공간을 연 것이다. 놀라운 점은, 파타고니아 제품뿐 아니라 브랜드에 상관없이 모든 의류를 무료로 수선해준다는 점이다. 이 활동은 "새로 사지 말고, 오래 입자"는 파타고니아의 철학을 가장 직접적이고 실천적인 방식으로 구현한 사례다.

파타고니아 코리아 환경팀 직원분을 모시고, 네스프레소 코리아에서 강연을 들은적이 있는데 CEO 라이언 갤러트Ryan Gellert와의 일화를 전해주었다. 그가 신임 CEO로 한국을 방문했을 때, 본인의 이전 이력을 소개하면서, 유럽지사장으로 재직하던 시절, 환경단체의 시위 현장에 직접 참여했다가 경찰에 연행된 적이 있다는 이야기였다. 보통 기업에서 신임 CEO의 취임 소식은 "매출 성장률"이나 "성과 중심의 리더십"으로 장식된다. 하지만 파타고니아의 경우는 달랐다. 갤러트 CEO의 취임사는 "환경 보호를 위한 경영이 어떻게 더 효과적으로 실현될 수 있는가"에 대한 철학적 방향으로 채워져 있었다. 그는 파타고니아를 '더 성공적인 기업'이 아니라 '더 올바른 기업'으로 만드는 일을 자신의 미션으로 명확히 제시하고 있었다.

2025년 2월, 비콥과 파타고니아가 공동으로 주최한 행사에 참석할 기회가 있었다. 그 자리에서 브레멘 슈멜츠Bremen Schumeltz, 파타고니아 아시아태평양 총괄대표를 만났다. 그는 파타고니아에서만 20년 넘게 근무해온 베테랑이자, 이 지역의 경영을 총괄하는 인물이었다. 잠시 대화를 나눌 수 있는 순간이 주어졌고, 나는 오래전부터 마음속에 품고 있던 질문 하나를 꺼냈다.

"대표님께서는 맡고 계신 일 중,

환경과 직접적으로 관련된 업무가 몇 퍼센트쯤 되나요?"

지금 돌이켜보면, 그 질문에는 약간의 의심이 섞여 있었다. 아무리 파타고니아라 해도, 매출과 성장의 압박 속에서 숫자와 사람을 관리해야 하는 최고경영자라면, 실제로 환경과 관련된 일에 쏟을 수 있는 시간은 얼마나 될까 하는 현실적인 궁금함이었다. 솔직히 말하면, '이상과 현실의 간극'을 확인해보고 싶었던 것이다. 그의 대답은 단호했다.

"100%입니다. 너무 높다고 느끼시나요? 제가 내리는 모든 의사결정에

는 환경이 포함되어 있습니다. 어떤 회의든, 어떤 결정이든, 우리는 환경

보호라는 우리의 미션을 더 잘 실현하기 위해 존재하니까요."

그 말을 들었을 때, 나는 그저 형식적인 답변이라고 치부할 수도 있었다. 하지만 그 순간의 눈빛과 목소리, 그리고 말에 담긴 무게감은 그 이상의 것이었다. 계산된 답변이 아니라, 수십 년간 몸으로 살아낸 신념의 언어였다. 그래서 나는 직접 만나보는 것의 가치를 다시 한번 실감했다. 사람의 진심은 문장보다 눈에서, 이력보다 태도에서 드러나기 때문이다. 그 만남 이후, 파타고니아라는 브랜드를 다시 바라보게 되었다.

수많은 사례와 사실들을 종합해보면, 이 회사는 단순히 '친환경 브랜드'가 아니라, 환경을 경영의 중심축으로 삼은 거의 유일한 기업이라고 해도 과언이 아니다. 그래서 나는 종종 이렇게 말한다. 요즘 MZ세대에게 잘 통한다는 이유로 '파타고니아처럼 보여야 한다'라고 말하는 마케터가 있다면, 그 생각부터 고쳐야 한다고. 파타고니아는 컨셉으로 차용할 수 있는 브랜드가 아니다. 이 브랜드는 진심으로 환경에 대한 가치를 믿는 사람들만이 버틸 수 있는 곳이다. 좋은 단어 몇 개로 영상을 만들고, 캠페인 한 번으로 흉내낼 수 있는 종류의 진심이 아니다. 파타고니아의 극단은 바로 그 진심에서 온다. 그들의 '환경'은 전략이 아니라, 존재의 이유이기 때문이다. 파타고니아 환경팀 직원분에게 요즘 본인의 목표가 무엇인지 물었다. 그는 잠시 생각하더니 이렇게 답했다.

"파타고니아의 미션인 '환경 보호를 위해 사업을 한다'를

한국에서 실제로 실현해 내는 것, 그것이 제 목표입니다."

그 말이 오래 남았다. 사실 많은 회사에는 '환경 담당자'라는 직책조차 존재하지 않는다. 설령 있다 하더라도, 그 역할은 대부분 법적 기준을 충족하고, 회사가 불이익을 받지 않게 하는 정도에서 그치는 경우가 많다. 그런 현실 속에서, '환경을 위한 비즈니스'가 아닌 '비즈니스를 통한 환경 보호'를 자신의 일로 믿고 실천하는 그의 태도는 매우 인상적이었다. 일과 신념이 일치할 때 느껴지는 충만함, 바로 그런 에너지가 그에게서 전해졌다.

파타고니아는 철학과 시스템이 정렬된 드문 회사다. 어쩌면 너무 '극단적'이기에, 감탄과 영감은 주되, 현실에 적용하기엔 부담스럽다고 느끼는 사람도 있을 것이다. 그러나 꼭 100% 따라야만 의미가 있는 것은 아니다. 그 철학을 이해하고, 응원하고, 지지하는 것 자체가 이미 하나의 실천이다. 환경 보호는 거대한 프로젝트나 특별한 결단으로만 이루어지지 않는다. 지속가능한 브랜드의 제품을 선택하고, 그런 캠페인에 공감하며 '좋아요'를 누르고, 그 메시지를 누군가에게 전하는 일. 그 소소한 행동들이 모여 세상을 조금씩 바꾼다. 완벽하지 않아도 된다. 다만 내 일상 속에서 실천할 수 있는 한 걸음이 있다면, 그것이면 충분하다. 그래서 나는 오늘도, 나에게 영감과 도전을 주는 브랜드 — 파타고니아를 조용히 응원한다.

6

에어비앤비 Airbnb
낯선 공간에서 공동체를 발견하다

여행의 정의를 다시 쓰다
: 에어비앤비의 시작

한때 여행은 비행기 표를 끊고, 호텔에 머물며, 유명 관광지를 둘러보는 일이었다. 하지만 이제 우리는 그 정의가 달라지고 있음을 분명히 느낀다. 오늘날의 여행자는 단지 멋진 풍경이나 고급 숙소보다, 더 '진짜 같은 경험', 더 인간적이고 로컬한 연결을 갈망한다. 그들이 진짜 찾고 있는 건 '장소'가 아니라 '사람'이다. 낯선 도시의 골목을 걷고, 현지인의 부엌에서 아침을 맞으며, 언어와 문화가 다른 이들과 눈을 마주치는 순간들 — 여행은 점점 '사람을 만나는 경험'으로 진화하고 있다. 이 변화의 중심에 에어비앤비가 있다.

에어비앤비는 단순한 숙박 공유 플랫폼이 아니다. 여행이라는 개념 자체를 바꾼 브랜드다. '여행은 낯선 곳에서 살아보는 것'이라는 새로운 관점을 통해, 에어비앤비는 숙소 예약을 넘어, 전 세계 사람들을 연결하는 진정한 커뮤니티 플랫폼으로 자리잡았다. 에어비앤비의 시작은 2007년, 샌프란시스코의 한 아파트에서였다. 당시 디자이너였던 브라이언 체스키 Brian Chesky 와 조 게비아 Joe Gebbia 는 도시에서 열리는 디자인 컨퍼런스로 인해 호텔 방이 모두 매진되자, 자신의 거실을 '에어 매트리스가 깔린 임시 숙소'로 내놓고, 아침 식사까지 제공하며 'Air Bed & Breakfast'를 시작했다. 이 작은 실험은 여행자와 호스트 모두에게 놀라운 만족감을 주었고, 이 경험이 바로 에어비앤비라는 브랜드 철학의 출발점이 되었다.

에어비앤비는 기술로 가능성을 열었지만, 브랜드를 차별화시킨 것은 '사람에 대한 믿음'이었다. 아무리 낯선 도시라도, 누군가의 집에 머문다는 행위는 본질적으로 신뢰를 전제로 한다. 그리고 이 신뢰가 형성될 수 있도록 에어비앤비는 플랫폼, 리뷰 시스템, 커뮤니케이션 도구를 정교하게 설계했다. 그 결과, 여행자들은 이제 호텔이 아닌, 사람과의 연결을 선택하기 시작했다. 에어비앤비는 물리적 공간을 제공하는 브랜드가 아니라, 낯선 곳에서조차 소속감을 느끼게 하는 브랜드다. 그것은 단지 공간의 문제가 아니라, 문화와 감정의 문제이기도 하다. 에어비앤비는 이런 관점으로 여행의 의미를 다시 정의해 왔다. 그리고 그 여정의 중심에는 언제나 '사람'이 있다.

브랜드의 전환점

: '소속감 Belonging'이라는 개념을 발견하다

에어비앤비가 단순한 '숙박 공유 플랫폼'에서 '목적 중심 브랜드'로 진화할 수 있었던 배경에는, '소속감'이라는 단어가 자리 잡고 있다. 사실 에어비앤비의 창립 초기에는 이 단어가 핵심 메시지는 아니었다. 하지만 수백만 건의 예약이 오가고 세계 각지에서 호스트와 게스트가 연결되며, 에어비앤비는 단순히 잠자리를 빌려주는 것이 아니라 낯선 곳에서 환영받는 감정을 만들고 있다는 사실을 깨닫게 되었다. 이에, 2014년, 에어비앤비는 브랜드의 핵심 정체성을 'Belong Anywhere'로 전면 재정의했다. 브라이언 체스키는 이 변화에 대해 다음과 같이 설명했다.

"우리가 제공하고 있는 것은 그저 숙소가 아니라, '소속감'이에요. 사람들은 어디에 있든 자신이 환영받고 있다는 느낌을 받고 싶어 하죠. 에어비앤비는 바로 그런 연결을 가능하게 해주는 플랫폼입니다."

이 사명은 슬로건에만 머물지 않았다. 2014년 발표한 새로운 로고, 'Bélo'는 Belonging의 상징이었다. 이 로고는 사람, 장소, 사랑, 에어비앤비의 A를 시각적으로 결합한 디자인으로, 단순한 기업 정체성을 넘어, 사용자들이 공감하고 사용할 수 있는 '공동체의 상징'을 의도한 것이었다.

에어비앤비는 '브랜드 미션'을 단지 외부 마케팅에만 활용한 것이 아니라, 내부 문화로도 확산시켰다. 직원 채용, 고객 응대, 제품 개발, 디자인, 커뮤니케이션 모든 과정에서 '이 행동이 타인에게 소속감을 줄 수 있는가?'라는 질문이 기준이 되었다. 이는 곧 에어비앤비의 전략적 의사결정과 비즈니스 모델에도 영향을 미쳤다. 예를 들어, 2015년 유럽 난민 사태가 벌어졌을 때, 에어비앤비는 'Open Homes' 프로그램을 통해 난민과 재난 피해자, 구호 활동가들에게 무료로 숙소를 제공하는 플랫폼 기능을 공개했다. 이 기능은 일시적인 CSR이 아니라, 에어비앤비 플랫폼 내 기능 중 하나로 고정되었으며, 오늘날까지도 전 세계적으로 수만 명이 이 기능을 통해 머물 공간을 찾고 있다. 또한, LGBTQ+ 커뮤니티를 위한 'We Accept' 캠페인, 장애인 여행자를 위한 'Adapted Stays' 기능 강화 등도 모두 같은 철학 아래에서 비롯되었다. 에어비앤비는 언제나 '여행은 누구나 할 수 있어야 한다'는 철학을 기반으로, 포용성과 접근성을 브랜드 운영의 중심축으로 삼았다.

이러한 결정들은 단순한 감성적 접근이 아니라, 에어비앤비의 비즈니스 성장과 직접 연결되었다. 더 많은 사람들에게 열려 있는 플랫폼은 더 넓은 시장과 더 강한 충성도를 만들어냈고, 이러한 문화적 자산은 브랜드의 정체성과 차별화된 경쟁력이 되었다.

무엇보다 주목할 점은 에어비앤비가 '소속감'을 이야기할 때, 그것을 일방적으로 제공하는 것이 아니라, 호스트와 게스트 모두가 함께 만들어가는 '경험의 공동체'를 상상했다는 점이다. 단지 고객을 만족시키는 브랜드가 아니라, 고객이 브랜드의 철학을 실천하는 주체가 되는 모델. 에어비앤비는 그렇게 '브랜드의 복적'을 사용자들과 함께 실현하고 있다.

위기를 기회로
: 브랜드 철학을 지킨 두 번의 용기

2020년, 전 세계는 코로나19 팬데믹이라는 거대한 위기를 맞았다. 국경은 닫히고, 여행은 멈췄다. 에어비앤비에게 이것은 존재의 기반이 무너지는 일이었다. 단순한 매출 감소가 아니었다. 플랫폼에 등록된 수백만 숙소의 예약이 일시에 취소되었고, 호스트들의 수입은 증발했다. 기업의 존립 자체가 흔들리는, 전례 없는 위기였다.

그런데 바로 이 시기, 에어비앤비는 예상과는 다른 방식으로 움직였다. 이들은 위기를 극복하기 위한 '단기 수익 회복'이 아닌, 브랜드의 '본질적인 목적'을 지키는 선택을 했다. 예약 취소 사태가 벌어졌을 때, 에어비앤비는 고객의 전액 환불을 허용했다. 이에 대한 호스트들의 반발이 커졌고, 에어비앤비는 곧이어 '2억 5천만 달러 규모의 호스트 지원 기금'을 조성해 피해를 본 호스트에게 보상을 지급하기 시작했다. 이 기금은 투자자들의 비판을 감수하면서까지 시행한 조치였다. 수익과 단기 비용 손실을 감수하면서까지 이 같은 결정을 내린 이유는 단 하나였다. 에어비앤비는 거래 플랫폼이 아니라 '커뮤니티'라는 믿음 때문이다. 위기의 순간에도 에어비앤비는 철학을 타협하지 않았고, 그 선택은 이후 브랜드 충성도 회복의 중요한 기반이 되었다.

다만, 그런 목적 중심의 결정을 했음에도 불구하고, 팬데믹의 여파로 에어비앤비는 전체 인력의 약 25%를 감원해야 했다. 하지만 그 과정에서도 그들은 '사람'을 최우선에 두는 선택을 했다. 퇴직자 전원을 위한 이직 지원팀을 만들고, 추천서를 직접 작성하며, 퇴직 후 보험 혜택을 연장했다. 심지어 사내 Slack 채널을 열어 이직 지원 정보를 공유하고, 플랫폼 내에 '에어비앤비 Alumni Talent Directory'를 따로 만들어 전 세계 기업들과 연결했다. 미국은 특히 해고 절차가 간소하고, 감정적으로 건조하게 처리되는 문화가 일반적이지만, 에어비앤비는 직원들을 단순히 떠나는 인력이 아닌, 브랜드를 함께 만들어온 '공동체의 일원'으로 끝까지 존중하는 방식으로 마무리했다.

다음 해, 에어비앤비는 또 다른 형태의 위기와 마주한다. 이번엔 물리적 위기가 아닌, 브랜드 메시지와 현실 사이의 간극이라는 구조적 균열이었다. 내부 실험 결과, 인종을 유추할 수 있는 이름 — 특히 흑인이나 아랍계 이름을 사용하는 사용자일수록 예약 거절률이 높다는 사실이 드러난 것이다. 브랜드가 수년간 외쳐온 '포용'의 메시지와는 너무도 다른 현실이 숫자로 확인된 순간이었다.

에어비앤비는 이를 외면하지 않았다. 오히려 이를 계기로 'Project Lighthouse'를 시작하며, 플랫폼 내에서 무의식적으로 작동하는 차별을 데이터 기반으로 추적하고, 시스템 차원에서 해결하기 위한 조치에 나섰다. 그리고 2022년, 그 철학은 구체적인 실천으로 이어졌다. 에어비앤비는 모든 사용자에게 차별 반대 서약에 다시 동의할 것을 요청했고, 이에 응하지 않은 약 250만 명의 계정을 과감히 퇴출시키는 결정을 내렸다. 브랜드의 철학에 부합하지 않는 사람과는 함께 가지 않겠다는 선언이었다.

단기적으로 보자면 매출과 사용자 수 감소는 불가피했을 것이다. 하지만 이 선택은 오히려 브랜드에 더 깊은 신뢰를 가져왔다. 포용적 경험을 원하던 사용자들은 에어비앤비에서 심리적 안전을 다시 느낄 수 있었고, 브랜드는 더욱 선명한 정체성을 갖게 되었다. 2023년, 인터브랜드는 에어비앤비를 '세계 100대 브랜드' 가운데 가장 높은 성장률을 기록한 브랜드 중 하나로 선정했고, 브랜드 가치는 1년 만에 21.8% 상승했다. 철학을 실천한 선택이 장기적 신뢰와 성장으로 이어진 것이다.

위기야말로 브랜드의 진심을 드러내는 리트머스 시험지다. 에어비앤비는 팬데믹이라는 물리적 위기와 차별이라는 구조적 위기 — 두 번의 시험 앞에서 회피하지 않고, 자신의 목적에 기반한 방식으로 정면으로 마주했다. 그리고 시장은 그 태도에 응답했다. 브랜드 가치는 상승했고, IPO는 성공적이었다. 에어비앤비는 위기를 견뎌낸 브랜드가 아니라, 위기를 통해 자신이 누구인지를 증명한 브랜드로 남게 될 것이다.

에어비앤비가 플랫폼 상에서 브랜드의 목적을 실현하는 법

에어비앤비는 브랜드의 핵심 철학인 'Belong Anywhere'를 단순한 마케팅 문구로 남겨두지 않았다. 이 철학은 실제 제품 개발과 사용자 경험 설계의 기준으로 작동한다. 에어비앤비 내부에선 하나의 제품이나 정책이 논의될 때마다, 이 질문을 반복한다. "이 기능이 누군가를 배제하고 있지는 않은가?" 이 질문은 제품 디자이너와 엔지니어, 정책 담당자가 공유하는 일종의 윤리적 프레임워크이며, 브랜드의 목적을 실무로 번역하는 핵심적인 원칙이 된다.

2018년, 에어비앤비는 '휠체어 접근 가능wheelchair accessible'이라는 단일 필터의 한계를 인식하고, 보다 구체적인 21가지의 상세 접근성 필터를 도입했다. 단순히 '가능하다/불가능하다'의 이분법이 아닌, 실제 사용자들이 겪는 물리적 제약을 세분화하여 검색할 수 있도록 설계한 것이다. 예를 들어, '샤워 의자 제공 여부', '넓은 복도', '침실 접근 가능 여부', '계단 없는 입구' 등 실질적인 생활 편의성을 기준으로 필터링할 수 있게 하면서, 여행 약자의 선택권을 근본적으로 넓힌 시도였다.

이 기능은 단지 기술적인 기능 추가 이상의 의미를 가졌다. 에어비앤비는 이를 통해 '여행은 누구나 누릴 수 있어야 한다'라는 철학을 실제 인터페이스에서 구현했고, 이는 사용자 경험UX 디자인이 단지 편리함이 아니라 '포용성'을 만들어가는 과정임을 보여준 사례로 평가받았다. 또한, 2022년에는 호스트들이 다양한 배경의 게스트를 환영할 수 있도록 돕기 위한 '포용성 가이드Inclusive Hosting Guide'를 전 세계에 배포했다. 여기에는 무슬림 게스트를 맞이하는 팁, 성소수자 여행자를 위한 배려, 장애를 가진 게스트와의 커뮤니케이션 등 실제 사례 기반의 가이드라인이 포함돼 있다. 에어비앤비는 이 가이드를 단순 배포에 그치지 않고, 온라인 워크숍과 교육 영상 형태로 제공함으로써, 호스트가 일방적인 숙소 제공자가 아닌, '소속감을 만들어내는 파트너'로 성장할 수 있도록 돕고 있다.

이러한 철학은 에어비앤비 내부의 제품 디자인에도 깊게 스며들어 있는데, 제품 팀은 새로운 기능을 개발할 때, UX 리서치 초기 단계부터 다양한 인종, 성별, 연령, 장애 유무를 고려한 테스트 유저 그룹을 초청해 실제 반응을 확인하고, 사용자 경험에서 소외될 수 있는 지점을 찾아 우선순위에 반영한다고 한다. 이 디자인은 누구를 위한 것이며, 혹시 누구를 놓치고 있지는 않은가를 끊임없이 묻는 과정을 통해, 에어비앤비는 그렇게 누구도 배제되지 않는 플랫폼을 오늘도 설계하고 있다.

그렇기에 에어비앤비의 '소속감'은 더 이상 추상적인 철학이 아니다. 그것은 제품의 구조, 정책의 방향성, 그리고 내부의 판단 기준에 깊숙이 들어와 있는 '기준점'이다. 그리고 이 기준은 '누구나, 어디에서든 소속될 수 있는 세상'을 실현하겠다는 에어비앤비의 목적을 가장 현실적으로 밀어붙이는 힘이 된다.

기술의 시대, 다시 사람으로

우리는 이제 브랜드의 진정성을 광고가 아니라, 의사결정과 행동 속에서 본다. 에어비앤비는 팬데믹이라는 전례 없는 위기 속에서도, 기술이나 효율보다 '사람'을 우선하는 선택을 반복해 왔다. 그리고 그러한 선택들이 쌓여, 에어비앤비는 단순한 숙소 플랫폼이 아니라 '머물고 싶은 브랜드'로 자리 잡게 되었다.

브랜드의 목적은 선언이 아니라, 가장 어려운 순간에 드러나는 기준점이다. 에어비앤비는 그 기준 앞에서 비록 흔들린 적은 있을지라도, 제품과 시스템, 정책과 경험, 그리고 사람과 사람 사이의 연결을 통해, 자신이 믿는 가치를 꾸준히 증명해 왔다. 앞으로의 10년, 에어비앤비는 어떤 여정을 택할까? 더 많은 도시, 더 다양한 사람들, 더 낯선 문화 속에서도, 이 브랜드는 아마 여전히 같은 질문을 던질 것이다.

"이 여행은 누군가에게 소속감을 줄 수 있는가?"

그리고 이제, 에어비앤비는 또 한 번의 전환점을 준비하고 있다. CEO 브라이언 체스키는 2025년 5월 한 인터뷰에서 "AI가 할 수 없는 것을 상상하는 것이 우리의 전략"이라고 말하며, 기술 중심의 시대 속에서도 오히려 '사람다움'의 가치를 더 강조하고 있다. 최근 에어비앤비는 숙소에 전문 셰프, 마사지사, 트레이너 등을 초청할 수 있는 '인간 중심 체험 서비스'를 개시했고, 평균 10년 이상의 경력을 가진 전문가들이 여행자와 직접 연결되는 새로운 형태의 여행 문화를 제시하고 있다. 또한 '에어비앤비 오리지널'이라는 이름으로 각국의 문화와 연결된 현지 특화 체험을 강화하고 있는데, 일본에서는 미쉐린 셰프에게 직접 라멘을 배우고, 프랑스에서는 노틀담 대성당 복원팀 출신 건축가와 함께 역사적 건축물을 돌아보는 프로그램 등이 대표적인 사례다. 체스키는 이를 통해 단순한 관광이 아니라 사람과 사람 사이의 깊은 연결을 제공하고 싶다고 말한다. 그는 에어비앤비를 "현실 세계의 소셜네트워크"라고 정의하며, AI 시대일수록 사람들은 사람다움을 더 깊이 갈망하게 될 것이라고 강조한다.

이렇게 같은 목적을 시대에 맞게 공명하게 만드는 것이, 브랜드의 숙명이기도 하다. 그리고 소속감이라는 목적을 돌에 새긴 문장처럼 고정해 두는 것이 아니라, 매일의 비지니스 결정 가운데 일관되게 질문하고, 답해나가는 것. 그 꾸준함이 에어비앤비를 앞으로도 인간중심적인 브랜드로 만들어 나갈 것이다.

에어비앤비 슈퍼호스트 장호진 님 인터뷰

1. 간단한 자기소개를 부탁드립니다.

안녕하세요. 에어비앤비 슈퍼호스트이자 '하우스 사라'를 운영하는 장호진입니다. 10년 직장 생활 후, 아내와 400일 세계여행을 다녀왔고, 그 여정에서 호스팅의 가치를 발견했습니다. 한국으로 돌아와 호스팅을 시작한 지 이제 만 10년이 되었습니다. 에어비앤비 코리아 1호 앰버서더로도 활동하였으며, 많은 호스트분들이 즐겁게 활동할 수 있도록 돕고 있습니다.

2. 에어비앤비의 소속감이라는 목적을 실제로 어떻게 경험하고 계신가요?

에어비앤비는 게스트에게만 소속감을 주는 게 아닙니다. 호스트에게도 누군가와 연결되어 있다는 확신을 주는 브랜드입니다. 에어비앤비 코리아에서는 호스트들을 위한 정기 밋업을 진행하는데, 예비 호스트분들부터 운영에 지친 분들까지 다양한 사람들이 모입니다. 저도 여기에 참여하며, 제가 어떻게 호스팅을 시작하게 되었는지, 어떤 방식으로 손님들을 맞이하며 배운 것들이 있는지 자연스럽게 나누게 되었습니다. 서로의 경험을 건네며, 각자의 집 안에서 혼자 일한다고 생각해온 사람들이 하나의 공동체가 된다는 느낌을 받곤 합니다. 감사하게도 에어비앤비 코리아에서 저를 1호 앰버서더로 임명해주셨습니다. 그 시절에는 정말 많은 분들을 만나며, 시스템 등록이 어려운 분들을 도와드리거나 운영 중 생긴 문제를 함께 해결했습니다. 거의 직원처럼 뛰어다니기도 했죠. 하하. 하지만 그런 시간들이 있었기에 지금도 흔들리지 않고 이 일을 이어올 수 있었습니다. 저 역시 누군가에게 기대며 배우고, 다시 누군가에게 손 내밀 수 있는 곳이 바로 이 커뮤니티였습니다.

3. 에어비앤비의 호스팅을 시작하게 되신 계기가 있다면요?

저와 아내가 세계여행중, 아르헨티나 파타고니아산으로 가는 길목인 엘 칼라파테의 '후지민박'에서 머무르던 시기였습니다. 당시 오랫동안 스태프로 일하던 친구가 이젠 자기도 다시 여행을 떠나겠다면서, 다음 스태프를 모집하고 있었습니다. 지금 아니면, 언제 민박집 스태프 경험을 해보겠냐 해서, 아내와 제가 2주간 일을 했습니다. 침구를 정리하고, 방을 쓸고 닦고, 여행자들을 맞이하며 하루를 보내는 일이 처음에는 낯설었지만, 그 안에서 예상치 못한 즐거움을 발견했습니다. 다양한 이유로 이곳을 찾은 손님들과 이야기를 나누며 우리는 자연스럽게 서로의 여행 중 일부가 되어갔습니다. 손님들이 다시 길을 떠나는 순간에 느껴지는 작은 아쉬움과 응원의 마음도 조금씩 쌓여갔습니다. 낯선 이들에게 마음을 내어주며, 그들의 여행 속 한 장면이 되는 경험. 그 경험이 얼마나 따뜻하고 벅찬지, 또 가슴은 왜이렇게 뛰던지요. 그 경험을 통해, 한국으로 돌아가면 이 일을 계속하겠다고 결심했습니다.

4. 슈퍼호스트 자리를 오랫동안 유지하고 계신데요, 그 비결이 있나요?

저희 팀 '하우스 사라'의 슬로건은 "We are travelers serving travelers."입니다. 말 그대

로, 우리는 모두 여행자이고, 또 여행자를 섬기는 사람이라고 믿습니다. 호텔은 표준화된 서비스 덕에 걱정할 필요가 없죠. 하지만 굳이 에어비앤비를 선택하는 분들은, 그 도시의 겉모습 너머를 직접 체험하고 싶은 마음으로 낯선 곳을 찾아옵니다. 그 과정에서 작은 불편에도 예민해질 수 있고, 반대로 예상치 못한 배려에 크게 감동하기도 합니다. 저 역시 여행자로 살아오며 그런 순간들을 경험해왔고, 그 감정들을 소중히 기억하며 호스팅에 담고 있습니다. 호스팅을 할 때마다 그 기억을 꺼내어 손님들에게 건네려고 노력하고 있어요.

"여행 중이라면 이런 것이 궁금하지 않을까?"
"이럴 때 extra mile의 작은 도움이 마음 깊이 남았던 것 같아."

그런 경험의 조각들을 차곡차곡 모아 서비스에 반영하다 보면, 손님들과의 거리가 자연스럽게 좁혀지는 순간이 찾아옵니다. 결국 저희가 높은 평점을 유지하며 슈퍼호스트로 인정받는 이유는 특별한 기술 때문이 아니라, 같은 여행자로서의 시선을 잃지 않기 때문이라고 생각합니다. 그 마음을 유지하기 위해 2년에 한 번 전직원이 장기 여행을 꼭 떠나게 하는 제도를 운영하고 있고요, 그러다 보니 결과는 자연스럽게 따라오는 것 같습니다.

5. 지금까지 호스팅을 하시면서, 소속감을 강하게 느낀 순간이 있으시다면요?

저희는 손님 한 분 한 분의 이야기에 늘 주목합니다. 호텔에서는 표준화된 서비스 덕분에 큰 고민 없이 체크인하고 머물 수 있습니다. 하지만 에어비앤비를 선택하시는 분들은, 어떻게 찾아가면 되는지, 늦게 도착해도 괜찮은지, 주변이 안전한지 등 많은 질문을 가지고 오십니다. 낯선 곳에서 스스로 길을 찾아야 한다는 부담이 있기 때문입니다. 그럼에도 이들을 에어비앤비로 이끄는 마음이 분명히 있습니다. 그 사회를 더 깊이 이해하고, 그 도시를 살아보듯 체험하고 싶다는 바람입니다. 그래서 나누는 대화 속에서, 저희 숙소에 도착하시기도 전에 정이 싹트는 경우도 많습니다. 어떤 분들은 작은 선물을 준비해 오시기도 합니다. "사진 속 고양이가 너무 귀여워서요, 저도 고양이를 키우거든요." 그런 소소한 이유가 서로를 가깝게 만들어줍니다. 비슷한 점이 있다는 사실만으로도 사람은 소속감을 느낄 수 있습니다.

기억에 남는 일들은 많습니다. 텍사스에서 오신 한 부부는 한국에 아이를 입양하러 오셨습니다. 며칠간 머무시며 필요한 절차를 마치고 아이를 만나기 전날, 아이의 한국 이름을 여쭙고 그 이름이 새겨진 도장을 준비했습니다. 부부가 그 도장을 아이 손에 쥐어주던 순간의 표정은 아직도 선명합니다. 작지만, 그 가족의 시작에 함께 작은 기억을 남기게 된 너무 벅찬 기억입니다. 또 독일에 정착하신 파독 광부 어르신이 방문하신 적이 있습니다. 마침 제 아버지도 파독 광부셨습니다. 두 분을 자연스럽게 만나게 해드렸더니, 다른 광산에서 일하셨음에도 불구하고 밤새 그 시절 이야기를 나누며 웃고 울던 장면이 아직도 떠오릅니다. 고국에 돌아온 어르신께, 잠시나마 마음 놓고 기댈 수 있는 시간을 드린 것 같아 정말 특별한 기억으로 생각납니다. 마지막으로, 제 인생에 호스팅의 결심을 하게 해주신 후지민 박 사장님이 한국에 오셔서 저희 숙소에서 머무르신 적이 있습니다. 호스트가 게스트가 되고, 게스트가 호스트가 되는 시간이었죠. "당신의 환대 덕분에, 제가 평생 할 일을 찾았습니다."라고 감사 인사를 드렸습니다. 처음 낯선 여행자를 맞아주던 그분의 환대가, 시간이 흘러 제 자리에서 다시 이어지고 있다는 사실이 참 의미있게 다가오더군요.

이렇게 에어비앤비에서는 여행자들이 낯선 곳에서 서로 연결되고, 소속감을 실감하는 경험이 매일 일어납니다. 그리고 저는 그 한복판에서 그 장면들을 가까이서 바라볼 수 있다는 사실에 무한한 보람을 느낍니다.

7

볼보 Volvo
속도가 아니라, 안전으로 시대를 앞서가다

어떤 사람에게 자동차는 단순한 이동 수단일 수도 있고, 또 다른 누군가에게는 꿈의 상징이자 속도를 즐기는 도구일 수도 있다. 그러나 자동차가 아무리 빠르고, 아름답고, 혁신적이라 해도, 그 안에 탑승한 사람들이 안전하지 않다면 무슨 의미가 있을까? 실제로 자동차가 처음 대중화되기 시작한 20세기 초반, 자동차 사고는 빈번하게 발생했고, 수많은 생명을 앗아갔다. 하지만 당시 자동차 제조사들은 주로 속도와 성능을 강조했을 뿐, 안전은 뒷전이었다. 이때 등장한 브랜드가 바로 볼보였다.

볼보는 자동차 산업이 속도 경쟁에 몰두하던 시기, '안전'이라는 전혀 다른 길을 선택했다. 브랜드의 시작부터 볼보는 사람의 생명을 보호하는 것이 자동차의 가장 중요한 역할이라고 믿었고, 이는 지금까지도 변함없는 철학으로 자리 잡고 있다.

스웨덴에서 태어난 안전의 대명사

볼보는 1927년 스웨덴 예테보리에서 아서 가브리엘손 Assar Gabrielsson 과 구스타프 라르손 Gustav Larson 에 의해 설립되었다. 당시 두 창립자는 하나의 원칙을 세웠다.

"차량은 사람을 운송하는 것이다.
그렇다면 볼보의 기본 원칙은 언제나 사람들의 안전이어야 한다."

이 원칙은 볼보의 DNA가 되었고, 이후 100년 가까운 시간 동안 브랜드의 방향을 결정짓는 기준이 되었다. 볼보의 첫 번째 모델인 'V4'는 단순한 차량이 아니었다. 당시 대부분의 자동차가 튼튼한 설계를 고려하지 않던 시절, 볼보는 혹독한 스웨덴의 겨울을 견딜 수 있도록 차량을 더욱 단단하게 만들었다. 이것이 바로 볼보가 처음부터 '안전'을 고민했던 출발점이었다.

볼보의 창립자들은 자동차가 단순한 이동 수단이 아니라, 사람을 보호해야 하는 공간이라고 생각했다. 그러나 당시 자동차 업계의 흐름은 정반대였다. 자동차 제조사들은 더 빠른 속도, 더 강력한 엔진, 더 화려한 디자인을 경쟁적으로 내세웠다. 하지만 볼보는 이 모든 요소보다 중요한 것은 '사람'이라고 믿었다. 1950년대에 들어 자동차 사고가 급증하자, 볼보는 안전에 대한 믿음을 기술로 증명하기 시작했다. 그 출발점이 된 장면은

1959년으로 거슬러 올라간다. 1959년, 볼보의 엔지니어 닐스 볼린Nils Bohlin은 자동차 역사상 가장 중요한 발명 중 하나를 내놓는다. 그것은 바로 삼점식 안전벨트Three-Point Seatbelt였다. 기존의 이점식 벨트는 충돌 시 상체가 앞으로 쏠리면서 치명적인 부상을 유발했지만, 삼점식 벨트는 몸 전체를 안정적으로 고정하여 충격을 효과적으로 분산시켰다.

그러나 이 혁신적인 발명이 더욱 빛을 발한 것은 볼보가 이 기술을 특허로 보호하지 않고 무료로 공개했다는 점이다. 자동차 업계에서는 기술 혁신이 곧 시장 경쟁력을 의미했으며, 특허를 통해 독점적으로 사용하고 수익을 창출하는 것이 일반적이었다. 하지만 볼보는 전혀 다른 결정을 내 렸다.

"생명을 구하는 기술이라면,

이것은 독점할 것이 아니라 공유해야 한다."

이러한 판단은 자동차 업계에서는 상식 밖의 일이었다. 하지만 볼보는 수익보다 생명을 중시하는 브랜드 철학을 실천했고, 삼점식 안전벨트는 전 세계적으로 표준이 되었다. 지금까지 이 안전벨트 덕분에 100만 명 이 상의 생명이 구해졌다고 평가된다.

다음 단계에서 볼보가 집중한 것은, 안전을 개별 기술이 아니라 하나의 시스템으로 설계하는 일이었다. 오늘날 자동차 충돌 테스트는 당연한 절 차처럼 보이지만, 1970년대까지만 해도 이런 테스트는 의무 사항이 아니었다. 자동차 제조사들은 실험실에서 일부 테스트를 진행할 뿐, 실제 사고 상황을 반영한 체계적인 충돌 실험은 거의 없었다. 하지만 볼보는 다시 한 번 혁신을 시도했다. 볼보는 자동차 사고의 심각성을 데이터로 분석하고, 보다 정교한 충돌 테스트를 개발하기 위해 실제 도로에서 발생한 사고 데이터를 수집했다. 그리고 이를 기반으로 충돌 테스트를 표준화하며, 자동차 안전의 새로운 기준을 제시했다.

그뿐만 아니라 1991년에는 측면 충돌 보호 시스템SIPS을 도입했다. 기존에는 정면 충돌 안전성만이 강조되었지만, 볼보는 측면 충돌이 운전자와 승객에게 더욱 치명적일 수 있음을 발견하고, 이에 대한 혁신적인 보호 장치를 개발했다. 이 기술은 후에 사이드 에어백으로 발전하며, 자동차 안전을 한 단계 더 높이는 계기가 되었다.

그리고 21세기에 들어서면서, 볼보의 안전 철학은 또 한 번의 전환점을 맞는다. 더 이상 사고 이후의 피해를 줄이는 것만으로는 충분하지 않다고 판단한 것이다. 볼보는 안전의 초점을 '충격 완화'에서 '사고 예방'으로 옮기기 시작했다. 볼보가 도입한 가장 중요한 안전 혁신 중 하나가 자동 긴급 제동 시스템AEB, Autonomous Emergency Braking이다. 이 기술은 차량이 충돌 위험을 감지하면 자동으로 브레이크를 작동시켜 사고를 예방하는 기능이다. 당시만 해도 운전자의 조작 없이 차량이 멈춘다는 개념은 자동차 업계에서 다소 급진적인 기술로 여겨졌다. 하지만 볼보는 이 시스템을 실용화했고, 이후 다른 자동차 제조사들도 이를 채택하기 시작했다.

이와 함께 보행자 감지 시스템도 볼보의 혁신적인 안전 기술 중 하나다.

도로 위의 위험 요소는 자동차만이 아니다. 보행자와 자전거 이용자 등 다양한 도로 사용자들을 보호하기 위해, 볼보는 차량 전방에 감지 센서를 장착하여 보행자가 갑자기 나타날 경우 자동으로 감속하거나 정지할 수 있도록 설계했다. 이는 자동차의 안전 개념을 '탑승자 보호'에서 '도로 위 모든 사람 보호'로 확장한 획기적인 발상이었다.

마지막으로, 볼보의 안전에 대한 접근은 기술 개발을 넘어 장기적인 목표 설정으로 이어졌다. 2008년, 볼보는 업계 최초로 "비전 2020 Vision 2020"을 발표하며, 자동차 안전의 새로운 패러다임을 제시했다.

> "2020년까지 볼보 차량을 타고 있는 사람 중
>
> 누구도 사망하거나 중상을 입지 않도록 하겠다."

이 목표는 자동차 업계에서 전례가 없는 도전이었다. 아무리 안전한 자동차라도 사고를 완전히 방지할 수는 없다는 것이 당시의 상식이었기 때문이다. 그러나 볼보는 이를 단순한 구호가 아니라, 실현가능한 목표로 설정했다. 이를 위해 자율주행 기술, 능동형 안전 시스템, 차량 간 커뮤니케이션 시스템 등을 적극 개발하며, 사고 발생 가능성을 최소화하는 전략을 추진했다.

비록 2020년이 지난 지금도 자동차 사고를 완전히 없앨 수는 없었지만, 볼보는 여전히 이 목표를 향해 나아가고 있다. 볼보의 최신 모델들은 모든 주행 조건에서 안전을 보장하는 최첨단 기술을 적용하고 있으며, 전기차 시대에도 이러한 철학은 그대로 유지되고 있다.

'안전'을 다시 정의하다
: 볼보의 목적 중심 마케팅

볼보가 아니었다면, 오늘날 우리가 당연하게 여기는 많은 안전 기능이 존재하지 않았을지도 모른다. 혁신은 단순한 기술 개발이 아니라, 기존의 상식을 깨는 용기에서 비롯된다. 볼보는 이러한 용기를 바탕으로 자동차 안전의 새로운 기준을 제시했고, 그 결과 자동차 산업 전체를 변화시켰다. 이제, 볼보는 어떻게 이러한 안전 철학을 마케팅을 통해 소비자들에게 효과적으로 전달했는지 살펴보자.

볼보는 '안전'이라는 브랜드 가치를 단순히 기술적 우수성으로 전달하는 것이 아니라, 감성적이고 공감할 수 있는 방식으로 풀어내는 데 집중했다. 단순한 기능 소개가 아닌, '사람'과 '사회'의 이야기를 담은 캠페인을 통해 안전의 의미를 확장했고, 이를 통해 소비자들에게 감동을 주는 동시에 브랜드 신뢰도를 더욱 강화할 수 있었다.

2019년, 볼보는 자동차 안전 기술이 남성과 여성에게 동등하게 작용하지 않는다는 문제를 조명하는 The E.V.A. Initiative Equal Vehicles for All Initiative 를 발표했다. 연구 결과에 따르면, 기존 자동차 충돌 테스트는 대부분 남성의 신체 데이터를 기반으로 설계되었으며, 그로 인해 여성 운전자와 승객이 교통사고 시 더 높은 부상 위험에 노출되는 것으로 나타났다. 볼보는 40여 년 동안 수집한 4만 건 이상의 실제 충돌 데이터를 공개하며, 자동차 안전이 특정 성별이나 체형에 맞춰져서는 안 된다는 메시지를 던졌다. 그리고 이를 바탕으로 여성, 노약자, 다양한 체형을 고려한 맞춤형 안전 기술 개발을 추진했다.

광고 영상에서는 교통사고 생존자들이 등장해, 자동차 안전이 남성과 여성에게 동일하게 보장되지 않았다는 사실을 이야기한다. 이는 단순한 기술 홍보가 아닌, 자동차 업계 전체의 패러다임을 바꾸는 도전이었으며, 볼보의 철학을 감동적으로 전달하는 마케팅 전략이었다.

2020년, 볼보는 삼점식 안전벨트가 지금까지 100만 명 이상의 생명을 구했다는 사실을 강조하는 A Million More 캠페인을 시작했다. 이 캠페인은 단순한 데이터 나열이 아니라, 실제 생존자들의 이야기를 감동적으로 담아냈다. 광고 영상에서는 볼보 차량 덕분에 목숨을 건진 사람들이 등장하며, 삼점식 안전벨트가 없었다면 자신의 생명도 없었을 것이라고 말한다. 영상은 단순한 기능 설명이 아니라, '안전이란 결국 사람을 위한 것'이라는 볼보의 핵심 메시지를 전달하는 방식으로 구성되었다. 이 캠페인은 소비자들에게 강력한 감정적 공감을 불러일으켰고, 볼보가 '생명을 구하는 브랜드'라는 인식을 더욱 공고히 하는 계기가 되었다.

볼보는 안전을 단순히 도로 위에서의 생존 문제로만 보지 않았다. 2021년, 볼보는 The Ultimate Safety Test 캠페인을 통해 자동차의 안전 개념을 확장하며 기후 변화까지 안전의 문제로 바라보았다. 광고에서는 한 연구원이 실험실에서 자동차의 충돌 테스트를 준비하는 장면이 나오지만, 이내 화면이 바뀌면서 지구의 얼음이 녹아내리는 모습을 보여준다. 그리고 다음과 같은 메시지가 나온다.

“우리가 직면한 가장 중요한 안전 테스트는 바로 ‘기후 변화’입니다.”

볼보는 기후 변화가 인류 전체의 안전을 위협하는 요소이며, 친환경 전기차로의 전환이 자동차 업계가 해야 할 ‘진정한 안전 혁신’이라고 주장했다. 이는 볼보가 단순히 ‘안전한 자동차’를 만드는 브랜드가 아니라, ‘안전한 미래’를 만드는 브랜드임을 강조한 강력한 메시지였다.

과거의 볼보 광고는 주로 ‘안전 기술’을 직접적으로 설명하는 방식이 많았다. 충돌 테스트 장면을 보여주거나, 차량의 구조적 강도를 강조하는 식이었다. 하지만 최근 볼보는 보다 감성적이고 스토리텔링 방식의 광고로 바꾸고 있다. 예를 들어, A Million More나 The Ultimate Safety Test는 제품의 기능을 나열하는 대신, ‘사람’과 ‘가치’에 초점을 맞추었다. 이는 단순한 기술 홍보보다 소비자들에게 더 깊은 공감과 감동을 주었고, 볼보의 브랜드 이미지를 더욱 강력하게 만드는 데 기여했다. 이렇게 마케팅 캠페인이나 커뮤니케이션을 지속적으로 하며 안전에 대한 입지를 강화해 나갔다고 하지만, 결국 브랜드의 진심은 위기에서 드러나는 법이다.

논란을 감수한 선택들

: 위기에서 드러난 브랜드의 진심

2020년, 볼보는 모든 신차의 최고 속도를 시속 180km로 제한한다고 발표했다. 이는 자동차 업계에서 전례가 없는 결정이었다. 대부분의 제조사들은 성능과 스피드를 강조하며 자동차를 '자유'의 상징으로 홍보해 왔고, 고급 자동차 브랜드일수록 더욱 강력한 엔진과 속도를 자랑하는 것이 일반적이었다. 그러나 볼보는 과감한 결정을 내렸다.

볼보의 연구에 따르면, 속도가 증가할수록 운전자의 반응 시간은 급격히 감소하며, 사고 발생 시 생존 확률도 현저히 떨어진다. 즉, 특정 속도를 넘어서면 어떤 안전 기술도 생명을 보호하기 어려워진다는 것이다. 볼보는 이 문제를 해결하기 위해 차량의 최대 속도를 제한하는 정책을 도입했고, 이에 대해 당시 CEO 하칸 사무엘손 Håkan Samuelsson 은 다음과 같이 밝혔다.

> "최고 속도를 제한하는 것이 만병 통치약은 아니지만, 우리가 한 명의 생명이라도 더 구할 수 있다면, 그것은 가치 있는 일이 될 것입니다."

속도를 즐기는 자유보다 중요한 것은 생명을 보호하는 책임이라는 뜻이리라. 그러나 이 결정은 자동차 애호가들 사이에서 큰 논란을 불러일으켰다. 일부 소비자들은 '볼보가 운전의 즐거움을 빼앗았다'라며 반발했고, 경쟁 브랜드들은 여전히 고속 성능을 강조하며 볼보의 전략이 실패할 것으로 전망했다. 하지만 볼보는 흔들리지 않았다. 그 결과는 어땠을까? 최고 속도 제한이 도입된 이후 볼보 차량의 안전성이 더욱 부각되었으며, 소비자들은 속도보다 생명을 우선시하는 볼보의 철학을 더욱 신뢰하게 되었다. 장기적으로 볼보의 브랜드 이미지는 강화되었고, 프리미엄 자동차 시장에서도 독보적인 포지션을 구축하는 계기가 되었다.

볼보는 차량이 단순한 이동 수단이 아니라, 사고를 예방하는 능동적인 보호 장치가 되어야 한다고 믿었다. 이를 위해 볼보는 '운전자의 실수를 보완하는 기술'을 개발하는 데 집중했다. 그중 하나가 음주 운전 방지 시스템이다. 이 시스템은 차량 내부의 센서가 운전자의 상태를 감지하여, 알코올 수치가 일정 기준을 초과하면 시동이 걸리지 않도록 설계되었다. 이는 기존의 음주 운전 단속 방식과는 차원이 다른, 보다 직접적인 예방 기술이었다. 또한, 볼보는 운전자 모니터링 시스템을 도입했다. 차량 내부에 탑재된 카메라와 AI 시스템이 운전자의 눈 깜빡임과 자세 변화를 분석하여, 졸음운전이나 부주의한 운전을 감지하면 자동으로 경고를 주고, 필요하면 차량을 정지시킨다. 이 기술들은 일부 운전자들에게 '과도한 개입'으로 보일 수도 있었다. 하지만 볼보는 이러한 논란을 개의치 않았다. 볼보의 철학은 단순했다.

"자동차는 운전자의 자유를 위한 것이 아니라,
생명을 보호하기 위한 것입니다."

결국, 볼보의 이러한 기술들은 글로벌 자동차 업계에서 큰 반향을 일으켰고, 다른 브랜드들도 유사한 안전 기술을 도입하는 계기가 되었다.

내연기관 자동차 시대가 저물고 전기차가 점점 대세가 되면서, 자동차 안전의 개념도 변화하고 있다. 전기차는 구조적으로 배터리 무게가 크기 때문에 무게 중심이 낮아 전복 위험이 줄어든다는 장점이 있다. 하지만 동시에 배터리 화재 위험이라는 새로운 도전 과제가 생겼다. 볼보는 이를 해결하기 위해 배터리 보호 기술을 개발하고, 전기차 충돌 테스트를 더욱 강화했다. 기존 내연기관 차량의 충돌 테스트와는 달리, 전기차는 배터리 손상을 최소화할 수 있도록 차체 설계를 새롭게 구성해야 한다. 볼보는 배터리 셀 보호 기술을 도입하고, 열 폭주thermal runaway 방지 시스템을 적용하여 사고 시에도 화재 위험을 최소화했다.

뿐만 아니라, 볼보는 '지속가능한 안전Sustainable Safety'이라는 개념을 도입하며, 안전을 단순한 기술이 아니라 환경과 연결된 개념으로 확장했다. 볼보는 2040년까지 완전 탄소 중립 브랜드가 되겠다고 선언하며, 전기차 전환을 통해 기후 변화라는 새로운 '위험 요소'에 대응하는 것이야말로 자동차 업계의 궁극적인 안전 혁신이라고 주장했다.

브랜드가 단순히 '가치'를 선언하는 것은 어렵지 않다. 하지만 그 가치를 실천하는 과정에서 외부의 반발과 도전에 직면할 때, 이를 지켜낼 수 있는지가 진정한 브랜드의 힘을 결정한다. 볼보는 최고 속도 제한, 음주 운전 방지 시스템, 전기차 시대의 배터리 안전 강화 등의 도전을 통해, 단순히 '안전한 자동차를 만드는 회사'가 아니라, '자동차 업계 전체의 기준을 바꾸는 회사'로 자리 잡았다.

볼보가 내린 결정들은 당시에는 논란이 되었지만, 시간이 지나면서 자동차 산업 전반에 변화를 불러왔다. 브랜드의 진정성은 위기 속에서 드러난다. 볼보는 가장 어려운 순간에도 '생명을 보호하는 것'이 우리의 존재 이유라는 철학을 타협하지 않았다. 그리고 그것이 바로 볼보가 오늘날까지도 가장 신뢰받는 자동차 브랜드로 남아 있는 이유다.

안전이 조직문화가 될 때

볼보가 '안전'을 브랜드의 핵심 가치로 삼았다는 것은 단순한 마케팅 슬로건이 아니다. 이는 기업의 DNA에 깊숙이 새겨진 철학이며, 내부적으로도 철저하게 실천되고 있다. 자동차의 안전을 이야기하는 회사가 내부적으로 안전하지 않다면 소비자들은 이를 신뢰할 수 없을 것이다. 볼보는 이를 명확하게 인지하고 있으며, 내부 고객인 직원들이 가장 먼저 안전하다고 느낄 수 있는 환경을 만드는 것을 최우선 과제로 삼았다. 이를 위해 볼보는 조직 운영의 모든 측면에서 '안전 우선' 문화를 실천하고 있다.

볼보의 안전 철학이 단순한 구호가 아니라 실제 기술로 이어질 수 있는 이유는, 세계 최고 수준의 안전 연구 시설을 운영하고 있기 때문이다. 스웨덴 예테보리에 위치한 볼보 안전 센터 Volvo Safety Centre 는 자동차 업계에서 가장 정밀하고 현실적인 충돌 테스트를 수행하는 곳으로 평가받는다.

이 시설에서는 매년 400건 이상의 충돌 테스트가 진행되며, 각 테스트는 실험실 환경이 아니라 실제 도로에서 일어날 수 있는 다양한 시나리오를 반영해 설계된다. 볼보는 단순히 법적 기준을 충족하는 것이 아니라, 현실에서 발생하는 모든 위험 요소를 고려하여 테스트를 진행한다.

볼보의 엔지니어들은 "우리는 자동차를 부수기 위해 만든다"라는 말을 자주 한다. 충돌 테스트는 단순한 형식적인 과정이 아니라, 더 나은 안전 기술을 개발하기 위한 핵심 과정이며 연구 결과는 모든 신차 개발의 필수 요소로 반영된다. 이곳에서 개발된 기술은 볼보뿐만 아니라 자동차 업계 전반의 안전 수준을 높이는 역할을 하고 있다.

볼보는 모든 의사 결정 과정에서 '안전'이 가장 먼저 고려되는 원칙을 철저히 지켜간다. 이는 단지 연구개발R&D 부서에 국한된 기준이 아니라, 경영진부터 생산 라인까지 모든 부서에 일관되게 적용되는 조직적 철학이다. 볼보의 차량 개발 과정을 보면, 신차 설계 단계에서부터 안전 관련 테스트를 통과하지 못한 차량은 생산 라인에 오르지 못한다. 디자인이 혁신적이거나, 생산성이 뛰어난 모델일지라도, 안전 기준에 미달하면 프로젝트는 중단된다. 볼보의 엔지니어들은 새로운 차량을 설계할 때, 가장 먼저 이렇게 자문한다고 한다.

"이 차가 사고를 당했을 때, 탑승자를 얼마나 보호할 수 있는가?"

이 질문은 기술 검증의 출발점이자, 제품이 시장에 출시될 수 있는 절대적인 기준이 된다. 이러한 원칙은 기술석인 문제를 넘어, 조직 전반이 안전을 중심으로 사고하고 행동하도록 만드는 문화적 기반으로 작용한다. 마케팅팀은 단순한 성능 홍보보다 소비자에게 안전의 중요성을 어떻게 효과적으로 전달할지를 고민하고, 생산팀은 단가 절감보다 안전성이 확보된 생산 방식을 우선순위에 둔다. 볼보의 '안전'은 하나의 기능이 아니라, 회사 전체가 공유하는 판단 기준이다. 바로 그 점이 이 브랜드를 오늘날까지 신뢰받게 만든 핵심이다.

속도가 아니라, 안전으로 시대를 앞서간 브랜드

볼보는 단순한 자동차 제조사가 아니다. 볼보는 '사람을 보호하는 브랜드'이며, 100년 가까이 이를 실천해 왔다. 이 과정에서 수많은 도전과 논란이 있었지만, 볼보는 한결같이 '생명을 지키는 것이 가장 중요한 가치'라는 철학을 지켜왔다. 오늘날 기업들은 '가치 중심 경영'을 이야기하지만, 이를 실천하는 브랜드는 드물다. 볼보는 단기적인 이익이나 시장 트렌드에 휘둘리지 않고, 안전이라는 브랜드 미션을 유지하며 자동차 산업의 기준을 바꿔 왔다. 삼점식 안전벨트 특허의 무료 공개, 최고 속도 제한, 전기차 시대의 새로운 안전 기준 수립 등 볼보의 결정들은 단순한 기술 혁신이 아니라, 사회 전체의 안전을 위한 기여였다.

볼보의 사례는 목적이 이끄는 브랜드가 어떻게 사회에 긍정적인 영향을 미칠 수 있는지를 보여준다. 브랜드가 단순한 제품을 넘어서, 사람들의 삶을 더 나아지게 만들 수 있을 때, 그것이 진정한 가치가 된다. 안전이 단순한 마케팅 수단이 아니라, 기업의 본질적인 목표가 될 때, 소비자들은 그 브랜드를 신뢰하게 된다. 볼보는 이 신뢰를 기반으로 성장해 왔으며, 앞으로도 지속 가능하고 혁신적인 방식으로 '안전'이라는 가치를 지켜 나가기를 응원한다.

볼보 코리아 마케팅 방민성 부장 인터뷰

**1. 볼보라는 브랜드는 '안전'이라는 키워드와 뗄 수 없는 관계로 인식됩니다.
한국 고객들은 볼보를 어떻게 바라보고 있다고 보시나요?**

마케팅 관점에서 고객 인식을 확인하기 위해, 저희는 매년 전문 리서치 회사를 통해 브랜드 조사를 진행하고 있습니다. 그 결과를 보면, 볼보는 한국 시장에서 '가장 튼튼하고 견고한 차', 그리고 '안전에 관한 혁신을 가장 신뢰할 수 있는 브랜드'로 평가받고 있습니다. 이 부분에서는 경쟁 브랜드들과 비교해도 매우 독보적인 점수를 기록하고 있습니다. 흥미로운 점은, 이런 '안전'이라는 가치가 고객에게 가장 강하게 작동하는 순간이 언제인가를 보면, 결국 '나 자신'이 아니라 '지키고 싶은 사람이 생겼을 때'라는 점입니다. 실제로 볼보 코리아 고객의 대부분이 기혼자이며 또한 1명 이상의 자녀를 두고 있는 경우가 많았습니다. 저출산이 사회적 이슈가 된 한국 시장에서는 상당히 이례적인 수치라고 할 수 있습니다. 결국 고객들은 볼보를, 가장 소중한 사람을 지키기 위한 선택으로 인식하고 있다고 생각합니다.

2. 이러한 고객 특성은 한국에서의 마케팅 활동에도 영향을 주고 있을 것 같습니다.

그렇습니다. 수입차 고객들의 라이프스타일을 조사해보면, 다른 브랜드의 경우 가장 대표적인 취미가 골프인 경우가 많습니다. 반면, 볼보 고객들의 1순위 취미는 가족여행입니다. 시간과 자원을 어디에 우선적으로 쓰는지가 분명하게 드러나는 대목이라고 생각합니다.

이런 차이는 마케팅 방향에도 그대로 반영됩니다. 일반적인 수입차 브랜드에서 획일적으로 진행하는 골프 행사 대신 '헤이 파밀리 Hej, Familj'라는 이름으로, 스웨디시 라이프스타일을 경험할 수 있는 가족 중심의 프로그램을 운영하고 있습니다. 또 하나 상징적인 사례가, 2025년 겨울 스웨덴 대사관저를 시작으로, 전국 전시장으로 확대 진행한 '볼보 장난감 병원'입니다. 가족들이 고장 난 장난감을 가져오면 수리해 주고, 이를 필요로 하는 곳에 기부하는 행사인데요. 지속가능성이라는 볼보의 가치와 더불어, '가족'이라는 키워드를 가장 따뜻하게 담아낸 프로그램이라고 생각합니다.

3. 한국에서 마케팅을 하시면서,
볼보의 '안전에 대한 집착'을 실감했던 에피소드가 있을까요?

볼보에서 안전은 공기와도 같습니다. 너무 당연하게 조직 전체에 내재화되어 있어서, 오히려 외부에서 온 저 같은 사람에게 더 선명하게 보이는 것 같습니다. 개인적으로 인상 깊었던 사례가 하나 있습니다. 본사에서 '볼보 센텀 Volvo Centum'이라는 전용 폰트 개발 프로젝트를 현재 진행 중인데, 한국도 주요 시장이라 프로젝트에 참여하게 되었습니다. 저는 한글 폰트의 심미적인 완성도 측면에서 의견을 전달했는데, 회의를 진행하다 보니 이 프로젝트를 마케팅 조직이 아니라 R&D 조직이 주도하고 있더군요. 이 폰트 개발의 최우선 목적은, 인카 In-Car 인포테인먼트 환경에서 운전자가 글자를 0.01초라도 더 빠르게 인지할 수 있도록 만들어, 결과적으로 안전에 기여하는 것이었습니다. 이 사실을 뒤늦게 알게 되었을 때, '아, 이게 진짜 볼보다'라는 생각이 들었습니다. 이 이야기가 너무 좋아서 마케팅 활용 가능성을 본사에 문의했더니, 너무 당연한 일이라 굳이 마케팅할 필요가 없다는 반응이 돌아와서 인상 깊었던 기억이 있습니다.

4. 향후 10년, 고객들이 볼보를 어떤 브랜드로 기억하길 바라시나요?

볼보에는 'For Life'라는 브랜드 시그니처가 있습니다. 저희는 이 문구가 단순한 캠페인 문장이 아니라, 볼보가 존재하는 이유를 가장 잘 설명하는 말이라고 생각합니다. 볼보가 말하는 Life는 고객들의 전 생애를 뜻하며, 또한 생명이며, 동시에 우리가 살아가는 지구를 의미하기도 합니다. 그래서 볼보의 안전은 차 안에 있는 사람에게서 끝나지 않습니다. 차 밖의 보행자, 도로 위의 운전자, 그리고 아직 태어나지 않은 다음 세대까지를 포함하는 개념입니다. 같은 맥락에서 환경에 대한 책임 역시 선택의 문제가 아니라, 기본 전제에 가까운 가치라고 생각합니다. 전동화, 탄소 배출 저감, 지속 가능한 소재에 대한 투자는 이미지를 위한 활동이 아니라 삶을 지키는 브랜드라면 당연히 감당해야 할 책임의 연장선입니다. 앞으로 10년 뒤, 고객들이 볼보를 떠올릴 때 '소중한 가족을 위해 선택한 차'이면서 동시에 '아이들이 살아갈 세상까지 고민하고 고른 브랜드'로 기억되기를 바랍니다. 그것이 볼보가 이야기하는 For Life, 삶을 위해 존재하는 브랜드의 의미라고 생각합니다.

Part 2를 마치며

공교롭게도 이 파트에서 다룬 일곱 개의 브랜드는 모두 외국에서 출발했다. 그 브랜드들은 각기 다른 시대와 문화적 배경 속에서 자신들만의 문제의식을 발견했고, 이를 깊이 있게 다듬어 수많은 이들과 공명해 왔다. 하지만 흥미롭게도, 이들이 한국에서 보여주는 모습은 본국에서의 그것과는 사뭇 다르다. 도브의 'Real Beauty' 캠페인이 서구에서는 '아름다움의 기준'에 대한 직접적 도전이었다면, 한국에서는 상대적으로 조심스럽다. 벤앤제리스가 미국에서 사회 정의 이슈에 적극적으로 목소리를 내는 것과 달리, 한국에서는 주로 맛과 품질에 집중한 마케팅을 보여준다. Lush의 환경·인권 메시지도 한국에서는 훨씬 절제된 형태로 전달된다.

이런 현상의 이유는 복합적이다. 무엇보다 한국 사회에는 여전히 기업이 사회적 이슈에 목소리를 내는 것에 대한 부담감이 존재한다. "기업이 왜 정치적 발언을 하나"라는 반응이나, 갈등을 회피하고 조화를 추구하는 문화적 성향이 브랜드들로 하여금 '안전한 선'에 머물게 만든다. 또한 글로벌 기업의 한국 지사라는 구조적 한계도 있다. 본사에서는 혁신적이고 대담한 캠페인이 성공하더라도, 한국에서 논란이 되면 현지 경영진에게는 큰 부담이 된다. 의사결정 구조상 본사 승인을 받아야 하는데, 목적 관련 캠페인은 현지 맥락이 중요해서 본사가 온전히 이해하기 어려운 경우가 많다.

또 다른 측면에서는 목적의 실체가 물리적으로 본사에 집중되어 있는 경우도 있다. 예를 들어 볼보의 안전에 대한 철학은 단순한 마케팅 메시지가 아니라, 스웨덴 본사의 안전 연구소에서 수십 년간 축적한 충돌 테스트 데이터와 기술력에 기반한다. 이런 브랜드들에게 한국 시장에서의 목적 커뮤니케이션은 본질적으로 '번역'과 '전달'의 영역일 수밖에 없다. 실제 목적을 만들어내는 R&D, 연구소, 정책 개발 등의 핵심 활동은 본사에서 일어나고, 한국에서는 그 결과물을 소개하는 역할에 머무르게 되는 것이다. 결국 이런 다층적 제약들로 인해 글로벌 브랜드들은 리스크를 최소화하는 방향으로 갈 수밖에 없다.

결국 문제는 한국 소비자들의 수용성에 있는 것이 아니다. 실제 목적을 만들어내는 활동이 본사에 집중된 구조 속에서, 글로벌 브랜드들은 한국 시장을 실험의 공간이 아니라 리스크를 관리해야 할 대상으로 인식해 왔다. 그 결과, 한국 소비자들이 진정성 있는 목적에 충분히 반응할 수 있다는 가능성은 제대로 시험되지 못한 채 남아 있다.

물론, 이는 단지 브랜드의 의지나 역량만으로 설명되지는 않는다. 각 나라의 사회적 맥락과 문화적 감수성, 제도와 언론 환경, 소비자의 기대 수준은 모두 브랜드가 철학을 실현하는 데에 영향을 준다. 특히 환경 보호처럼 보편적이고 직관적인 가치와 달리, 아름다움의 기준이나 포용성, 젠더 감수성과 같은 주제는 사회마다 반응의 속도와 폭이 다르다.

그 점에서 한국이라는 사회는 아직 브랜드 철학을 받아들이고 일상화하는 경험이 충분히 축적되지 않았으며, 브랜드가 '행동한다'는 의미에 대해 더 깊이 고민해야 할 시점일지도 모른다. 하지만 동시에, 이는 한국에서 출발한 브랜드들에게는 기회이기도 하다. 글로벌 브랜드들이 조심스럽게 접근하는 영역에서, 현지 브랜드들은 더 직접적이고 진정성 있게 소통할 수 있는 여지가 있기 때문이다.

그렇기에 다음 파트에서는 오롯이 한국에서 출발한 브랜드들을 다루고자 했다. 아직 작고 낯설 수 있으나, 이들은 이미 자신들만의 방식으로 선명한 목적을 실현하며, 한국 사회의 복잡한 맥락 안에서 구체적인 변화를 만들어내고 있다. 거창한 슬로건 없이도 진심을 행동으로 보여주고, 작지만 단단한 철학을 지켜온 이 브랜드들의 여정 속에서 우리는 새로운 가능성을 엿볼 수 있다.

이제, 한국의 아직은 작은 브랜드들이 어떻게 '목적'을 말하고, 또 어떻게 그것을 '실행'하고 있는지를 함께 살펴보려 한다. 크게 외치지 않아도 묵묵히 문제를 해결하며 공감대를 넓혀가는 것. 작은 변화가 모여 큰 물결이 되듯 이들의 이야기가 모여 우리 사회의 새로운 가능성을 보여주고 있다. 이제, 말보다 행동으로 보여주는 이들의 이야기에 귀 기울여 보려고 한다.

PART 3

작지만 탄탄한 한국의 브랜드

진정성 있게 목적을 추구하는 브랜드 중에는, 이제 막 시작했거나 규모는 작지만 강한 신념을 가진 브랜드들이 많다. 그들은 거대한 광고 예산이나 화려한 홍보 채널 없이, 묵묵히 자신이 섬기고자 하는 '작은 세계'에 집중한다. 오히려 '목적'을 브랜드의 중심에 둔다는 점에서, 작은 브랜드는 유리한 면이 있다. 날마다 소비자와의 직접적인 접점에서 브랜드의 철학을 설명하고, 때로는 비효율적이더라도 공동체와 함께 성장하는 방식을 선택한다. 그들에게 목적은 마케팅 슬로건이 아니라, 사업의 시작이자 존재 이유다. 이번 장에서는 규모는 작지만, 철학은 깊은 일곱 개의 브랜드를 소개한다. 이들은 각자의 분야에서 특정 고객을 진심으로 섬기며, 의미 있는 변화를 만들고 있다. 그 첫 번째는, 바로 대한민국의 간호사들을 위해 존재하는 브랜드, 널핏 Nurfit 이다.

1

널핏 Nurfit
간호사를 간호하는 브랜드

간호사는 누가 간호하나요?

우리는 아플 때 병원을 찾는다. 그리고 병원에서 가장 먼저, 그리고 가장 자주 마주하는 존재는 대개 의사가 아니라 간호사다. 환자의 상태를 확인하고, 처치를 보조하며, 응급 상황이 발생했을 때 가장 먼저 대응하는 역할 역시 간호사에게 맡겨진다. 의료 현장에서 간호사는 환자 경험의 상당 부분을 책임지는 핵심 직군이다. 그럼에도 '간호사'라는 직업을 깊이 생각해볼 기회는 많지 않다. 병원을 찾는 우리는 대부분 환자의 위치에 머물고, 그 과정에서 의료 서비스가 어떻게 만들어지는지까지는 좀처럼 시선을 두지 않기 때문이다. 내가 이 주제에 관심을 갖게 된 계기는 독서 모임에서 오성훈 대표를 만난 이후였다. 그는 자신을 간호사의 일과 현장을 기반으로 새로운 문제를 정의하고 있는 사람이라고 소개했다.

"저는 남자 간호사 출신이고,

지금은 간호사를 간호하는 일을 하고 있습니다."

그리고 자신의 일을 설명하며 한 질문.

"우리가 아프면 병원에 가고, 간호사분들이 간호를 해주잖아요?

그런데 간호사는 누가 간호할까요?"

내 스스로는 한 번도 해보지 않은 질문이었다. 간호사 하면 3교대, 힘들겠다, 친절하시다 정도의 이미지가 떠올랐지, 그들의 직업적 고충이나 실제 삶의 무게에 대해 깊이 생각해 본 적이 없었던 것이다. 한국에는 약 50만 명의 간호사 면허자가 있고, 그중 실제 임상에서 일하는 간호사는 26만 명에 불과하다. 그리고 매년 2만 명 이상의 신규 간호사가 병원 현장에 들어오지만, 절반 가까이가 1년 안에 그만둔다. 과중한 업무, 열악한 근무 환경, 정신적 스트레스 때문이라고 한다.

오 대표는 이러한 간호사 커뮤니티를 제대로 돌보고 싶다는 개인적인 사명감을 품고 있었다. 그가 간호사가 된 이야기는 더욱 흥미롭다. 처음엔 단순히 평범하지 않은 과를 가고 싶다는 이유로 간호대에 입학했지만, 학교생활에 적응하지 못하고 무단결석을 반복하다 전교 꼴찌를 기록했다고. 그리고 도망치듯 입대한 군대, 그것도 백골부대라는 힘들기로 유명한 곳에서의 시간은 그의 인생에서 가장 힘든 시기였지만, 그래서 또 한편으로는 역설적으로 새로운 인생에 대한 간절함이 생기기도 하였다.

그는 그 시간을 독서와 신앙, 멘토를 찾아다니며 버텼고, 결국 '위대한 리더들은 세상의 고정관념을 깨는 사람들'이라는 확신을 얻고 제대 후 다시 대학생활에 몰입했다. 성적을 끌어올려 우수한 성적으로 졸업한 그는 드디어 간호사로 일하기 시작했지만, 그저 자신만을 위해서 시간과 에너지를 쓰지는 않았다. 자신이 속한 커뮤니티 내에서의 선한 영향력을 고민하다가, '리딩널스'라는 인스타 계정으로 웹툰과 글을 올리며 3만 명의 간호사들과 소통하는 인플루언서가 되었다. 그런 그에게 어느 날부터 도착한 DM 몇 개로 인해, 삶의 방향이 바뀌게 된다.

"너무 힘들어요, 죽고 싶어요, 이대로 못 버티겠어요."

간호사들의 절규. 그는 공감이나 위로만으로는 부족하다는 것을 절감하고, 실질적인 솔루션을 제공해야겠다고 결심한다. 그렇게 시작된 것이 바로 간호사를 위한 교육 앱, '널스노트'였다. 자기주도학습을 통해, 간호 업무 표준화와 신규 간호사의 이직율 감소를 돕고자 하는 목적으로 만든 앱이다. 그렇게 한 걸음 한 걸음, 간호사를 간호하기 위한 앱을 개발하고, 최적화하고, 알리는 노력을 3년간 했지만, 어느 순간 한계에 부딪히게 되었다. 스타트업들이 흔히 겪는, 수익화 문제에 더하여, IT 문외한으로서 개발자들을 이끄는 것이 점점 더 힘들어졌다. 압박감 속에서 회사가 자생할 수 있는 방법을 찾기 시작했다.

불편함에서 출발한 제품
: 간호사라는 직업을 위한 진짜 솔루션

브랜드 널핏의 시작은 단순한 '제품 기획'이 아니라, 현장에서 나온 절박한 문제의식이었다. 창립자인 오성훈 대표는 신규 간호사로 병원에서 근무할 당시, 동료들과 나누는 대화 속에서 반복적으로 등장하는 고충이 하나 있었다. 바로 "하루 종일 서 있어야 하는 일", 그리고 그로 인해 발생하는 극심한 다리 부종과 통증이었다. 시중에 압박 스타킹은 이미 존재했지만, 대부분은 하지정맥류 환자나 고령층을 위해 설계된 제품이었다. 단지 '압박력'을 기준으로 만들어졌을 뿐, 병원이라는 고강도 근무 환경, 특히 3교대라는 특수한 리듬 속에서 일하는 간호사들에게는 맞지 않았다. 땀이 차고 답답하며, 오래 신으면 발이 저리는 문제도 있었다.

오성훈 대표는 그 불편함에 주목했다. "왜 간호사만을 위한 제품은 없을까?", "왜 그들을 위한 전문 브랜드는 없을까?"라는 질문에서 출발한 고민이 곧 실행으로 옮겨졌다. 직접 공장을 찾아다니며, 자신이 겪었던 불편을 설명하고, 간호사들이 원하는 기능을 하나하나 반영한 결과물이 첫 제품이 압박 스타킹이었고, 간호사에게 딱 맞다는 의미로 "Nurse + Fit"

을 줄여서 널핏이라는 브랜드가 탄생했다.

압박 스타킹 하나에 담긴 디테일은 예상보다 복잡했다. 강한 압박력과 통기성을 동시에 구현해야 했고, 근무 중 움직임이 많은 간호사들의 활동성을 보장해야 했다. 압박 강도와 배분, 원단의 혼용율, 발목과 종아리의 곡선 설계까지, 수 차례 테스트와 실패를 반복하며 간호사를 위한 첫 번째 '솔루션 제품'이 탄생했다.

반응은 기대 이상이었다. 초기 수백 켤레로 시작한 제품은 며칠 만에 완판되었고, 펀딩을 통해 확보한 수천만 원 규모의 후속 생산도 순식간에 마감됐다. 고객은 대부분 간호사였고, 입소문은 병동을 타고 퍼져나갔다. 널핏은 '간호사를 위한 브랜드'라는 정체성을 확고히 하게 된다. 이후 널핏은 같은 맥락에서 간호사용 손목 보호대, 핸드크림, 풋패치를 내놓았고, 간호사 커뮤니티를 중심으로 입소문을 타며, 브랜드는 조금씩 알려지기 시작했다.

그리고 가장 공을 들인 제품인 널싱화, 널스텝 Nurstep 까지 제품군을 확장했다. 특히 널싱화 개발은 가장 도전적인 프로젝트였다. "간호사들은 왜 크록스를 신을까?"라는 단순한 질문에서 출발했지만, 답은 결코 단순하지 않았다. 크록스는 편하지만, 해변용으로 설계된 구조 탓에 병원 환경에서는 여러 문제가 발생했다. 피와 물이 고인 바닥에서 미끄러지기 쉽고, 주사기나 메스 같은 날카로운 의료기구가 발등에 떨어졌을 때 보호할 수 없었다. 또한 장시간 착용 시 통증과 피로가 쉽게 누적됐다. 오성훈 대표는 이러한 현장의 소리를 제품에 녹여야 했고, 설계부터 디자인, 소재까지 모든 부분에서 새롭게 접근해야 했다.

부산의 40년 경력 신발 장인과의 협업으로 시작된 널싱화 개발은 1년이 넘는 시간 동안 50개가 넘는 샘플 제작, 수 차례의 좌절, 그리고 끝없는 수정으로 이어졌다. 하지만 널핏은 포기하지 않았다. 신고 벗기 쉬우면서도 보호 기능을 갖춘 구조, 통기성과 방수성을 동시에 충족하는 외피, 12시간 내내 신어도 부담 없는 착화감, 끈 없는 디자인까지. 이 제품의 모든 험난했던 개발 과정은 널핏과 리딩널스 채널을 통해, 10만 명 간호사분들에게 몇 개월간 공유되었는데, 그 과정에서 기대감이 높아지다 못해 폭발하면서 대체 언제 나오냐고 기다리다 현기증 난다는 항의를 받던 그 어느 날, 널핏의 첫 번째 널싱화가 우여곡절 끝에 세상에 나오게 되었다.

커뮤니티와 함께 만든다
: 널핏의 진짜 경쟁력

널핏이 진정으로 특별한 이유는 단지 좋은 제품을 만들기 때문이 아니다. 어떻게, 누구와 함께 그 제품을 만들어내는가에 대한 방식이 다르기 때문이다. 널핏은 고객을 '소비자'가 아니라, 함께 문제를 해결해 나가는 공동 창작자로 바라본다. 바로 이 점이, 널핏을 다른 브랜드와 구별 짓는 핵심이다.

2023년 4월, 널핏은 'OBGY'라는 이름의 공동 개발단을 출범시킨다.

이 단어는 '산부인과 Obstetrics & Gynecology'를 뜻하지만, 여기서는 다른 의미를 담고 있다. 간호사라면 누구나 한 번쯤 들어봤을 법한 이 익숙한 약어에, 널핏은 상징적인 메시지를 더했다. '간호사들의 진짜 필요는, 간호사들이 직접 분만해낸다'라는 철학이다. OBGY 팀은 단지 의견을 주는 서포터즈가 아니다. 간호사로 구성된 이들은 각자 현장에서의 경험을 바탕으로 실질적인 페인포인트를 제안하고, 제품 기획의 초기 단계부터 설계, 기능, 테스트, 디자인까지 깊숙이 관여한다. 널핏은 이 과정을 '출산'이라고 부른다. 하나의 제품이 나오기까지, 고통과 반복, 실험과 수정이 이어지는 긴 여정이기 때문이다.

널핏 널싱화는 바로 이 OBGY 팀의 첫 결과물이다. 크록스 대체재로 시작된 이 프로젝트는, 기존 어떤 신발에서도 해결하지 못했던 문제들을 좁고 깊게 파고들었다. 현장에서 실제로 오래 신고 일하는 테스트가 반복됐고, 드디어 제품 공개 날, OBGY 팀의 간호사들이 감격해 눈물을 흘릴 만큼의 감정이 쌓이기도 했다고 한다. 그 1년 준비기간이 얼마나 고되었던지, OBGY 팀에게 처음으로 샘플을 공개하던날, 눈물까지 보이던 오성훈 대표였다. 이 널싱화는 널스텝 Nurstep 이라는 이름으로 세상에 나왔고, 지금은 한국을 넘어, 미국, 일본의 간호사 커뮤니티에서도 '간호사가 직접 만든 간호화, 한번 신으면 편해서 다른 신발로 갈아탈 수 없는 간호화'로 유명세를 타고 있다고 한다.

이 과정은 단순히 하나의 제품을 개발하는 절차를 넘어, 브랜드와 사용자가 신뢰로 엮여가는 커뮤니티의 생성 그 자체라고도 생각된다. 널핏의 모든 제품은 커뮤니티 기반의 조사와 피드백을 바탕으로, 실제 필요에 따라 기획된다. 예를 들어, 핸드크림은 간호사들이 가장 많이 겪는 손 피부 트러블을 중심으로 레시피가 개발되었고, 손목 보호대는 채혈이나 링거 고정 시 반복되는 움직임을 고려해 탄성이 설계됐다.

또한 널핏은 고객과의 상호작용을 단지 '리뷰' 수준에 머무르지 않는다. SNS와 유튜브를 통해 제품 개발 과정을 공유하고, 제품이 완성되기 전부터 '함께 만든다'는 경험을 공유하면서, 간호사 커뮤니티는 단순히 브랜드의 고객이 아니라 브랜드의 공동 저자가 된다. 2025년 현재, 널핏은 10만 명 이상의 간호사와 연결되어 있다. 이들은 단지 제품을 구매하는 사람이 아니다. 자신을 위한 브랜드가 존재한다는 사실에 자긍심을 느끼고, 널핏이라는 이름 안에서 연대의 감정을 경험하는 사람들이다.

이처럼 널핏이 보여주는 브랜드 성장의 방식은 명확하다.

- 철저하게 문제에 몰입한다.
- 제품은 해답이 아니라 연속된 질문에서 나온다.
- 고객은 타겟이 아니라 동료다.
- 브랜드는 일방향이 아니라, 커뮤니티와 함께 '분만'한다.

이 방식은 누구나 할 수 있는 것처럼 보이지만, 오직 진심을 가진 브랜드만이 실행할 수 있는 방식이다.

가장 최근 널핏이 몰입한 주제는 간호사들의 가장 오래되고 고질적인 고민, 바로 다리 부종이다. 기존의 압박 스타킹은 효과적인 해결책이 될 수 있지만, 잠자는 시간에 답답한 스타킹을 신고 잘 수는 없는 노릇이었다. 널핏은 이 빈틈을 파고 들었다. 마그네슘이 부종 완화에 도움을 준다는 점에 착안해, '뿌리는 마그네슘 스프레이', 마그컷Magcut을 개발한 것이다. 이 제품 역시 8명의 간호사와 함께 효능과 효과, 발림성, 패키지의 편의성까지 세심하게 검토하며 수 차례 실험을 거쳤다. 그 긴 과정을 거쳐, 2025년 10월 드디어 세상에 나오게 되었고, 오늘도 간호사들의 다리 부종 문제를 현장에서 해결해내고 있다.

끝이 없는 여정을 함께 걷는다는 것

간호사의 문제는 끝이 없다. 그리고 널핏의 문제 탐구와 해결의 여정도 끝이 없다. 바로 이 끝없는 순환이, 널핏을 단순한 제품 브랜드가 아니라 간호사와 함께 성장하는 동행의 브랜드로 만들어가고 있다. 브랜딩은 구호가 아니라 일상이 되어야 한다. 한 청년이, 인생의 어두운 시절을 지나 '내 인생을 선한 영향력으로 쓰겠다'는 다짐을 했고, 그 다짐은 단단한 브랜드가 되어 돌아왔다. 간호사라는 고된 직업을 가진 이들이 오히려 스스로를 돌볼 여유조차 없이 살아가는 현실 속에서, 널핏은 그들의 언어로 공감하고, 그들의 불편을 가장 가까이에서 듣고, 때로는 싸우듯 전투적인 태도로 그 문제들을 해결해 왔다. 그렇게 널핏은 단지 제품을 파는 브랜드가 아니라, '간호사라는 사람'을 돌보는 브랜드가 되었다.

세상의 수많은 직업 중 하나가 아니라, 누군가의 삶을 지탱하는 존재로서 간호사를 대하고, 그들을 위한 제품을 '만드는' 것이 아니라 함께 '분만해 낸다'는 철학까지. 이 브랜드의 모든 움직임은 진심으로 가득 차 있다. 그래서 나는 이 브랜드를 꼭 이 책에 담고 싶었다. 규모가 작아도 목적이 분명하면 어떤 브랜드가 될 수 있는지를, 어떻게 고객을 감동시키고 움직이게 할 수 있는지를 널핏이 보여주고 있었기 때문이다. 목적은 전략이 아니라 태도이고, 브랜딩은 구호가 아니라 일상이라는 것을, 널핏은 오늘도 묵묵히 증명해 나가고 있다.

널핏 오성훈 대표 인터뷰

1. 브랜드의 목적을 한마디로 어떻게 정의하고 있으신가요?

"간호가 필요한 곳에 간호를"

널핏은 간호사가 겪는 문제를 해결하며 간호사를 간호하는 브랜드로 시작했습니다. 지금은 한단계 더 나아가 간호가 필요한 현장에 간호의 가치를 전하는 것을 존재 이유로 삼고 있습니다.

2. 특별히 최근 브랜드의 목적을 추구하는 데 집중하고 있는 영역이 있으신가요?

널핏의 본질인 '간호사를 간호하는 것'을 더욱 단단히 지켜내면서, 동시에 간호가 필요한 곳에 간호를 전하는 실천을 확장하고 있습니다.

'간호사를 간호하는 일'

간호사의 일이 더 가치 있고 멋진 일이라는 인식을 전하는 것이 곧 그들의 본질적인 어려움을 덜어주는 길이라 생각해요. 최근 새로운 슬로건 "Super Nurse Saves Lives"를 통해 간호사들이 일상적으로 해내는 일이 결코 평범하지 않으며, 매 순간 누군가의 하루와 생명을 지켜내는 일임을 적극적으로 알리고 있습니다.

'간호가 필요한 곳에 간호를'

최근 방글라데시에서 신발이 없어 감염 위험에 놓인 사람들을 직접 만나며, 그들을 위한 신발을 개발하고 있습니다. 또 마을에 우물을 만드는 프로젝트를 함께 진행 중이에요. 그 외에도 해외 의료봉사를 가는 의료인 봉사단과 현지 봉사단을 지원하며 실질적인 도움을 전했습니다.

3. 목적을 지속적으로 추구한다는 것이 쉽지 않은 과정인데, 지치지 않고 지속하는 힘은 어디서 나온다고 생각하시나요?

무엇보다도, 우리가 하는 노력이 실제로 간호사의 삶, 누군가의 삶을 변화시키고 있다는 사실에서 힘을 얻습니다. 저희가 보유한 10만 명의 간호사 커뮤니티를 통해 현장의 목소리를 직접 들을 수 있는데요, 그들의 생생한 경험과 반응이 가장 큰 동력이 됩니다. 예를 들어, 간호사와 함께 개발한 간호화 널스텝은 단순한 신발이 아니라 간호사의 하루를 버티게 하고 삶을 개선하는 의미 있는 제품입니다. 그 가치를 알아보고 브랜드를 찾아주는 선생님들을 볼 때, 또 현장에서 간호사들의 입을 통해 "간호사를 간호해 주는 브랜드", "이런 제품이 꼭 필요했다"라는 이야기를 전해 들을 때, 우리가 하는 일이 결코 헛되지 않음을 느끼는 것 같아요. 마지막으로, 우리 브랜드가 단순히 제품을 넘어 간호사에게 자신감을 주고, 사회에 간호의 가치를 전한다는 더 큰 목적을 갖고 있다는 점도 지속할 수 있는 힘이라 생각해요. 작은 변화들이 모여 결국 더 나은 간호 환경과 더 건강한 세상을 만들어간다는 믿음이 널핏의 지속적인 에너지가 된다고 생각합니다.

4. 5~10년 후 널핏은 고객들에게 어떤 브랜드로 기억되었으면 하나요?

"간호가 필요할 때 가장 먼저 떠오르는 브랜드"로 기억되고 싶습니다. 간호사에게는 "내 이야기를 가장 잘 이해해 주는 동료"로 기억되고 싶어요. 널핏이 간호사의 목소리를 듣고, 그들의 삶을 실제로 변화시키는 경험을 쌓아갈 때 비로소 그 신뢰가 만들어진다고 생각합니다. 더 나아가 사회 전체에는 널핏이 "간호가 필요한 순간, 곁에서 함께하는 브랜드"로 기억되고 싶어요. 우리가 하는 작은 시도와 손길들이 결국 환자의 하루, 한 지역사회의 건강, 나아가 세상에 긍정적인 변화를 일으킨다는 것을 보여주고 싶습니다.

2

119REO
버려진 방화복에서 피어난,
소방관을 위한 업사이클링 브랜드

진정성 있는 목적을 추구하는 브랜드 중에는 아직 시작한 지 얼마 되지 않았지만, 깊은 철학과 강한 실천력으로 커뮤니티를 변화시키는 곳들이 있다. 널핏이 간호사를 간호하는 브랜드라면, 119REO는 소방관을 위한 브랜드다. 이 두 브랜드는 각자의 방식으로 '누군가를 돌보는 사람'을 돌보는 일을 하고 있다.

'소방관을 지키는 일'에서 시작된 브랜드

2016년, 건국대학교 건축학과에 재학 중이던 한 청년은 뉴스를 통해 한 사건과 마주하게 되었다. 혈관육종암으로 37세에 세상을 떠난 소방관,

故김범석 씨의 이야기였다. 현장에서 수년간 인명 구조에 헌신해 온 그는, 말기 암 진단을 받고도 국가로부터 '공무상 질병' 인정을 받지 못해 스스로 질병의 원인을 입증해야 하는 상황에 놓여 있었다. "사회를 위해 봉사하는 소방관이 아파도, 아무도 책임져 주지 않는다." 이 사실은 청년 이승우 대표의 삶을 바꾸었다.

당시 그는 사회 문제를 비즈니스로 풀어보는 글로벌 대학 연합 동아리 '인액터스'에서 활동 중이었다. 그곳에서 그는 처음으로 사회 문제를 '내가 해결할 수 있는 일'로 받아들이게 되었고, 그중에서도 '소방관의 권리 보장'이라는 주제에 매달리기 시작했다. 수많은 소방관과의 인터뷰, 자료 조사, 유가족과의 만남 속에서 알게 된 건 단순한 감정적 분노가 아니었다. 당시 조사에 따르면, 암으로 고통받는 국내 소방관 수백 명 중 단 두 명만이 공무상 질병 인정을 받은 상태였다. 이승우 대표는 단지 한 명의 안타까운 사연이 아니라, 대한민국 구조 시스템 속에 놓인 구조적 침묵과 싸우게 되리라는 것을 알고 있었을까?

하지만 그는 직접 문제와 대면하기로 했다. '소방관이 우리를 구하듯, 우리도 소방관을 구하자.' 이 간단하고도 명확한 신념을 행동으로 바꿔나갔다. 우선 그는, 불길 속에서 사람을 지키던 폐방화복이 '소방관을 위한 기금'으로 다시 태어날 수 있다는 작은 생각의 실마리를 놓치지 않았고, 그 첫 시도로 방화복을 직접 손으로 뜯고, 세탁하고, 봉제하여 만든 가방과 팔찌를 만들어냈다. 이 제품들은 故김범석 소방관의 이야기를 담은 펀딩 프로젝트와 함께 대중 앞에 등장했다. 놀랍게도 사람들은 이 낡은 섬유에 새겨진 '희생의 흔적'을 통해 브랜드의 진심을 읽었고, 기꺼이 지갑을 열었다. 첫 펀딩이 성공적으로 진행되었고, 수익은 유가족에게 전달되었다. 그런데 김범석 소방관의 아버지는 이렇게 말했다고 한다.

"저희는 기부금을 받을 수 없습니다. 더 어려움에 처한 암 투병 소방관들에게 전달해 주세요. 암 투병 소방관의 문제는 제 아들만의 문제가 아닌 소방관 전체의 문제입니다."

이 말을 들은 이승우 대표는 결심했다. 이것을 프로젝트로 끝내지 않겠다고. 한 번의 기부로 끝나지 않고 지속 가능한 시스템을 만들겠다고. 그렇게 119REO는 2018년 '서로가 서로를 구하는 세상'을 만들겠다는 목표로 정식 출범했다. 브랜드명 REO는 "Rescue Each Other"의 약자로 구조하는 사람과 구조받는 사람 사이의 경계를 허물자는 철학을 담고 있다. 119REO는 단순히 '제품을 파는 브랜드'가 아니라 위험 속에서도 우리를 지키는 존재를 우리가 되돌아보고 지키겠다는 새로운 방식의 사회 운동이었다. 시작은 작았지만 그 메시지는 절박했고 명확했으며 그래서 더 강했다.

'세상을 구한 흔적'으로 만든 제품

119REO의 가방에는 로고보다 먼저 눈에 들어오는 무늬가 있다. 낡고

바랜 머스터드 옐로의 컬러, 검게 그을린 흔적, 제각기 다른 스크래치와 바느질선. 이건 장식이 아니다. 불길 속에서 사람을 구하던 소방관의 방화복이 남긴, 그들의 현장이자 기억이다. 이들은 새로운 천을 쓰지 않는다. 오직 현장에서 퇴역한 방화복과 장비만을 사용한다. 3년마다 법적으로 교체되는 방화복은 연간 약 70톤이 버려지는데, 대부분은 매립 혹은 소각된다. 하지만 119REO는 이들을 다시 살려낸다. 인천소방본부, 광주소방본부, 부산소방본부, 서울지역 소방서 등과의 MOU를 통해 직접 방화복을 수거하고, 그 속에 깃든 이야기를 세상으로 길어낸다.

이 제작 과정은 공장에서의 대량 생산과는 거리가 멀다. 제품 하나가 완성되기까지 거치는 절차는 꽤나 복잡하고 섬세하다. 먼저, 수거된 방화복은 지역 자활센터에서 두 번 세탁된다. 단순한 세척을 넘어 화재 당시 묻은 유해 물질이 없는지를 확인하기 위해, KC 인증 수준의 안전성 테스트도 별도로 진행된다. 그 후 분해 작업에 들어가는데, 이 과정은 사실상 '해체'에 가깝다. 주머니, 반사테이프, 지퍼, 각종 부속품까지 하나하나 손으로 분리해야 한다. 아라미드 섬유는 뛰어난 내구성 덕분에 쉽게 찢어지지 않아, 재단도 일일이 수작업으로 진행해야 한다.

이렇게 준비된 원단은 전문 봉제 공장에서 정해진 패턴에 따라 하나의 제품으로 다시 태어난다. 가장 인기 있는 쓰리웨이백, 미니 크로스백, 팔찌, 키링 등은 방화복 원단의 물성을 그대로 살리되, 일상 속에서도 감각적인 스타일로 사용할 수 있도록 디자인되었다. 특히 방화복의 상징적인 색인 머스터드 색과 반사테이프는 브랜드 고유의 '패턴'이 되었고, 제품마다 조금씩 다른 흔적들은 소비자들에게 하나뿐인 제품이라는 특별함을 선사한다. 이런 의미에서 119REO는 소방관의 진짜 이야기를 '패션'으로 전달하는 브랜드다. 누군가의 생명을 구했던 옷이, 또 다른 사람의 삶을 바꾸는 도구가 되기를 바란다.

그 과정에서 또 하나 주목할 지점이 있다. 바로 '일자리의 재탄생'이다. 119REO는 한 곳에 모든 폐방화복을 모으지 않는다. 방화복이 수거된 지역에서 그 지역의 자활센터와 파트너십을 맺어, 현지에서 바로 세탁하고 분해하는 '분산형 제작 시스템'을 갖추고 있다. 인천 중구 자활센터, 경기도 안산지역 자활센터와 함께 작업을 하며, 취약 계층에게 안정적이고 보람 있는 일자리를 제공하는 것이다. 이승우 대표가 119REO의 또 다른 영웅으로 부르는 이 노동자들의 한땀 한땀이 더해져 하나의 가방이 완성된다. 세탁, 분해, 봉제, 포장 — 제품의 모든 공정에는 사람의 손과 이야기가 녹아있다. 그 결과 119REO는 연간 약 10톤의 방화복을 업사이클하며, 사회적 가치와 환경적 책임을 동시에 실현하고 있다.

119REO는 단순히 폐소재를 재활용하는 업사이클링 브랜드가 아니다. '이 가방의 그을린 자국 하나하나가 누군가의 생명을 구한 흔적입니다'라는 철학이 깃든 브랜드다. 그것이 바로 소비자들이 이 브랜드를 단순한 패션 브랜드로 보지 않는 이유다.

브랜드는 말하지 않고 행동으로 증명한다

119REO는 말보다 행동을 선택한 브랜드다. 이들은 "소방관을 응원합니다"라는 메시지를 단순히 포스터에 담지 않는다. 대신 그들의 현실을 알리고, 그 문제를 해결하기 위한 움직임을 만든다. 이 브랜드가 택한 방식은 단 하나 — '진짜 이야기를 세상에 들려주고, 그 이야기에 사람들이 스스로 반응하게 하는 것'이다.

이들은 단순한 제품 판매를 넘어, 브랜드 커뮤니케이션을 통해 사회적 메시지를 구체적으로 전달한다. 제품을 구매하면 함께 도착하는 '후원자님 카드'와 소방관의 사진이 담긴 엽서. 그 안에는 이런 메시지가 적혀 있다.

"이 제품은 실제 방화복으로 만들었습니다.
그리고 이 수익은 또 다른 소방관을 지키기 위해 쓰입니다."

소비자는 단순히 가방을 산 것이 아니라, 하나의 사명에 동참했다는 감정적 경험을 함께 받는다.

커뮤니케이션은 온·오프라인을 가리지 않고 이어진다. 매년 5월 4일 국제 소방관의 날, 11월 9일 소방의 날이면 119REO는 소방관의 현실을 알리는 전시회를 연다. 첫 전시회인 "현장의 기억, 방화복"에서는 암 투병 중 세상을 떠난 故김범석 소방관의 이야기를 다루며, 단순한 추모를 넘어 '왜 우리는 이 문제를 마주해야 하는가?'를 질문했다. 이후 을지로, 성수 등 다양한 도심 공간에서 소방관의 이야기, 사진, 인터뷰, 실제 소방 장비를 전시하며 '소방관도 누군가의 아들이고, 딸이고, 친구였음을' 상기시킨다. 단지 '영웅'이 아니라, 한 사람으로서의 삶과 고통, 웃음까지 보여주는 이 콘텐츠들은 119REO의 핵심 메시지를 더욱 진하게 만든다.

또한 유튜브와 SNS를 적극적으로 활용하여, 소방관의 실제 경험담을 대중과 공유하고 있다. "일로봬유 일은 이렇게 보여요" 시리즈는 소방관들의 실제 목소리를 담아낸 영상 콘텐츠로, 화재 현장의 숨은 이야기, 감정 노동의 고단함, PTSD에 대한 개인의 고백 등을 통해 단순히 알리는 것을 넘어 '이해하게 만드는 콘텐츠'로 큰 반향을 얻었다. 이러한 콘텐츠들은 대중의 감정적 연결을 끌어내고, 브랜드에 대한 신뢰를 넘어서 '함께하고 싶다'라는 연대의 감정을 만들어낸다. 그래서 119REO는 고객을 '고객'이라 부르지 않고, '후원자님'이라고 부를 수 있는 것이 아닐까.

오프라인에서도 '참여의 장'이 만들어진다. 단순히 제품을 전시하는 팝업스토어를 넘어서, 업사이클링 과정을 직접 체험할 수 있는 프로그램이 그것이다. 2023년, 119REO는 친환경 브랜드 트래쉬랩과 협업해 '소방호스와 나이키 폐의류로 캠핑체어 만들기' 워크숍을 진행했다. 고객들이 직접 참여하여, 재료의 가치를 재발견하고, 자원 순환의 의미를 직접 체험할 기회를 제공한 것이다. 지금까지 50개 이상의 브랜드와 협업하고, 50회 이상의 팝업스토어를 진행했다고 하는데, 그 과정에서 커머셜과 소셜의 경계를 넘나들며, 사람들과의 진짜 접점을 만들어 온 것이 매우 인상적이었다.

'지속가능한 용기'로서의 브랜드

119REO는 단순히 감동적인 이야기나 진정성 있는 메시지를 전하는 데 그치지 않는다. 이 브랜드가 가진 진짜 힘은, 그 메시지를 지속가능한 구조로 설계하고 유지하려는 집요함에 있다. 소방관의 권리를 말하는 것을 넘어서, 그것이 가능한 구조를 하나하나 만들어내며, 브랜드 자체가 하나의 '대안적 시스템'이 되도록 발전시켜 왔다. 그 출발점은 '버려진 것에 가치를 더하는 방식'이었다. 매년 70톤 이상 폐기되는 방화복, 소방호스, 기동복. 원래는 더 이상 쓸모없는 것으로 여겨졌던 이 소재들은, 119REO의 손을 거쳐 새로운 생명력을 얻는다. 아라미드 섬유로 된 방화복은 뛰어난 내열성과 경량성으로 프리미엄 가방 소재로 손색이 없고, 폐호스는 내구성과 유연성을 동시에 갖춘 독특한 텍스처로 다시 태어난다. 이 소재들의 재발견은 단순한 리사이클링이 아닌, 업사이클링 그 자체의 모범 사례다.

그러나 이 브랜드는 '환경친화적'이라는 가치에만 머물지 않는다. 119REO는 그 제작 과정에서도 사회적 약자를 동행자로 삼는다. 방화복의 세탁, 분해, 재봉 등 전 과정을 전국의 자활센터와 연계하며 진행하는 이유도 여기에 있다. 누군가에게 버려진 직업, 잊혀진 노동의 가치를, 이 브랜드는 커뮤니티 기반의 생산 과정으로 회복시킨다.

그리고 이 모든 구조를 가능하게 만든 건, 119REO의 '지속가능한 비즈니스 모델'이다. 단순히 기부에 의존하거나, 일회성 캠페인으로 머무르지 않고, 브랜드를 매출로 굴러가게 하되, 수익의 절반은 언제나 기부로 흘러

가도록 설계되어 있다. 이는 사회적 기업이라면 누구나 원하지만, 거의 누구도 해 내지 못한 설계다. 브랜드가 성장하면 할수록 사회적 임팩트도 함께 커진다는 점에서, 119REO는 '브랜드의 확장이 곧 사회 변화의 확장'이 되는 아주 드문 사례를 만들어가고 있다.

또한, 이들은 '브랜드 아이덴티티'를 절대 타협하지 않는다. 방화복 특유의 머스터드 색, 반사 테이프, 불규칙한 질감. 어떤 브랜드에게는 디자인적 제약이 될 수도 있는 요소지만, 119REO는 이것을 고유의 정체성으로 삼는다. 그래서 이들의 제품은 단 하나의 가방을 들고 있어도, "나는 누군가를 지지하는 선택을 했다"라는 것을 말해주는 상징이 된다. 그리고 바로 이 점이, 119REO가 단순한 브랜드가 아니라 움직이는 메시지로 존재하게 만든다.

이들의 최종 목적은 단순한 제품 판매가 아니다. 그것은 '소방관이 우리를 지키듯, 우리도 소방관을 지킨다'라는 메시지를 구조적이고 문화적인 레벨로 확장하는 일이다. 그들이 더 많은 지역의 소방서와 협업하고, 더 다양한 브랜드와 교류하며, 더 많은 사람들에게 직접 체험의 기회를 제공하는 이유도 바로 이 때문이다.

브랜드가, 단지 브랜드로 끝나지 않고 하나의 사회 운동이자, 문화가 되고 있는 것. 119REO는 지금 그 흐름의 한복판에 서 있다.

이승우 대표와의 인터뷰

1. 브랜드의 목적을 한마디로 어떻게 정의하고 있으신가요?

서로가 서로를 구하는 가치를 만듭니다.

2. 특별히 최근 브랜드의 목적을 추구하는데 있어, 집중하고 있는 영역이 있으신가요?

119REO는 소방관이 우리를 구하듯 우리도 함께 소방관을 구하자는 의미에서 시작 되었는데요. 그 중 첫 번째로 암 투병 소방관에 대한 권리 보장을 목표로 잡았었습니다. 2016년부터 2022년까지 길다면 길고, 짧다면 짧은 시간에 정말 다행스럽게도 '고 김범석 소방관 법'이 국회 본회의를 통과 하면서 법적으로도 의미있는 변화가 있었습니다. 그 이후로 119REO는 '서로가 서로를 구하다'의 의미를 어떻게 유지하고 확장해 나아갈 것인지 많은 고민을 하였는데요. 소방관 권리 보장에 대한 기부를 계속하는 것을 넘어 회사의 비즈니스와 직접 연결되는 목표로도 이 가치를 투영하고 싶었습니다. 그래서 기존에 하던 업사이클링에 대해서 더 깊이 고민해 볼 수 있는 시간을 가졌습니다. 119REO가 방화복을 업사이클링으로 선택할 수 있었던 가장 큰 이유는 소재에 있었습니다. 좋은 소재, 첨단 소재 아라미드로 용감한 소방관을 구하는 방화복이라는 점에서 택했던 것을 돌아보게 되었습니다. 그러면서 방화복에서 아라미드 단섬유를 다시 추출할 수 있지 않을까 고민이 시작되었습니다. 그리고 우리의 비즈니스를 통해 아라미드라는 첨단 소재가 자원 순환될 수 있도록 만드는 것은 "지구가 우리를 구하듯, 우리가 지구를 다시 구하는 또 다른 서로가 서로를 구하는 가치"라고 생각하고 나아가는 중입니다. 2024년 기술 완료와 단섬유 추출 설비를 들

여서 현재 방화복에서 아라미드 단섬유를 추출하고 있습니다. 이를 통해 일정 품질을 유지할 수 있고 화재 등 기능적인 부분과 연관된 제품 개발도 진행 중입니다.

3. 목적을 지속적으로 추구한다는 것이 쉽지 않은 과정인데, 지치지 않고, 지속할 수 있는 힘은 어디서 나온다고 생각하시나요?

이것 역시도 '서로가 서로를 구하는 가치의 실천'에 있다고 생각합니다. 119REO의 첫 기부금 전달에서 더 어려운 소방관들을 위해 기부금을 양보한 고 김범석 소방관님의 아버님의 행동, 119REO의 방화복 세탁, 분해 과정에서 수작업을 기꺼이 도맡고 함께 해준 지역 자활센터의 행동, 119REO의 제품 제작 과정이 기존과 다르고 효율적이지 않아도 기꺼이 함께 해준 공장 사장님과 임직원들의 행동, 119REO의 제품이 일반 제품과는 다르게, 각기 달라도 '생명을 구한 흔적, 소방관의 용기를 구한 흔적'으로 기꺼이 받아들이고 구매해 준 후원자님들의 행동, 119REO의 아라미드 소재 자원 순환이라는 무모한 도전에도 기꺼이 자문을 아끼지 않은 대학 교수님들과 섬유 업계 종사자들의 행동, 특히, 119REO의 가치를 만들어가기 위해 기꺼이 청춘을 함께 보내는 우리 팀원들의 행동까지, 누구 하나의 힘보다는 이 과정에 참여하고 있는 모두가 함께하는 것으로부터 힘이 나온다고 생각합니다.

4. 5-10년후 119REO는 고객들에게 어떤 브랜드로 기억되었으면 하나요?

119REO를 지속가능한 지구를 만들기 위해 출동하고 활동하는 소방관으로 기억하면 정말 멋질 것 같아요.

3

트레바리
무지와 외로움을 깨는 지적 커뮤니티 실험

외로움의 시대, 공동체의 빈자리

21세기는 '연결의 시대'라 불리지만, 역설적으로 사람들은 그 어느 때보다 고립을 크게 느낀다. 스마트폰 알림은 쉴 틈 없이 울리고, 소셜미디어는 사람들로 가득하지만, 정작 마음을 내어 대화할 수 있는 공동체는 점점 사라지고 있다. 특히 코로나 팬데믹을 거치며 대면 만남은 줄었고, 오랜 시간 집과 회사만 오가는 일상은 사람들을 깊은 피로와 외로움 속으로 몰아넣었다.

이 현상은 단순한 개인의 문제가 아니다. 영국 정부는 2018년 전 세계 최초로 '외로움 장관Minister of Loneliness'을 임명하며, 외로움을 국가적 차원의 건강 위협으로 규정했다. 실제로 연구에 따르면, 사회적 고립은 흡연이나 비만만큼이나 건강에 치명적인 결과를 낳는다. 우울증과 불안장애, 심혈관 질환의 발병률까지 높이는 위험 요인으로 밝혀진 것이다. 이런 맥락에서 영국에서는 '사회적 처방 social prescribing'이라는 개념이 의료제도 속으로 자리 잡았다. 단순히 약을 처방하는 대신, 환자를 독서 모임이나 축구 동호회, 정원 가꾸기 같은 공동체 활동에 연결해주는 방식이다. 약물이 채워주지 못하는 공백을 공동체 경험이 채워주며, 사람들의 삶을 회복시키는 사례가 늘어났다.

한국도 다르지 않다. 은둔형 외톨이, '히키코모리'로 불리는 청년들의 증가, 중장년층의 사회적 단절, 그리고 개인화된 도시 생활은 점점 더 많은 사람들을 외로움의 사각지대에 놓이게 한다. 건강한 공동체의 부재는 개인의 문제를 넘어 사회 전체의 문제로 확장된다.

바로 이 지점에서 트레바리라는 브랜드가 등장한다. 트레바리는 "세상을 더 지적으로, 사람들을 더 친하게"라는 뚜렷한 목적을 내걸고, 단순한 독서 모임을 넘어 '함께 읽고, 토론하며, 연결되는 경험'을 상품으로 만든 브랜드다. 책이라는 매개를 통해 개인의 지적 성장을 돕는 동시에, 점점 허물어지는 공동체의 자리를 회복시키려는 실험이 트레바리의 시작이었다.

책과 사람, 실패가 다듬은 브랜드

트레바리를 창업한 윤수영 대표에게도 여러 번의 도전과 좌절이 있었고, 그 경험들이 트레바리의 뼈대를 단단하게 만들었다. 그는 신입사원 시절부터 조직 내 구조조정을 반복해서 경험했다. "돈을 벌지 못하는 서비스는 가차 없이 정리되는 조직 문화 속에서 일했다"라는 그의 회상은, 안정만을 좇는 길이 얼마나 공허할 수 있는지를 보여준다. 언젠가는 변화를 선택해야 한다는 생각이 자연스럽게 자리 잡았다. 트레바리를 만들기 전 그는 한 대기업의 신입사원으로 입사했다. 이때 공교롭게도 두 회사가 합병되는 과정을 겪으면서 잦은 조직개편을 경험하기도 하고, 합병과정에서 수많은 서비스들이 없어지는것을 지켜보기도 했다. 그러나 중요한 것은 그때마다 다시 일어설 수 있었던 의지Grit 를 가지고 있었다는 것이다. "실패해도 괜찮다", "빠르게 전환하면 된다"는 마음가짐을 꾸준히 유지했고, 이는 트레바리를 운영하는 철학에도 고스란히 스며들었다.

트레바리의 독서 모임 방식은 처음부터 쉽지 않은 선택이었다. 단순한 친목 모임이 아니라, 유료 멤버십 구조와 독후감 제출이라는 엄격한 규칙을 도입했다. 누군가에게는 과한 요구처럼 보일 수도 있었지만, 윤 대표는 "친한 것이 장땡이라는 식의 모임은 콘텐츠가 무너지고, 커뮤니티도 허물어진다"는 원칙을 분명히 했다. 느슨한 구조로는 결국 참여도와 대화의 깊이를 유지할 수 없다는 것을 몸으로 배웠기 때문이다.

브랜드 이름 '트레바리'는 순우리말로 '괜히 남의 말에 반대함'을 뜻한다. 다소 부정적으로 들릴 수도 있는 이름이지만, 윤 대표는 여기서 토론의 본질을 발견했다. 서로의 생각에 질문을 던지고, 반박하며, 부딪히는 과정에서 비로소 성장이 가능하다는 것이다. 이름 자체가 곧 철학이 된

셈이다. 무엇보다 윤 대표를 직접 만난 날, 트레바리의 존재 이유를 설명
하는데, 감탄이 나왔다.

"우리는 외로움과 무지와 싸우기 위해 존재합니다."

그는 책을 읽고 토론하는 과정을 단순한 취미가 아니라, 성숙한 인간으
로 성장하고 덜 외로워지는 길이라고 설명했다.

"서울에 있는 젊은 직장인들의 삶을 보세요. 회사와 집만 오가는 일상
에서, 관계의 무게가 특정한 누군가, 예를 들면 여자 친구나 남자 친구
에게만 집중되곤 합니다. 그러다 그 관계가 무너지면 삶 전체가 함께 흔
들립니다. 하지만 건강한 공동체가 있다면, 사람들은 버티는 힘을 얻게
됩니다."

트레바리의 목적은 명확하다. "세상을 더 지적으로, 사람들을 더 친하
게." 단순히 책을 읽는 것에 그치지 않고, 책을 매개로 한 대화를 통해 사
람들이 생각을 확장하고 동시에 새로운 관계를 맺도록 돕는다. 이 비전은
유료 멤버십 구조, 파트너 제도, 아지트라는 물리적 공간까지 브랜드의 모
든 접점에 일관되게 녹아있다. 그런 의미에서 트레바리가 정의하는 브랜
딩은 거창한 캠페인이 아니라, 현장에서의 정렬 alignment 이라고 할 수 있
다. 트레바리는 이렇게, 실패와 실험을 거듭하며 다져진 창업자의 철학 위

에 세워졌다. 혼자서는 하기 어려운 책 읽기를 함께하는 경험으로 바꾸고, 공동체 속에서 개인의 성장을 가능케 하는 것. 그것이 트레바리가 발견한 브랜드의 자리였다.

함께 읽고, 함께 만드는 시스템

트레바리가 단순한 독서 모임을 넘어 브랜드로 자리 잡을 수 있었던 이유는 운영 방식의 차별성에 있다. 겉으로는 '책 읽고 토론하는 모임' 같지만, 안으로 들어가 보면 철저히 설계된 구조와 규칙이 브랜드의 지속성을 지탱한다. 트레바리는 무료로 누구나 들락날락할 수 있는 모임이 아니다. 시즌제로 운영되는 유료 멤버십 기반 구조를 택했으며, 모임에 참여하려면 반드시 독후감을 제출해야 한다. 이 규칙은 사람들에게 "책을 끝까지 읽고, 나의 생각을 정리한다"는 습관을 강제한다. 단순히 돈을 내고 책을 사는 것이 아니라, 책을 읽을 이유를 사는 것이다.

트레바리의 독서 모임은 보통 10여 명 규모의 멤버와 한 명의 파트너로 구성된다. 파트너는 단순한 진행자가 아니라, 토론의 질을 설계하는 기획자다. 발제문을 준비하고, 대화의 흐름을 조율하며, 참여자 모두가 목소리를 낼 수 있도록 균형을 맞춘다. 이후 트레바리는 한 걸음 더 나아가 클럽장 제도를 도입했다. 언론인, 작가, 스타트업 대표 등 각 분야의 전문가가 클럽장을 맡아, 책을 넘어 삶의 경험을 나누는 장으로 확장된 것이다.

또한 트레바리는 서울의 두 곳에 '아지트'라 불리는 공간을 운영한다. 강남, 안국에 위치한 아지트는 단순한 장소 대여가 아니라, 브랜드 경험의 핵심 무대다. 멤버들은 이곳에서 매달 정기적으로 모이고, 책과 대화가 일상이 되는 경험을 공유한다. 공간 자체가 브랜드의 정체성을 시각적으로 구현하며, 멤버에게는 '내가 속한 공동체가 있다'라는 소속감을 심어준다.

트레바리가 강조하는 운영 철학은 "느슨한 연결을 넘은, 진짜 관계"다. 친목 중심의 모임보다는, 콘텐츠와 규칙을 기반으로 한 건강한 관계를 추구한다. 멤버들이 서로 존중하면서도 자유롭게 질문과 반박을 던질 수 있는 구조가 바로 트레바리가 지향하는 토론 문화다.

이 모든 운영 방식은 브랜드 비전과 정렬되어 있다. "세상을 더 지적으로, 사람들을 더 친하게"라는 문장이 단순한 구호에 머물지 않는 이유다. 멤버십 가입 과정, 독후감 제출, 파트너와 클럽장 제도, 아지트 공간, 커뮤니티 운영 규칙등 모든 고객경험이 동일한 방향을 바라본다. 브랜드가 말하는 것과 멤버가 실제로 경험하는 것이 일치할 때, 비전은 구호가 아니라 현실이 된다.

경험이 쌓여 관계가 되고, 브랜드가 된다

트레바리의 가치는 단순히 책을 읽고 토론하는 데 그치지 않는다. 그것은 사람을 변화시키는 경험으로 드러난다. 시즌마다 반복되는 모임 속에서, 사람들은 책을 완독하는 습관을 늘이고, 서로 다른 배경을 가진 사람들과 깊이 있는 대화를 나누며, 점차 자신만의 성장을 체감하게 된다.

나 또한 그 경험 속에서 변화를 겪은 한 명이다. 처음 트레바리에 참여했을 때 나는 한 명의 멤버였다. 회사와 집만 오가는 일상에서 벗어나, 책을 읽고 의견을 나누는 자리가 신선하게 다가왔다. 하지만 첫 모임은 기대만큼 만족스럽지 않았다. 어떤 멤버는 주제랑 상관없는 자기 이야기만 늘어놓았고, 진행자인 파트너는 그 흐름을 잘 다잡지 못했다. 그 순간 나는 결심했다. '다음 시즌에는 내가 직접 파트너가 되어 모임을 이끌겠다'고

간단한 면접을 거쳐 파트너로 활동하게 되면서, 단순히 토론에 참여하는 사람이 아니라, 토론을 설계하는 사람이 되었다. 발제문을 준비하고, 대화를 촉진하고, 다양한 의견이 존중받도록 균형을 잡아야 했다. 이 과정은 쉽지 않았지만, 동시에 가장 보람 있는 일이었다. 매 시즌마다 새로운 멤버들과 함께 책을 읽고, 각자의 삶을 꺼내놓는 과정을 거치면서, 나는 100명이 넘는 사람들과 관계를 맺을 수 있었다. 그중 일부는 지금까지도 소중한 인연으로 이어지고 있다.

시간이 흐른 뒤 나는 트레바리의 클럽장이 되었다. 파트너로 활동하면서도 클럽장이 주도하는 모임들을 여러 차례 보아왔기에, 그 역할이 지닌 무게를 잘 알고 있었다. 대개 스타트업 창업자, 작가, 교수 등 각 분야에서 두각을 나타낸 이들이 맡던 자리였기에, 당시 삼성전자에서 중간 관리자였던 나 스스로가 과연 적합할지 망설이기도 했다. 그러나 곰곰이 생각해 보니, 파트너로서 몇 시즌을 안정적으로 이끌어온 경험과 영국과 중국, 한

국을 오갔던 나의 마케터 커리어는 신규 멤버들에게 새로운 가치를 더할 수 있겠다고 판단했다. 클럽장 발굴이 언제나 쉽지만은 않을 트레바리 입장에서, 스스로 지원하는 것도 충분히 의미 있는 선택이라고 여겨졌다. 결국 용기를 내어 의사를 밝히자, 트레바리 측은 마치 기다리고 있었다는 듯이 따뜻하게 환영해 주었다. 멤버에서 시작해서, 파트너를 거쳐, 클럽장이 된 사례는 최초라고 말씀해 주시면서.

클럽장은 파트너와 함께 클럽을 이끌지만, 역할의 무게가 조금 다르다. 파트너가 매 모임의 운영을 책임지고, 참여자들의 목소리를 균형 있게 끌어내는 사람이라면, 클럽장은 시즌 전체의 방향을 설계하고, 모임에 통찰을 더할 책임을 진다. 어떤 책을 선택하고, 어떤 문제의식을 중심으로 토론을 이어갈지 큰 그림을 그려야 했다. 회사에서는 '리더십'을 업무적 성과로만 경험했지만, 트레바리에서는 지적인 교류와 공동체 경험을 통해 또 다른 리더십을 배울 수 있었다. 사람들을 책과 연결하고, 서로의 경험을 매개로 관계를 만들어주는 과정은 내게도 깊은 성장의 계기가 되었다.

이런 개인적인 경험은 트레바리라는 브랜드가 지닌 임팩트를 단적으로 보여준다. 멤버로 시작해 파트너를 거쳐 클럽장으로 이어지는 과정은 단순한 역할의 변화가 아니라, 참여자가 점점 더 깊이 브랜드의 공동 저자가 되어가는 과정이다. 소비자가 아니라 동료로, 구경꾼이 아니라 공동체의 설계자로 성장하는 경험. 이것이 바로 트레바리가 만들어내는 진짜 가치다. 트레바리의 목적은 수많은 멤버의 개인적 여정 속에서 조용히 증명된다. 그리고 나 역시 그 증거 중 한 사람이다.

트레바리 성장의 다음 장章을 기대하며

트레바리는 빠른 성장 속에서 국내 최대 독서 토론 커뮤니티라는 독보적인 자리를 만들어왔다. 시즌마다 수천 명이 참여하고, 다양한 배경을 가진 사람들이 책을 매개로 관계를 맺는다. 하지만 커뮤니티가 성숙 단계에 접어든 지금, 유지해야 할 과제와 새로운 질문도 함께 나타난다.

무엇보다 중요한 것은 모임의 퀄리티다. 참여자가 늘어나고 클럽장 제도가 확장되면서, 토론의 깊이와 경험의 밀도를 균일하게 지켜내는 일이 점점 더 어려워졌다. 반복되는 운영 방식은 익숙함을 주지만, 동시에 신선함을 잃게 만들 수 있다. 또한 클럽장이나, 파트너의 역량에 따라, 모임의 만족도가 천차만별이라는 비판도 있다. 여기에 더해 최근에는 다양한 취향 기반 유료 커뮤니티들이 생겨나면서, 트레바리가 어떤 차별화된 지점을 꾸준히 만들어갈 수 있을지가 중요한 과제가 되었다.

물리적 공간의 변화도 눈에 띈다. 한때는 네 곳의 아지트를 운영하며 확장을 이어갔지만, 지금은 강남과 안국 두 곳으로 축소되었다. 이를 두고 성장의 속도가 줄어든 것 아니냐는 시선도 있지만, 다른 한편으로는 더 효율적인 운영과 경험의 밀도를 높이려는 전략으로도 읽을 수 있다. 중요한 것은 숫자나 확장 자체가 아니라, 멤버들이 "여기서는 내 이야기를 편하게 할 수 있고, 그 과정에서 성장과 새로움을 찾을 수 있다"라는 감각을 꾸준히 느낄 수 있게 만드는 것이다.

트레바리의 진정한 자산은 규모가 아니라 경험이다. 멤버들은 단순한 소비자가 아니라, 독후감을 쓰고 토론을 만들어가는 공동 저자이자 동료다. 이런 경험이 쌓여 신뢰가 되고, 신뢰가 모여 공동체가 되며, 공동체가 결국 브랜드를 단단하게 만든다. 그렇기에 트레바리는 여전히 한국 유료 커뮤니티의 대표주자로 불릴 만하다. 단순히 책을 읽는 활동을 넘어, 지적 성찰과 인간적 관계를 동시에 만들어내는 브랜드이기 때문이다. 앞으로도 트레바리가 이 본질을 지켜내며 더 많은 사람들에게 의미 있는 공동체를 제공하길 기대한다. 나 또한 트레바리 클럽장으로서 이 과정에 작은 힘을 보태며, 한국 사회의 무지와 외로움의 문제를 개선해 가는 여정에 함께 기여하고 싶다.

트레바리 윤수영 대표와의 인터뷰

1. 트레바리의 목적을 한마디로 소개하신다면

'세상을 더 지적으로, 사람들을 더 친하게' 만드는 것입니다. 다르게 말하면 사회에 지성과 우정이라는 가치를 더하는 것이라고 표현할 수도 있겠습니다.

2. 특별히 최근 브랜드의 목적을 추구하는 데 집중하고 있는 영역이 있으신가요?

특별히 새로운 걸 추구하고 있지는 않습니다. 늘 하던 걸 열심히 하고 있습니다. 좋은 크루/클럽장/파트너를 모시고, 이분들이 트레바리 커뮤니티에서 즐겁고 의미있는 경험을 하실 수 있도록 돕는 것. 기본과 본질에 충실한 것이 늘 가장 중요하고, 가장 어려운 일이라고 생각합니다. 물론 새로운 시도들을 아예 안 하고 있지는 않은데요. 1아지트, 2콘텐츠, 3온라인이라는 세 가지 키워드를 가지고 이것저것 보고 있는 것들이 있습니다. 이 책이 나올 즈음에는 눈에 보이고 손에 잡히는 무언가가 나오면 좋겠네요.

3. 그 목적을 이뤄가는데, 어려움과 도전이 있을텐데, 어떻게 극복 중인지요?

안타깝게도 저는 어려움을 극복하는 뾰족한 수 같은 걸 잘 모르는 사람 같습니다. 그저 이 일을 계속 해야 할 이유를 잊지 않고, 동료들과 우애를 다지며, 실패에서 배우고, 작은 성공을 쌓아가는 수밖에는 없는 것 같습니다. 구체적으로 얘기하면 개인적으로는 잠 잘 자고 운동 꾸준히 하는 게 중요한 것 같고요. 조직적으로는 채용 잘 하고 문화 잘 다지는 게 중요한 것 같습니다.

4. 10년후 트레바리라는 브랜드는 고객들에게, 어떻게 기억되기 원하시나요?

삶에 용기와 위안, 그리고 성장과 설렘을 주는 동반자로 기억되면 좋겠습니다.

뉴닉 NEWNEEK
무지를 캐주얼하게 깨우는 뉴스 미디어

무지를 해결하는 새로운 접근법

트레바리가 자신들의 적을 '무지와 외로움'이라고 정의한 것처럼, 현재 2030세대가 마주한 무지는 정보 부족이 아닌 정보 과잉에서 비롯된다. 넘쳐나는 정보 속에서 '무엇을 알아야 할지 모르는' 혼란, 그리고 어디서부터 시작해야 할지 모르는 막막함이 진짜 문제다. 어쩌면 지금 20~30대는 세상을 더 잘 알고 싶어 하면서도, 그 어디서부터 시작해야 할지 모르는 딜레마 속에 있다.

이러한 막막함과 거리감을 해결하며 등장한 브랜드가 바로 뉴닉이다. "우리가 시간이 없지, 세상이 안 궁금하냐!"라는 메시지로 시작된 이 브랜드는 2030 세대가 세상을 이해하고 연결되는 방식을 근본적으로 재설계해 냈다. 무겁고 딱딱했던 뉴스의 전통적 문법을 버리고, 친근한 소통 방식을 도입했다. 그 접근법에는 명확한 문제의식과 변화에 대한 의지가 담겨 있었다.

이 브랜드는 단순히 시사 정보를 요약해 주는 뉴스레터가 아니다. 뉴닉은 지금 시대를 살아가는 사람들에게 "세상을 더 알고 싶은 욕망"과 "함께 배우고 연결되는 경험"을 제공한다. 뉴스의 무게를 접근가능한 언어로 덜어내고, 정보 격차를 커뮤니티를 통해 해결하려는 이 브랜드는 우리 시대 미디어 혁신의 중요한 사례로 평가된다. 이제 뉴스를 '읽는 것'에서 '경험하는 것'으로 전환시킨 뉴닉의 전략과 그 목적을 살펴보자.

뉴스 접근성에 대한 새로운 해법
: 뉴닉의 시작

"뉴스 좀 읽어야 할 것 같은데… 너무 어렵고 지루해."

바로 이 문장에서 뉴닉의 여정이 시작되었다. 이는 단순한 개인적 불편함이 아니라, 전체 세대가 공유하는 구조적 문제를 가리키는 신호였다. 뉴닉은 2018년 김소연 대표와 빈다은 전 이사 두 사람이 만든 뉴스레터 기반 디지털 미디어 브랜드다. 흥미롭게도 두 창립자 모두 언론사 출신이 아니었고, 저널리즘 교육을 전문적으로 받은 적도 없었다. 당시로서는 상당히 무모한 도전으로 보였다. 하지만 이들이 '뉴스 소비자'로서 직접 느낀 불편함과 거리감, 그리고 이를 해결하고자 하는 명확한 의지가 있었기에, 무모한 도전은, 수많은 고객의 일상을 바꿔내고 있다.

김소연 대표는 2017년 미국 인턴십 기간 중 여성들을 타겟으로 한 뉴스레터 서비스 'theSkimm'을 접하면서 중요한 인사이트를 얻었다. 복잡한 정치, 경제 이슈를 마치 친구가 카톡으로 알려주듯 전달하는 방식을 목격한 것이다. '뉴스가 무조건 어려울 필요가 없고, 권위적인 자세를 취하지 않아도 사람들에게 충분히 의미 있는 영향을 줄 수 있다.'는 깨달음이 바로 행동으로 이어졌다. 한국으로 돌아온 그는 뉴스 소비를 '해야 하지만 못하는' 사람들, 특히 20대들을 위한 새로운 뉴스 서비스 구상에 착수했다. 그 결과 탄생한 것이 "우리가 시간이 없지, 세상이 안 궁금하냐!"라는 슬로건을 내건 뉴닉이다.

브랜드명 'NEWNEEK'은 'News'와 'Unique'의 합성어로, 세상의 정보에 관심이 많고 지적 호기심이 가득한 사람들을 위한 새로운 뉴스 방식이라는 의미를 담고 있다. 뉴스는 어렵고 딱딱하다는 기존 인식에서 벗어나, 누구나 '지적 호기심을 충족할 수 있는' 접근가능하고 즐거운 콘텐츠로 재구성하겠다는 선언이기도 했다.

서비스 형태는 뉴스레터였다. 월·수·금 아침마다 도착하는 간결하면서도 알찬 이메일. 일상적인 톤과 적절한 위트가 담긴 문체, 그리고 무엇보다 '이 뉴스가 왜 중요한가?'를 명확하게 설명해 주는 구성이 특징이었다. 처음에는 1,000명도 되지 않던 구독자 수가 입소문을 타고 늘어났고, 불과 2년 만에 24만 명, 이후 40만 명 이상의 구독자를 확보하게 된다. 그리고 구독자 중 80%가 20대였다. 기존 뉴스 미디어들이 외면하거나 효과적으로 도달하지 못했던 세대가 드디어 세상과 연결될 수 있는 채널을 찾은 것이다.

그렇다면 왜 그렇게 많은 20대가 뉴닉에 반응했을까? 단순히 '뉴스가 짧아서', '친근해서'만은 아니었다. 뉴닉이 진짜 잘한 것은 뉴스를 '읽는 사람'이 아닌, '이해하고 싶은 사람'의 눈높이에서 콘텐츠를 구성했다는 점이다. 마치 "그거 나도 잘 몰랐는데, 이래서 중요한 거래"라고 친근하게 설명해 주는 친구의 역할을 자처한 것이다.

또한 뉴닉은 기사 하나에 담긴 모든 사실을 나열하기보다, "그래서 이게 왜 중요한 거야?"라는 질문에 더 집중했다. 정보의 양보다는 맥락과 연결의 깊이, 그리고 이를 명확하게 짚어주는 설명이 있었다. 사건이 일어난 이유, 그 배경, 우리가 지금 관심을 가져야 할 이유까지 함께 제시하니, 처음엔 낯설던 시사 이야기가 점점 개인의 일처럼 느껴지기 시작한 것이다.

그리고 무엇보다 뉴닉은 전통적인 '뉴스 문체'라는 고정관념을 과감히 버렸다. 어디선가 본 듯한 건조하고 권위적인 문체 대신, 실제로 친구들과 주고받는 메시지 같은 자연스러운 문장들을 사용했다. 이런 톤앤매너의 변화가 뉴닉만의 정체성을 만들어냈고, 독자들은 그 안에서 낯선 세상을 조금 덜 낯설게 받아들이는 힘을 얻었다.

뉴닉은 시사 상식의 진입 장벽을 낮추는 동시에, '나도 세상을 알아갈 수 있다'라는 감정적 자신감을 제공했다. 사람들은 뉴닉을 통해 단순히 정보를 습득하는 것이 아니라, 세상과 연결되고 있다는 실질직 경험을 하게 되었다. 이것이 뉴닉이 단순한 뉴스 요약 서비스가 아닌 하나의 '브랜드'로 인정받게 된 핵심 이유다. 정보 격차로 인해 위축되고 소외감을 느끼는 사람들에게 "괜찮다, 모두 처음이다. 우리 함께 알아가보자"라고 격려하는 뉴스 플랫폼. 그것이 바로 뉴닉이 수많은 20대에게 친구처럼 다가간 방식이었다.

뉴스를 '경험'으로 전환하는 브랜드 전략
: 고슴이와 함께하는 학습 여정

뉴닉을 한 번이라도 구독해 본 사람이라면 알 것이다. 메일함에 도착한 그 뉴스레터가 단순한 '정보전달' 그 이상의 경험을 제공한다는 것을. 그것은 마치 아침에 도착한 개인적인 편지 같고, 밤새 복잡했던 세상을 "내가 정리해 줄게!" 하며 건네는 고마운 친구의 목소리 같다. 정보 과부하에 지친 현대인들에게 이것이 얼마나 큰 위로가 되는지.

이러한 경험을 가능하게 만든 핵심 요소는 고슴이라는 캐릭터다. 둥글둥글하고 귀여운 외형, 위트 있는 말투, 친근하면서도 지적인 태도를 가진 이 캐릭터는 단순한 마스코트를 넘어 브랜드의 철학과 목소리를 직접적으로 구현하는 존재다. 고슴이는 뉴닉이라는 브랜드가 독자들과 어떻게 소통하고 싶은지를 구체적으로 보여준다. 즉, '정보를 일방적으로 전달하는 미디어'가 아니라, '함께 배우며 성장하는 동반자'가 되는 길을 선택한 것이다.

고슴이가 가장 자주 던지는 질문은 "이게 왜 우리한테 중요한가요?"다. 이 질문을 통해 어떤 뉴스든 개인의 삶과 연결 짓는 과정에서 뉴닉의 차별화된 접근법이 드러난다. 경제지표든, 교육정책이든, 환경 이슈든, '우리의 언어로 풀어낸 뉴스'는 곧 '공감의 가능성을 담은 뉴스'가 된다. 이 과정을 통해 독자들은 뉴스를 수동적으로 받아들이는 존재가 아니라, 적극적으로 이해하고 연결하는 주체로 변화하게 된다.

이러한 철학은 시각적 경험 설계에서도 일관되게 나타난다. 뉴닉은 기존 활자 중심의 뉴스에 '색감'과 '구조'를 입혔다. 주황, 파랑, 노랑 등 선명하면서도 친근한 색상 팔레트는 뉴스에 감정과 개성을 부여하는 중요한 도구가 되었다. 또한 글의 양을 최적화하고, '구조화된 요약'으로 맥락을 명확히 보여주는 문단 구성, 그리고 누구나 몇 번의 스크롤만으로 핵심에 도달할 수 있게 설계된 사용자 인터페이스는 바쁜 밀레니얼과 Z세대의 정보 소비 패턴에 정확히 부합하는 리듬을 제공한다.

더욱 인상적인 것은 뉴닉이 콘텐츠를 단순히 '보는 것'에 국한하지 않는다는 점이다. 고슴이를 활용한 다양한 굿즈, 팝업스토어, 오프라인 이벤트, 그리고 숏폼 영상까지. 이런 다채로운 접점들은 독자에게 뉴스 콘텐츠를 오감으로 '체험하게' 만든다. 예를 들어 환경 메시지를 담은 업사이클링 굿즈, "2030세대와 정치 참여"를 주제로 한 체험형 팝업, 그리고 독자가 직접 고슴이와 소통할 수 있는 다양한 오프라인 활동까지. 이 모든 확징 활동은 뉴닉이 단순한 '뉴스 미디어'가 아니라 '세상을 함께 배우는 커뮤니티'라는 정체성을 더욱 강화한다.

결국 뉴닉의 브랜드 디자인은 '심리적 거리'를 좁히기 위한 전략적 도구다. 뉴스는 멀고 어렵고, 때로는 부담스럽다는 기존 인식 속에서, 뉴닉은 고슴이라는 친근한 인터페이스를 통해 "이것도 우리에게 이런 의미가 될 수 있어요"라고 부드럽게 다가온다. 이렇게 뉴닉은 디자인을 '접근성을 높이는 도구'로 활용하여 세상과 개인 사이의 거리, 정보와 이해 사이의 거리, 미디어와 독자 사이의 거리를 체계적으로 좁혀가고 있다.

정보를 넘어선 연결
: 커뮤니티가 브랜드가 되는 과정

뉴닉의 진정한 경쟁력은 어디서 나오는 것일까? 바로 '뉴니커'라고 불리는 독자들과 그들이 형성하는 커뮤니티에 있다. 뉴닉은 처음부터 콘텐츠를 '일방향으로 전달'하는 전통적 미디어 모델이 아닌, '쌍방향으로 소통하며 함께 성장하는' 커뮤니티 모델을 지향했다. 그래서 뉴스레터를 발송하는 것에 그치지 않고, 그것을 읽는 사람들과 다양한 접점에서 지속적으로 연결된다. 고슴이를 중심으로 한 특유의 말투~~슴, 오프라인에서 만날 수 있는 다양한 굿즈, 인터렉티브 요소를 살린 콘텐츠까지, 이 모든 요소가 브랜드와 독자 사이의 심리적 거리를 줄이는 역할을 한다.

뉴닉이 특별히 중요하게 여기는 또 하나의 가치는 '지속 가능성'이다. 이를 위해 단순한 환경친화적 메시지를 넘어, 사회의 다양한 사각지대에 있는 사람들을 포용하는 콘텐츠로 지속해서 확장했다. 성소수자 인권, 청년 정치 참여, 난민 문제, 기후 변화 등 때로는 민감할 수 있는 이슈들도 적극적으로 다루되, 혐오나 갈등을 조장하지 않고 공감과 학습의 언어로 접근하는 방식을 선택했다. 이때 고슴이라는 '중립적이면서도 친근한 매개체'가 다시 한번 중요한 역할을 발휘한다. 복잡하고 어려운 주제를 다룰 때조차도 뉴닉은 특유의 호기심 어린 태도로 질문한다. "그건 왜 그런 걸까요?" 그리고 독자들도 자연스럽게 함께 탐구하는 자세를 취하게 된다. "그러게요, 함께 알아봅시다."

또한 뉴닉은 정보전달을 넘어 실질적인 행동 변화를 유도하는 데에도 관심을 기울인다. 단순히 "이런 문제가 있어요"라고 알려주는 것에 그치지 않고, "그렇다면 우리는 어떻게 할 수 있을까요?"라는 질문으로 이어간다. 투표 참여 독려, 친환경 생활 실천, 사회적 약자를 향한 관심 등 구체적인 실천 방안을 함께 제시함으로써 정보 소비를 사회 참여로 연결시키는 역할을 한다. 이러한 접근 방식을 통해 뉴닉은 뉴스를 통해 지식을 전달하고, 브랜드를 통해 감정적 유대를 형성하며, 커뮤니티를 통해 실질적인 변화를 이끌어내는 새로운 형태의 미디어 플랫폼으로 자리잡아가고 있다.

뉴스 소비를 넘어선 호기심의 재발견

"우리가 시간이 없지, 세상이 안 궁금하냐?" 이 문장은 단순한 마케팅 슬로건이 아니라 뉴닉이라는 브랜드의 핵심 철학이자 실행 원칙 그 자체이다. 기존 언론의 관습적 문법에 얽매이지 않고, 젊은 세대의 소통 방식과 학습 패턴에 맞춰 세상을 해석하는 브랜드. 뉴스를 단순히 읽는 행위를 넘어서, 뉴스를 경험하고, 뉴스를 통해 소통하고, 뉴스로 연결되는 전체 과정을 새롭게 설계하는 브랜드가 바로 뉴닉이다. 뉴스를 멀리했던 이들이 어느새 "이제 나도 이 분야에 대해서는 꽤나 이해를 하고 있다구"라고 자신 있게 말할 수 있게 된 현상은 단순한 미디어 소비 패턴의 변화가 아니다. 이는 정보에 대한 접근 방식 자체가 바뀔 수 있음을 보여주는 중요한 사례다. 그런 의미에서 뉴닉이 만들어낸 변화는 결국 '뉴스를 읽게 만든' 것이 아니라 '세상에 대한 호기심을 되살린' 것이라고도 해석해 본다.

하지만 뉴닉의 접근법에도 한계는 분명히 존재한다. 친근함과 접근성을 강조하다 보면 복잡한 이슈의 미묘한 측면들이 단순화될 위험이 있고, 특정 연령대와 성향에 특화된 만큼 더 넓은 대중에게 확장하기에는 제약이 따른다. 또한 뉴스의 깊이와 접근성 사이의 균형을 지속적으로 유지하는 것도 중요한 과제로 남아 있다. 그럼에도 뉴닉이 증명한 가능성은 분명하다. 정보 전달 방식의 혁신을 통해 소외되었던 세대를 적극적인 뉴스 소비자로 전환시킬 수 있다는 것, 그리고 미디어가 단순한 정보 제공자를 넘어 사회적 연결고리이자 학습 커뮤니티의 중심 역할을 할 수 있다는 것이다.

뉴닉의 사례는 브랜드 소통이 어디에서 출발해야 하는지를 분명하게 보여준다. 중요한 것은 무엇을 말하느냐보다, 누구의 관점에서 어떻게 말하느냐다. 기존의 관습이나 업계의 문법이 아니라, 타겟 독자가 실제로 정보를 소비하고 이해하는 방식을 기준으로 경험을 다시 설계할 때 브랜드는 차별화와 지속 가능한 성장을 동시에 만들어낼 수 있다. 뉴닉은 그 가능성을 가장 현실적인 방식으로 증명한 사례다.

뉴닉 김소연 대표 인터뷰

1. 뉴닉의 목적을 한마디로는 어떻게 설명할 수 있을까요?

사람들이 자신의 삶에 갇히기보다 내가 속한 세상을 둘러보고 외롭지 않게 살아갈 수 있게 돕는 것. 뉴닉은 뉴닉 이전에 뉴스를 보지 않았던 독자들의 사랑을 많이 받고 있습니다. 뉴스가 어려워서, 시간이 없어서, 마음이 불편해서 등 여러 이유로 뉴스와 멀어지셨던 분들은, 결국 자신을 둘러싼 세상과 사회의 맥락과도 멀어지면서 고립되고 소외되는 느낌을 받으셨을 거예요. 뉴닉을 통해 더 쉽고 재밌게 세상과 연결되는 일이 결국은 개개인들이 덜 외롭도록 돕고, 너와 내가 서로를 이해할 수 있는 토대가 되어, 다정한 세상을 만드는 것이 목적입니다.

**2. 그 목적을 이뤄가는데, 여러 가지 어려움이 있었을 텐데,
어떻게 극복 중이신가요?**

AI 시대에 뉴닉이 처음 사랑받았던 뉴닉만의 큐레이션과 콘텐츠 스타일은 금방 대체될 수 있다고 생각해요. 사용자들이 어떤 정보를 습득하고 읽는 행동에서 경쟁한다면 조사와 편집에 능한 AI 서비스와의 경쟁에서 이길 수 없습니다. 그러므로 대체될 수 있는 영역을 인정하고 에디터의 컨텐츠 제작 과정에서 적극 AI 사용을 장려하며, 대체될 수 없는 소비 경험을 개발하는 것이 중요합니다. 뉴닉은 사용자들이 즐길 수 있는 참여거리를 통해 커뮤

니티를 공고히 하고, 참여를 통해 더 많은 고객데이터를 수집해서 비즈니스를 더 강화하고, 더 차별화된 경험에 투자할 예정입니다.

3. 앞으로 10년후 뉴닉은 어떤 브랜드로
소비자의 마음에 자리매김하고 싶으신가요?

가장 자리매김하고 싶지 않은 한마디는, "한때 유행이었던 젊은 미디어"입니다. 그걸 뒤집으면, '반짝하고 등장했지만 결국 주류가 된 비주류 출신의 미디어' 같은 말이 될 것 같아요. 뉴닉은 뉴스 시장에서 소외되었던 젊은 세대를 그들의 입장에서 공감하면서 그들의 성장을 돕는다는 태도로 콘텐츠를 전달하여 사랑받았고, 그 자세를 잃지 않는다면 젊은 세대가 기성세대가 되면서 결국은 미디어 시장의 손에 꼽게 중요한 선택지가 될 거라고 생각해요. 지금은 뉴미디어로 불리지만 유명 신문사와 어깨를 나란히 하는 미디어 회사가 되기를 바랍니다.

5

트리플래닛 Tree Planet
모두를 위한 나무 심기, 지구를 위한 손쉬운 행동

나무 심기의 재정의

최근 여름 폭염과 건조한 겨울철 경북·강원도 지역 산불을 겪으면서, 우리나라 많은 사람들이 환경 문제를 진짜 '우리 일'로 받아들이기 시작했다. 그런데 환경 보호를 위해 무엇을 해야 할까 생각해보면, 재활용 참여나 쓰레기 줍기 같은 일상적 실천만 떠올리게 된다. 하지만 정말 효과적인 환경 보호를 위해서는 나무를 직접 심는 것이 필요하지 않을까?

예전에는 4월 5일 식목일이면 전국 학생들이 모두 나가서 나무를 심던 시절이 있었다. 하지만 이제 식목일은 공휴일도 아니고, 환경 보호를 위한 '나무 심기'는 일상에서 상당히 먼 일이 되어버렸다. 사람들 대부분이 그 필요성에는 공감하지만 실제 참여는 어려운, 추상적인 실천 과제가 된 것이다. 당장 어디에 가서 심을 수 있는지, 어떤 나무를 어떤 과정을 거쳐 심어야 하는지에 대한 구체적인 방법을 모르기 때문이다.

트리플래닛은 바로 이 지점에서 출발한 브랜드다. 세상 모든 사람이 나무를 심는 방법을 만든다. "Plant for all"이라는 미션 하에, 환경 실천의 진입 장벽을 낮추고 참여 방식을 다양화하는 데 집중해 왔다. 단순히 묘목을 공급하거나 환경 캠페인을 진행하는 것이 아니라, '나무를 심는 경험' 자체를 새롭게 설계한 것이다.

스마트폰 게임에서 시작해 기념 숲 조성, 교실 숲, 반려나무 입양까지 확장해 온 트리플래닛의 행보는 환경 브랜드가 어떻게 사회적 참여를 끌어낼 수 있는지를 보여주는 구체적 사례다. 지금까지 전 세계 12개국에 116개의 숲을 조성하고 80만 그루의 나무를 심은 성과는 단순한 숫자가 아니라, 개인의 환경 의식을 집단의 실천으로 전환시킨 플랫폼의 힘을 증명한다. 브랜드가 '소비'를 넘어 '참여'를 끌어내고, 환경과 인간의 관계를 새롭게 정의한다는 것. 그것이 바로 트리플래닛이 만들어낸 혁신의 본질이다.

참여 모델의 혁신
: 트리플래닛의 시작과 전략

대학시절 환경 다큐멘터리 감독을 꿈꾸던 한 청년이 있었다. 그저 다큐멘터리를 찍는것을 넘어, 세상을 바꾸고 싶었고, 그러기 위해서는 지구의 위기를 생생히 알려야 한다는 사명감에 불타 있었던 김형수 대표. 북극의 빙하가 녹고 멸종 위기 동물이 늘어나는 뉴스를 볼 때마다 그는 카메라를 들었다. 하지만 촬영을 마치고 돌아온 일상에서 그는 잊지 못할 깨달음을 얻게 된다. 영상을 본 사람들이 "좋은 이야기야"라고 말은 하지만, 그 누구도 행동하지 않는다는 사실이었다. 사람들은 울고, 공감하고, 박수까지 쳤지만, 그 다음 날 일회용 컵을 쓰고 비닐봉지를 들었다. "생각에 그치지 않고, 행동을 끌어낼수 있는 방법은 없을까?" 김형수는 그 고민 끝에 방향을 틀었다. 메시지를 전하는 데 머무르지 않고, 사람들이 쉽게 행동할 수 있도록 만드는 무언가가 필요했다. 행동을 끌어내는 데 가장 효과적인 건, 어쩌면 게임이 아닐까? 사람들이 시간 가는 줄 모르고 몰입하고, 무의식적으로 반복하는 활동 말이다.

2010년, 김형수 대표는 뜻이 맞는 친구들과 함께 '트리플래닛'이라는 회사를 창업한다. 그들의 첫 번째 프로젝트는 한 모바일 게임이었다. 얼핏 보면 단순한 나무 키우기 게임처럼 보였지만, 이 게임은 한 가지 놀라운 구조를 품고 있었다. 게임 속에서 사용자가 나무를 정성껏 키우면, 기업의 광고 수익을 통해 실제 몽골 사막에, 진짜 나무가 심어지는 방식이었다. 이 게임은 사용자들에게 '나는 단지 게임에서 나무를 키웠을 뿐인데, 지구 어딘가에 진짜 숲이 생겼다'는 기쁨과 보람을 선사했다. 김형수 대표는 이를 "재미가 행동을 만든다"는 철학의 실험이라 불렀다. 그리고 이 실험은 생각보다 훨씬 강력한 힘을 발휘했다. 다큐멘터리로는 바꿀 수 없었던 행동을, 게임은 자연스럽게 끌어냈다.

이러한 접근법은 단순한 기술적 실험이 아니라 환경 실천에 대한 근본적 관점 전환을 의미했다. 환경 보호를 '해야 하는 일'에서 '하고 싶은 일'로 바꾼 것이다. 기존의 환경 단체들이 주로 문제의 심각성을 알리거나 기부를 요청하는 방식이었다면, 트리플래닛은 '참여의 재미'부터 설계했다. 게임 사용자들은 의도하지 않았지만 환경 보호에 기여하게 되었고, 이 과정에서 환경 문제에 대한 관심과 효능감을 동시에 얻을 수 있었다. "나도 환경을 위해 무언가 할 수 있구나"라는 감정적 변화가 일어난 것이다.

참여자 확장과 사회적 임팩트
: 트리플래닛의 프로젝트 다변화

트리플래닛의 성장 과정에서 주목할 점은 단계적 확장 전략이다. 게임이라는 개인적 경험에서 시작해 점차 집단적이고 사회적인 프로젝트로 영역을 넓혀간 것이다.

"이 숲은 시간이 갈수록 더 굳세지고 장대하게 자라

약해지거나 잊히지 않을 것입니다."

2016년 4월, 세월호 2주기를 앞둔 전남 진도군 임회면 '백동 무궁화동산'에서 할리우드 배우 고 오드리 헵번의 손녀 에마 캐슬린 페러가 막 새

싹이 움트는 은행나무 숲을 바라보며 한 말이다. 팽목항에서 4.16km 떨어진 이곳에 조성된 '세월호 기억의 숲'은 트리플래닛이 사회적 기억과 환경 실천을 연결하는 방식을 보여주는 가장 깊이 있는 사례다. 3000㎡ 크기의 이 숲에는 세월호 희생자들을 추모하는 의미로 은행나무 306그루가 심어졌다. 가을이면 잎이 노랗게 물들어 희생자들을 기억하게 하는 은행나무의 선택에도 깊은 의미가 담겨 있었다. 은행나무는 수명이 길고 강인한 생명력을 가진 나무로, 시간이 지나도 변하지 않는 기억의 의지를 상징한다. 이 프로젝트는 오드리 헵번의 아들 션 헵번 페러의 제안으로 시작되었다. 아동인권과 빈곤 해결에 앞장서 온 어머니의 뜻을 잇기 위해 '오드리 헵번 어린이재단'을 설립한 그는 "나무를 심어 울창한 숲을 만들어 희생자를 추모하고 유가족과 실종자 가족들을 위로하며, 이와 같은 일이 다시는 반복되지 않기를 바란다"는 메시지를 전했다.

특히 주목할 점은 이 프로젝트가 보여준 시민사회의 자발적 참여였다. 헵번 가족이 오천만 원을 기부했지만, 나머지 비용은 온전히 크라우드펀딩으로 마련되었다. 2015년 4월 10일부터 5월 15일까지 35일 동안 진행된 온라인 모금에는 2,985명이 참여해 목표금액 1억 원의 두 배가 넘는 2억 1,200만 원이 모아졌다. 이는 단순한 기부를 넘어 집단적 기억과 애도의 의지가 구체적 행동으로 전환된 순간이었다. 세월호 기억의 숲에는 숲 자체만이 아니라 '세월호 기억의 벽'도 함께 조성되었다. 이 기억의 벽에는 희생자와 실종자 304명의 이름, 그리고 희생자 가족과 생존자들이 직접 작성한 메시지가 새겨져 있다. 살아있는 나무와 영원한 돌이 함께 어우러져 기억을 지속시키는 복합적 추모 공간이 완성된 것이다. 이처럼 세월호 기억의 숲은 단순한 추모 공간을 넘어 사회적 치유와 연대, 그리고 재발 방지에 대한 의지를 담은 살아있는 기념물이 되었다. 매년 가을, 노랗게 물드는 은행잎들은 그날을 기억하게 하고, 봄마다 돋아나는 새싹들은 희망을 이야기한다.

비슷한 철학으로 일본군 위안부 피해자를 위한 '소녀들을 기억하는 숲', 연평해전 전사자를 위한 '영웅의 숲' 등도 조성되었다. 각각의 숲은 해당 사건의 성격과 의미에 맞는 나무 종류와 조성 방식을 선택하여, 획일적이지 않은 고유한 추모의 형태를 만들어냈다. 이러한 프로젝트들이 증명한 것은 환경 실천이 생태적 복원을 넘어 사회적 기억과 윤리적 실천을 포함할 수 있다는 가능성이다. 나무를 심는다는 행위가 때로는 깊은 애도의 표현이 되고, 때로는 다시는 잊지 않겠다는 다짐이 되며, 때로는 더 나은 사회를 만들어 가겠다는 연대의 약속이 될 수 있음을 보여준 것이다. 그리고 이 모든 과정에서 트리플래닛은 단순한 나무 심기 서비스 제공자가 아닌, 사회적 기억을 지속시키는 의미 있는 파트너 역할을 해냈다.

트리플래닛의 가장 체계적이면서도 지속가능한 프로젝트 중 하나는 바로 '학교 생태숲'이다. 2023년부터 본격적으로 시작된 이 프로젝트는 단순한 나무 심기를 넘어 도심 속 생물다양성 보전과 환경교육을 동시에 실현하는 혁신적 접근법을 보여준다. 학교 생태숲의 가장 큰 특징은 기존 학교 공간의 창의적 활용이다. 운동장 한 편의 유휴부지, 정문 앞 아이들 발길이 잘 닿지 않던 구석, 평범했던 화단까지 모든 공간이 생태계 복원의 가능성을 품고 있었다. 서울상원초등학교의 경우 운동장 구석의 버려진 공간이 아이들이 자연을 관찰하고 학습할 수 있는 살아있는 교실로 변신했다. 서울용마초등학교에서는 평범했던 화단에 우리나라 자생식물과 산림청 지정 멸종위기종이 자리 잡으면서 더욱 특별한 생태계를 형성했고, 동시에 텃밭 활동까지 가능한 복합적 교육 공간이 조성되었다.

더욱 주목할 점은 이 프로젝트가 보여주는 체계적인 전문성이다. 학교마다, 유휴부지의 위치마다 환경이 다르므로 전문가가 환경에 알맞은 수종을 선정하여 숲을 조성한다. 그럼에도 모든 학교에 공통으로 심어지는 식물들이 있다. 바로 '금꿩의다리'와 '섬초롱꽃'이다. 두 식물 모두 우리나라 자생식물이면서 양지의 광량을 요구하지만 반음지에서도 잘 버틸 수 있는 특징을 가졌다. 여름부터 가을까지 아름다운 꽃을 피워내어 계절의 변화를 아이들이 직접 관찰할 수 있게 한다. 2024년 한 해 동안 조성된 8개의 학교 생태숲에서 나타난 변화는 놀라웠다. 학교 생태숲이 조성된 학교 아이들을 대상으로 한 만족도 조사 결과, 94% 이상의 아이들이 학교 생태숲을 통해 자연과 더 가까워졌다고 응답했다. 한 선생님은 "이미 아이들과 교직원들이 생태숲을 산책하며 휴식 시간을 보내고 있어요. 학교 전경이 환해졌고, 다양한 자생식물들이 생태 전환 교육이나 과학 수업에 좋은 수업자료가 될 것 같아요. 아이들은 씨앗을 채취해서 다른 곳에 심어보고 싶다고도 하네요"라며 소감을 전했다. 단순한 환경 개선을 넘어 아이들이 환경 리더로 성장하는 구체적 변화가 일어나고 있는 것이다.

트리플래닛의 또 다른 주목할 만한 교육 프로젝트는 'Remember Me'

캠페인이다. 이는 단순한 나무 심기를 넘어 생물다양성 보전과 멸종 위기 식물에 대한 사회적 관심을 높이는 전문적인 보전 활동이다. 이 캠페인의 진짜 힘은 멸종 위기의 식물들을 아이들의 손을 통해 가정으로, 일상 속으로 자연스럽게 스며들게 한다는 점이다. 실제로 나를 포함한 많은 부모가 아이가 학교에서 가져온 작은 화분을 통해 처음으로 파초일엽이라는 이름을 알게 된다.

파초일엽은 일제강점기부터 관심이 필요한 수종으로 기록되었고, 1962년 파초일엽이 자생하는 제주도 섶섬이 천연기념물로 지정되었지만, 파초일엽은 이미 자취를 감춘 상태였다. 1996년에는 환경부가 파초일엽을 공식 멸종 식물로 발표하기도 했다. 그런데 제주도 섶섬 주변의 한 주민이 개인적으로 자생 파초일엽을 키우고 있었다. 이 파초일엽 개체를 수목원이 받아 대규모 증식과 보전이 이루어져 지금까지 파초일엽이 멸종하지 않고 보전됐다. 현재 파초일엽은 환경부 지정 멸종위기 야생생물II급으로 분류되어 포항의 기청산식물원이 서식지 외 보전기관으로서 전문적인 증식과 관리를 담당하고 있다. 트리플래닛은 기청산식물원과 협력하여 파초일엽을 전문적으로 길러내어 시민사회와 학교, 보전림 등을 조성함으로써 멸종 위기에서 파초일엽이 벗어날 수 있도록 적극적으로 활동하고 있다. 이 과정에서 환경부가 발급하는 인공증식증명서를 통해 개체 수와 보전 주체를 체계적으로 관리하는 전문성을 보여준다.

Remember Me 캠페인은 "가치가 부여된 식물은 절대 멸종하지 않는다"라는 철학하에 자생식물과 멸종 위기 식물의 가치를 발굴하고 알리는 일을 지속하고 있다. 아이들이 집으로 가져간 작은 화분 하나하나가 멸종 위기 식물에 대한 사회적 관심을 확산시키는 씨앗이 되는 셈이다. 이는 단순한 환경보호를 넘어 생물다양성에 대한 사회적 인식 개선과 구체적 보전 활동을 연결하는 트리플래닛만의 차별화된 접근법이다.

씨앗부터 숲까지, 지속가능한 생태계를 설계하다

게임에서 시작해 기념 숲과 학교 생태숲까지, 트리플래닛은 '참여'라는 키워드로 환경 실천의 문턱을 낮춰왔다. 하지만 기후 위기가 본격화되고 생물다양성 감소가 가속화되면서, 트리플래닛은 또 다른 차원의 도전에 직면하게 된다. 단순히 나무를 심는 것을 넘어, 어떤 나무를 어디에 심어야 하는지, 그리고 그 나무들이 어떻게 미래 세대에게 진정한 가치를 전해줄 수 있는지에 대한 근본적 질문들이었다.

"기후 환경으로 산불이 일상화될 것 같아요"

비콥의 숲 조성을 위해 찾은 식목 행사에서 만난 김형수 대표가 한 말이었다. 그의 예언대로, 실제로 최근 들어, 우리나라를 넘어, 지구상에서 훨씬 잦은 산불이 지속적으로 발생하고 있다. 그리고 산불은 한 번 나면 그 산천에 다시 들어가 복구하기 위해 2~3년은 기다려야 한다고 한다. 토양이 산성화되어 유기양분이 적기 때문이다. 그래서 굴착기로 토양을 뒤 엎고, 재로 변한 고사목은 잘라내는 과정을 겪지만, 우리나라는 기본적으로 묘목이 부족해서 산림 복구에 어려움이 크다고 한다. 이런 현실 앞에서 트리플래닛이 내린 결론은 명확했다. 단순히 나무를 심는 것이 아니라, 씨앗부터 숲까지의 전 과정을 체계적으로 설계해야 한다는 것이었다. 양질의 묘목 생산이 충분하지 않다는 문제의식으로 트리플래닛은 이천에 '포레스트 벤처스'라는 농업회사 법인을 설립하여 묘목 연구와 생산을 시작하였다. 수목 관련 전공자들로 구성된 포레스트 벤처스는 좋은 품종, 새로운 품종을 두루 연구하고, 묘목을 더 많이 생산하여 필요한 곳에 공급할 수 있는 밸류체인을 개발하고 있다.

감사하게도 한번 방문할 기회가 있었는데, 특히 에어돔에 들어서던 순간이 잊히지 않는다. 외부 공기와 차단된 이 공간에서 수많은 어린 묘목들이 조용히 숨 쉬고 있는 모습을 보니, 마치 노아의 방주에 들어가는 것 같은 엄숙함과 경외감이 밀려왔다. 기후위기라는 거대한 홍수 앞에서, 이곳은 미래를 위한 생명의 씨앗들을 지켜내는 현대판 방주처럼 느껴졌다. 양묘장을 방문하여, 밀원수종인 오동나무의 과학적 육묘 과정을 직접 견학하였는데, 이곳이 생물다양성을 실현하는 국내 최대 규모의 밀원수정 묘목 생산지라고 했다. 오동나무, 피나무, 밤나무 등 꿀벌을 위한 밀원수종을 포함한 다양한 수종이 이곳에서 재배되고 있으며, 국립산림과학원 등 공공기관과의 협업을 통해 생태 기여도가 높은 품종 개발에도 주력하고 있다.

포레스트 벤처스에는 세 가지 핵심 기술 인프라가 구축되어 있다. 첫째는 유전자 연구로, 유전 형질을 분석해 나무가 튼튼하게 자라고 꿀벌이 많은 꿀을 얻을 수 있는 우수한 품종을 선별한다. 둘째는 조직배양으로, 생물체의 일부를 채취해 무균 상태에서 증식하는 방식이며 기존 파종보다 생존률과 생산성이 높다고 한다. 마지막으로는 에어돔 공간에서 외부 환경 적응력을 높이는 순화 처리를 거쳐 노지에 식재할 수 있는 묘목을 생산한다. 이러한 기술을 통해 생산된 고품질 묘목은 협력 농가에 전달되어 최종 출하 전까지 재배된다. 이러한 묘목은 강원 양양, 울진, 홍천 등지의 산불 피해지에 식재되고 있다고 하는데, 다음에 기회가 있다면, 직접 산불 피해지에 방문하여, 함께 식목활동을 해볼 날을 꿈꿔본다.

미래를 위한 설계도

지금부터 수십 년 뒤에, 세상에 어떤 기여를 했는지 돌아볼 수 있는 사람이 얼마나 있을까? 하지만 등 뒤로 함께 만든 숲을 올려다볼 수 있다면, 한 손에 들리던 묘목이 끝을 볼 수 없게 키 큰 나무로 자라, 그 위용 안에서 맑은 숨을 쉴 수 있다면. 포레스트 벤처스의 양묘장에서 자라고 있는 수많은 묘목을 보며 드는 생각은, 이것이 단순한 나무 생산 시설이 아니라는 것이었다. 이곳은 기후 위기 시대를 대비한 생태적 백업 시스템이자, 미래 세대를 위한 녹색 인프라의 설계도라는 생각이 들었다. 게임 속 가상의 나무에서 시작된 트리플래닛의 여정이, 이제는 진짜 씨앗부터 거대한 숲까지의 전 과정을 아우르는 생태계 혁신으로 완성되어 가고 있다. 김형수 대표가 "재미가 행동을 만든다"라는 철학으로 시작했던 실험이, 이제는 "과학으로 미래를 대비한다"라는 더 큰 비전으로 진화했다. 하지만 그 중심에는 여전히 사람들이 쉽게 참여할 방법을 만들겠다는 초심이 그대로 살아 있다. 다만 이제 그 참여의 결과가 훨씬 더 체계적이고 지속가능한 형태로 지구에 기여하게 될 뿐이다.

화마가 할퀴고 지나간 자리는 아직도 매캐한 냄새로 가득해 보인다. 하지만 이제 그 자리에 심어질 나무들은 더 이상 운에 맡겨지지 않는다. 과학적으로 설계되고, 체계적으로 생산되며, 지속가능하게 관리될 것이다. 트리플래닛이 만들어가는 미래는, 게임에서 시작된 작은 아이디어가 어떻게 지구 전체의 생태계를 바꿀 수 있는지를 보여주는 거대한 실험이 되어가고 있다.

김형수 대표와의 인터뷰

1. 트리플래의 목적을 한마디로 표현한다면요?

"트리플래닛은 '세상 모든 사람이 나무를 심을 수 있는 방법을 만든다'라는 목적으로 시작했습니다. 가능한 모든 사람이 나무를 심은 사람이 될 수 있도록, 또 가능한 많은 기업이 자연환경 보전에 기여할 수 있도록 그래서 인류의 다음 세대가 초록별 지구를 물려받을 수 있도록 숲이라는 세상에서 가장 가치있는 상품을 만드는 기업이 되고자 합니다. 그렇기에, 숲을 조성하고, 기업들과 ESG 협업을 하고, 또 아이들과 함께하는 교육 프로젝트까지, 나무를 통해 다양한 사회적 가치를 만들어가고 있습니다. 최근에는 특히 산불 피해 복구와 학교 생태숲 조성에 집중하고 있어요. 산불은 요즘 사회가 직면한 재난 중에서도 가장 직접적이고 광범위한 피해를 주는 문제잖아요. 그래서 단순히 복구를 넘어, 기술적인 접근으로 근본적인 해결책을 찾고 있습니다. 예를 들어, 불에 강한 수종을 심거나, 수분 함량이 높은 밀원수를 중심으로 숲을 조성해서 스스로 회복하고 순환할 수 있는 생태계를 만드는 거죠. 또 한쪽에서는 학교 생태숲 프로젝트를 하고 있습니다. 이건 단순히 나무를 심는 활동이 아니라, 미래 세대가 환경 문제를 직접 느끼고 배울 수 있는 교육의 장이에요. 기성세대가 누려온 환경의 부담을 다음 세대가 고스란히 짊어지는 구조를 바꾸려면, 아이들이 어릴 때부터 문제를 인식하고 스스로 해결의 주체가 되는 경험이 꼭 필요하다고 생각합니다.

2. 그 비전을 실현하는 과정에서 어떤 어려움이 있었고, 어떻게 극복하고 있나요?

환경 문제는 사실 한국만의 과제가 아니라 전 지구적인 이슈라고 생각합니다. 그래서 저희는 국내 활동에만 머물지 않고, UNCCD 유엔 사막화방지협약 같은 국제 무대에서도 '기업이 기후 문제 해결에 어떻게 기여할 수 있을까?'라는 질문을 계속 던지고 있습니다. 물론 현장에서는 한계도 많습니다. 하지만 동시에 기술과 파트너십 덕분에 새롭게 열리는 가능성도 커요. 예를 들어 드론으로 산불 피해 지역을 모니터링하거나, 스위스 NGO가 제공하는 위성 데이터를 활용해서 사막화가 얼마나 빨리 진행되는지를 추적하기도 합니다. 결국 답은 '혼자가 아닌 함께'인 것 같아요. 기업, 정부, 그리고 시민이 같은 방향을 바라보고 움직일 때 비로소 진짜 변화가 현실이 된다고 믿습니다.

3. 앞으로 10년 후, 트리플래닛은 어떤 기업으로 자리매김하고 싶으신가요?

나무를 심는 문화를 만드는 브랜드가 되고 싶어요. 커피를 마시는 게 하나의 문화가 된 것처럼, 나무를 심는 일도 사람들의 일상에 자연스럽게 스며들길 바랍니다. 그래서 여러 가지 시도를 하고 있습니다. 게임처럼 쉽게 참여할 수 있는 플랫폼을 만들고, 팬클럽이 좋아하는 스타의 이름으로 숲을 조성할 수 있게 돕고, 학교에 숲을 만들어주는 프로젝트나, 개인이 집에서 반려식물을 들일 수 있는 프로그램도 운영하고 있어요. 이 모든 활동의 중심에는 결국 '시민의 변화'가 있습니다. 저희는 정부나 기업의 힘보다, 시민 한 사람 한 사람의 행동이 세상을 바꾼다고 믿습니다. 그래서 트리플래닛은 그 변화를 옆에서 돕는 조력자이자, 그 에너지를 지속가능한 문화로 이어주는 촉매제가 되고 싶습니다.

6

멜릭서 Melixer
아름다움의 기준을 비건으로 재정의하다

멜릭서를 처음 만난 건, 비콥 행사에서였다. 국내 최초 비건 화장품을 개발하고, 국내 화장품 업계 1호 비콥 기업이라는 소개 이후, 그 철학을 만들어 가는 이하나 대표의 발표가 굉장히 인상적이었다. 발표가 끝난 후에도 그 열정과 메시지가 마음 한구석에 남아서, 발표 후에 이하나 대표를 만나 "너무 멋있었다"라고, 수줍게 응원의 메시지를 보냈던 게 기억에 남는다. 그리고 그때 샘플로 주신 선크림을 집에 가서 써보면서, 이 멜릭서라는 브랜드에 대한 관심은 점점 더 확신으로 바뀌어갔다.

피부에서 시작된 질문들

이하나 대표는 멜릭서를 창업하기 전부터 뷰티 업계에서 다양한 경험을 쌓았다. 뷰티 커머스 스타트업에서 인턴 디자이너로 입사했는데, 3년 만에 글로벌 사업부장으로 승진한 일화는, 라이징 스타가 많은 스타트업 신에서도 꽤나 유명한 사례라고. 해당 스타트업이 와이컴비네이터 Y Combinator 의 투자를 받으며, 꿈에 그리던 실리콘 밸리에서 근무하게 되었는데, 이때부터 미국 고객들이 유독 한가지 질문을 계속 하는 것에 주목했다고 한다. "이 제품은 동물 실험을 했나요?"

우연이었을까? 이때쯤부터 이하나 대표의 피부에 문제가 많이 생겼다. 뷰티 회사에 다녔기에, 여러 좋다는 제품을 테스트해 보고, 피부과에도 다녀봤지만, 큰 차도가 없었다. 결국 사용하던 모든 제품을 중단하고 식물성 화장품만 사용하는 극단적인 처방을 스스로에게 내렸고, 이 경험을 통해, 식물성 화장품이 자극이 덜한 만큼, 피부가 스스로 튼튼해지게 만든다는 것을 몸소 체험하게 되었다. 이때부터, 비거니즘이라는 것이 사회적 가치를 추구하려는 대안만이 아니라, 피부 자체를 튼튼히 할 수 있다는 기능성에 주목하며, 비건 뷰티에 승부를 걸기로 결심했다고 한다.

나에게 멜릭서라는 브랜드명은 처음 듣자마자, 귀에 착 걸리는 마법 같은 이름이었다. 다소 중성적인 느낌도 들지만, 확실히 문제를 해결해줄 것 같은 Fixer의 느낌도 들었다. 그런데 알고 보니 엘릭서 Elixir 는 고대 연금술에서 불로불사 늙지 않고, 죽지 않는 가 될 수 있는 묘약이라는 뜻이고, 여기에

'Me'라는 단어를 붙여서, '나의 묘약'이라는 뜻을 담았다고 한다.

　이하나 대표가 멜릭서를 창업할 당시, 많은 사람들은 비건 뷰티가 한국 시장에서 얼마나 성공할 수 있을지 의문을 가졌다. 이대표 역시 채식 문화도 아직 확립되지 않은 한국에서, 다소간의 어려움은 있겠지만, 최소한 한국의 화장품 제조 시스템이 잘 구축되어 있어서 브랜드 시작은 용이할 것으로 예상했다고 하는데, 현실은 너무도 달랐다. 당시 비건 뷰티에 대한 인식이 낮아, '비건'이 무엇인지 이해하지 못하는 제조업체들이 많았고, 심지어 이해한다고 하더라도 멜릭서를 위한 특별한 생산라인을 구축해 주질 않았다. 멜릭서는 비건 화장품을 '동물 실험을 하지 않고 동물성 원료를 사용하지 않는 화장품'으로 정의하고 있는데, 결국 20곳 이상의 제조업체를 찾아다닌 끝에, 비건 기준에 부합하는 강원도의 한 유기농 제조 공장을 찾아, 드디어 어렵게 첫 제품을 내보일 수 있었다.

한국 최초의 비건 스킨케어 브랜드

　비건의 이해도가 낮은 한국 시장에 멜릭서가 내놓은 첫 제품은 무엇이었을까? 출시 초기 멜릭서의 타깃은 이 대표 본인과 같이 예민한 문제성 피부를 가진 고객이었다. 그래서 첫 제품으로 '비건 스쿠알란 페이스 오일'을 선택했다. 당시 많은 기능성 화장품이 상어의 간에서 추출한 동물성 스쿠알란을 사용했는데, 그래서 의도적으로 스쿠알란 화장품을 골랐다고 한다. 사탕수수와 올리브에서 추출한 식물성 스쿠알란으로 동물성 제품을 대체할 수 있다면, 비건 화장품의 가치가 더욱 부각될 것이라고 판단한 것이다.

멜릭서의 첫 제품은 2018년 와디즈에서 크라우드 펀딩으로 진행되었는데, 그 결과는 와디즈에서도 역대급인 6,400%의 펀딩액 달성으로 대성공을 거두었다. 얼리어답터 성향의 와디즈 고객과 비건 화장품이라는 아이템이 완벽하게 맞아떨어진 것이다. 이 펀딩의 성공으로 첫 제품의 제조비를 충당하여 본격 런칭을 했고, 이후 제조사 및 국내 벤처투자사로부터 투자를 받아 본격적으로 사업을 확장해 나갔다. 멜릭서가 기존 화장품 산업의 문제를 보다 건강하고 지속 가능한 방식으로 해결해 나가려 한다는 철학이 투자 결정의 핵심 이유였다. 이후 멜릭서는 피부과학을 기반으로 한 다양한 화장품 라인을 비건으로 구성하며, 재료만 좋은 것이 아니라 정말 피부에 효과적인 제품을 만들고자 노력하고 있다.

한국에서 1차 성공을 거둔 멜릭서는 글로벌 시장에 도전하기로 한다. 이하나 대표는 특히 미국 시장에 주목했다. 미국은 세계 최대의 화장품 시장 중 하나로, 다양한 인종과 문화가 어우러진 만큼 다양한 뷰티 니즈가 존재한다. 멜릭서는 이 다양성을 존중하고 포용하는 브랜드 철학을 바탕으로 과감하게 진출을 결정한다. 그런데 이러한 결정과 무관하게 2020년 코로나가 창궐했고, 출시된 지 18개월밖에 되지 않은 스몰 브랜드 멜릭서는 큰 시련을 맞았다. 하지만 아이러니하게도 코로나를 겪으면서 더 많은 사람들이 비건과 환경에 관심을 갖게 되었고, 화장품 시장의 키워드도 클린뷰티가 차지하게 되었다. 비건 브랜드 멜릭서에게는 오히려 기회의 문이 열린 것이다.

이하나 대표는 이 기회를 놓치지 않기 위해 2021년 10월, 직원 한 명과 함께 실리콘 밸리로 떠났다. 에어비앤비를 빌려 그곳에서 미국 시장과 고객에 대해 깊이 있게 연구했다. 글로벌 브랜드가 되고자 했지만 한국의 뿌리를 잊지 않고, 오히려 그것을 멜릭서의 차별화 포인트로 삼았다. 쌀, 녹차, 대나무 등의 한국 전통 원료를 기반으로 한 제품들은 미국 소비자들에게 새로운 경험을 제공했으며, 2021년 한국 아마존 탑 코리안 브랜드로 선정되어 슈퍼스타 셀러상을 수상하기도 했다.

비건을 넘어, 지속가능한 삶으로

멜릭서의 출발은 비건 화장품이었다. 그러나 이 브랜드가 소비자에게 지속해서 사랑받고 있는 이유는, 단순히 '동물성 원료를 쓰지 않는다'라는 선언에서 멈추지 않았기 때문이다. 멜릭서는 성분을 넘어, 제품을 담는 용기와 포장, 고객과 만나는 경험까지 지속가능성을 확장해 왔다.

이 과정에서 중요한 원칙은 하나였다. 제품 하나하나가 곧 멜릭서를 대표하는 상징이라는 것. 따라서 성분, 패키지, 문구에 이르기까지 '비건·민감성 피부·지속가능성'이라는 세 가지 약속이 모두 담겨야 한다는 점이다. 고객의 피드백 역시 이 과정에 적극 반영되었다. 예를 들어, 분리배출이

어렵다는 의견이 많았던 선크림 용기는 재활용 플라스틱 PCR 을 50%까지 반영하는 방향으로 개편되었고, 립 버터 역시 25% PCR 용기로 전환되는 중이다. 아직 100% PCR을 구현하기에는 산업적 한계가 있지만, '조금이라도 더 나은 선택'을 향한 지속적인 실험이 브랜드의 신뢰를 만들어 가고 있다.

멜릭서는 또 다른 차원에서 고민을 이어간다. 공병 수거 캠페인 '미사이클 me:cycle'은 브랜드가 고객과 함께 생활 속 순환을 실천하기 위해 기획한 대표적 사례다. 현재는 한국에서만 운영되고 있지만, 해외 판매에서도 동일한 경험을 어떻게 구현할 수 있을지 끊임없이 연구하고 있다. 글로벌 진출이 확대될수록 국가별 제도와 물류 환경이 달라지는 만큼, 오히려 제품 설계 초기부터 재활용과 순환성을 최대화하는 방식에 집중하고 있다.

소비자의 불편함을 감수하게 만드는 대신, 브랜드 스스로 실천을 설계하는 방식도 눈길을 끈다. 2021년 코엑스 파르나스몰에서 열린 '플라스틱 프리 팝업스토어'는 그 대표적 사례였다. 멜릭서는 통상적으로 사용되는 아크릴, 플라스틱 집기를 모두 배제하고 종이와 자연소재만으로 공간을 꾸몄다. 그 결과, 방문객들은 단순히 제품을 보는 것을 넘어 "지속가능성을 이렇게도 경험할 수 있구나"라는 직관적인 메시지를 받아 갔다. 이는 멜릭서가 철학과 상업성을 균형 있게 결합한 성공 사례로 평가된다.

궁극적으로 멜릭서가 지향하는 것은 '지속가능한 화장품'에 머물지 않는다. 사람과 자연이 공존하는 새로운 라이프스타일을 만드는 것이다. 화장품이라는 좁은 카테고리에서 시작했지만, 멜릭서는 소비자들이 일상에서 조금 너 건강하고 책임 있는 선택을 하도록 돕고자 한다. 그래시 멜릭서가 추구하는 지속가능성은 '비건 화장품 브랜드'라는 정의를 넘어, 개인의 삶을 바꾸고 사회적 문화를 바꾸는 도전으로 확장되고 있다.

지속가능성은 멀리 있지 않다

내가 이하나 대표와 멜릭서에 대해 처음 듣게 된 그날, 왜 그 발표에 그토록 매료되었을까? 개인의 이야기에서 시작하여, 환경과 건강한 삶에 대한 책임감, 그리고 지속 가능한 라이프스타일에 대한 온몸을 던지고 있다는 기세를 본 것 같다고나 할까. 그날 받은 멜릭서 선크림을 처음 사용하게 된건, 7월 여름 제주 바다에서였다. 하얗게 묻어나는 백탁없이, 빠르고 부드럽게 흡수되는 제형도 좋았지만, 제품의 특징을 읽다가, 아이들의 환경 교육에 딱이겠다는 생각이 들었다.

"얘들아, 이 선크림은 리프 세이프 Reef Safe 란다. 세이프가 뭐야? 그래 안전하다는거지? 그럼 리프는? 바로 바다속 산호초를 말해. 보통 선크림들이 너희 피부는 보호해주지만, 산호초나 바다생물들이 싫어하는 나쁜 성분이 들어 있어서, 해양생태계를 파괴한대. 그런데 이 멜릭서라고 하는 선크림에는 그런 성분이 없어서, 너희 피부도 좋아하고, 산호초와 바다 생물들도 좋아한단다."

그날 이후로, 우리 아이들은 바다수영을 할 때는, 선크림이 아니라, 멜
릭서를 외친다. 이것이 살아있는 환경교육이요, 지속가능한 라이프스타
일이 아닐까? 지속가능성의 생활 속 실천, 이렇게 하면 참 쉽다.

이하나 대표와의 인터뷰

1. 멜릭서의 목적을 한마디로 표현한다면요?

"한국의 웰니스 철학을 세계 사람들에게 전하는 것."

한국에는 "약식동원 藥食同源"이라는 오래된 철학이 있습니다. 음식과 약이 같은 뿌리에서 온다는 뜻으로, 한국적 웰니스 문화의 핵심입니다. 건강한 재료가 몸을 치유하듯, 식물의 힘으로 피부를 회복시키는 과정을 현대적인 뷰티 루틴 으로 재해석하고자 멜릭서를 시작하였습니다.

2. 그 비전을 실현하는 과정에서 어떤 어려움이 있었고, 어떻게 극복하고 있나요?

가장 큰 도전은 한국 제품을 글로벌 소비자가 공감할 수 있는 언어로 풀어내는 것이었습니다. 이를 위해 멜릭서는 제품 개발 단계부터 국내산 식물성 원료와 한국의 고품질 화장품 제조 기술, 전 세계 누구나 사용할 수 있는 저자극 제형, 그리고 지속 가능한 포장재를 결합했습니다. 동시에 AI와 데이터를 활용해 고객 피드백을 분석하고, 각 지역 소비자의 피부 타입과 문화적 선호도에 맞춘 경험을 정교하게 설계하고 있습니다. 하지만 무엇보다 중요한 것은 내 가족이 쓸 좋은 제품을 만들고자 하는 마음이라고 생각합니다. 멜릭서는 언제나 "좋은 제품을 통해 좋은 가치를 전하는 브랜드"가 되고자 하는 점을 잊지 않으려 합니다.

3. 앞으로 10년 후, 멜릭서는 어떤 기업으로 자리매김하고 싶으신가요?

저는 멜릭서가 세계 사람들이 한국의 문화와 가치를 경험하는 교두보가 되기를 바랍니다. 한국을 잘 모르는 소비자들이 멜릭서를 통해 한국의 철학, 감성, 그리고 뛰어난 제품력을 자연스럽게 경험하면서 한국이라는 나라를 더 가깝게 느끼고, 더 나아가 한국을 좋아하는 계기가 되기를 바랍니다. 앞으로 10년 후, 멜릭서가 "한때 유행했던 K-뷰티 브랜드"가 아니라, 세계인들의 마음에 한국의 철학과 감성을 심어주는 문화적 플랫폼으로 자리 잡기를 바랍니다.

7

메이저맵 Major Map
청소년의 미래를 위한 나침반

우리나라 경제와 정치를 움직이는 많은 주제가 있지만, 많은 이들의 관심을 집중시키는 주제가 있으니, 바로 교육이다. 특히 중·고등학생의 교육 문제는 첨예하고도 때로는 사회갈등을 일으키기도 하는 중요한 문제이다. 학부모들은 교육을 통해 자녀들이 더 나은 미래를 가질 수 있다고 생각하기에, 이게 맞는지 틀리는지 판단은 미룬 채, 일단 경쟁에 뒤처지지 않기 위해 학원이나 과외 등 사교육에 올인하고 있다.

정보 격차의 시대에 모두에게 진로설계를

2025년 전면 시행된 고교학점제가 교육 현장에 엄청난 변화를 가져오고 있다. 공통과목 외의 세부 과목을 학생이 직접 선택하고, 그 결과가 대학·학과별 요구 과목 충족 여부로 평가에 반영된다는 것이 변화의 핵심인데, 그래서 과거처럼 내신 상위 등급만으로는 입시준비가 충분하지 않게 되었다. 생활기록부에는 전공 적합 활동의 맥락, 즉 왜 이 과목을 들었고, 무엇을 탐구했으며, 어떤 진로 가설을 세웠는지가 잘 드러나야 한다.

이러한 변화는 사교육 시장을 더욱 고도화하고 있고, 이는 정보 접근의 빈부격차를 키우고 있다. 강남권 고가 컨설팅은 1시간 50만 원이 일상화되고, 예약은 수개월씩 밀린다. 학교 현장 역시 2023년부터 학급 전원 학생부 서술 의무화로 교사의 행정 부담이 폭증했다. 정답을 빠르게 찾아 적응하던 시대에서, 이제는 각자 다른 길을 설계해야 하는 시대로 옮겨가고 있다. 그리고 이 변화는 학생, 학부모, 교사 모두에게 큰 혼란과 무력감을 주고 있다. "어떤 과목을 왜 선택했는가"를 설명할 이유가 부족하고, 진로 정보는 곳곳에 흩어져 있으며, 시간은 모자란다. 이러한 혼란속에서 메이저맵은 학생 개개인에게 맞는 방향을 제시하는 진로 탐색 서비스로 등장했다.

메이저맵은 진로탐색의 경제적 장벽을 낮추고, 하위 80% 학생들에게도, AI를 바탕으로 한, 개인화된 진로탐색의 기회를 제공하는, 에듀테크 Education+Technology 회사이다. 학생들에게 저렴하면서도 효과적인 진로 탐색 도구를 제공하는데, 이는 학생들이 자신의 잠재력을 최대한 발휘하고 미래를 설계하는 데 도움을 주고 있다.

이 브랜드의 창립자인 이중훈 대표는 굉장히 독특한 이력을 가지고 있다. 히브리 대학교에서 아랍어를 배우면서, 중동학 석사를 공부했고, 그 이후에는 예루살렘의 팔레스타인 지역에 살면서 분쟁지역의 현실을 배웠다. 한국의 폐차 부품을 팔레스타인에 수입하는 일도 했다고 하는데, 그의 구릿빛 피부를 보며, 그곳에서의 삶이 어땠을지가 상상이 되었다. 또한 한국정부기관인 코이카에서 진행하는 팔레스타인 국제원조 프로젝트 리더로서 창업, 의료, 보건, 바이오 등 약 200억 원 규모의 프로젝트들을 운영하기도 했는데, 이 공공영역에서의 역량을 더 키우고 싶어서, 2014년에 새로운 도전으로 떠났다. 비즈니스 섹터에 MBA가 있는 것처럼, 공공영역에 새롭게 생기고 있었던 MPP Master of Public Policy 과정을 영국 옥스포드 대학교에서 밟은 것이다. 전세계에서 모인, 공무원 출신 동기들과 치열하게 토론과 프로젝트를 진행하면서, 역으로, 공공부문만으로 해결할수 있는 문제는 많지 않고, 오히려 작더라도, 분명한 변화를 끌어내기 위해서는, 비즈니스가 더 효율적인 수단이 되겠다는 깨달음을 얻었다고 한다.

성공적인 비즈니스는 특정 고객군의 문제를 확실히 해결해 주는것에 그 답이 있는데, 그는 어떤 문제를 해결하고 싶었을까? 교육이라는 분야는, 한국에서 많은 사람들이 대표적으로 답이 없다고 생각하는 분야가 아닐까 싶다. 공교육은 무너졌고, 사교육 시장은 매년 커지고는 있지만, 상위 학생들은 더 심한 경쟁으로 내몰리고, 하위 학생들은 더더욱 냉담해지고 마는 양극화의 시장. 이 대표는, 공공의 영역이지만, 비지니스의 논리가 지배하고 있는, 이 시장의 문제를 해결하고자 뛰어들었다.

"메이저맵을 통해 학생들은 자신의 꿈과 열정을 발견하고, 이를 실현할 수 있는 길을 찾을 수 있습니다. 이는 학생들에게 자신감과 동기부여를 제공하고, 자신의 진로를 스스로 결정할 수 있도록 도와줍니다. 메이저맵은 학생들에게 더 많은 기회를 제공하고, 결과적으로 교육의 평등성을 높이는 데 기여한다고 믿습니다."

데이터·검사·설계가 한 줄로 이어지는 경험

'메이저맵'이라는 이름은 그 자체로 브랜드의 정체성을 명확히 드러낸다. 대학 전공 선택이라는 좁은 의미에서 출발하지만, 더 넓게는 학생들이 자신의 진로와 꿈을 탐색할 수 있는 지도를 제공하겠다는 목표를 담고 있다. 한마디로, 메이저맵은 고등학생들의 진로 고민을 해결하는 온라인 서비스다. "모든 학생들이 저마다의 진로계획을 가지게 한다"는 비전 아래, 메이저맵은 학생들이 목표에 다가갈 수 있도록 다양한 정보를 제공한다. 전국 4년제 대학의 학과 및 수업 데이터를 수집하고 AI로 분석해, 학과 간 관계와 특성을 시각적으로 보여주는 '학과지도'와 '워드클라우드' 기능을 개발했다. 또한 학과별 입시 준비에 필요한 교과 추천과 도서 추천 서비스를 통해, 학생들이 관심 학과를 구체적으로 탐색하고 자신의 목표를 세울 수 있도록 돕는다.

아직 목표 학과를 정하지 못한 학생들은 흥미와 관심사 기반의 검사를 활용해 학과 추천을 받을 수 있다. 설문에 딥하고, 그 결과로 추천된 학과의 정보를 확인하는 과정 자체가 학생들에게 자신을 성찰하고 미래를 구체적으로 상상하게 만드는 경험이 된다. 여기에 대학생들이 직접 학과 정보를 게재하는 '학과 라운지'는 실감나는 학과 소개와 학생 인터뷰, 대표 과목 등의 콘텐츠로 이루어져 있어, 대입을 앞둔 학생들이 '아직 가보지 못한 길을 미리 엿볼 수 있는 창' 역할을 한다.

메이저맵은 진로 탐색에 있어 검색엔진과 같은 기능을 수행하지만, 모든 서비스를 100% 무료로 제공한다. 그러나 스타트업의 세계에서 '좋은 의도'만으로는 지속 가능하지 않다. 그렇다면 이들의 비즈니스 모델은 무엇일까? 그 해답은 '웨이메이커Way Maker'라는 앱에서 찾을 수 있다. 이 앱은 국내 최초의 원스톱 진로 솔루션을 표방하며, '자기이해 검사 → 학과 및 직업 탐색 → 로드맵 설계'의 과정을 통해 학생이 자신의 진로 목표를 구체화하도록 돕는다.

이 대표의 설명만으로는 구체적인 서비스 경험이 궁금해, 직접 사용해 보았다. 고3 학생의 입장으로 '웨이메이커' 검사를 진행한 결과, 84개의 질문에 대해 1부터 5까지의 척도로 응답하게 되어 있었다. "여행 계획을 세밀히 짠다", "프라모델이나 PC 조립을 좋아한다", "용돈을 기록하며 관리한다" 같은 문항들이 포함되어 있었고, 이는 개인의 성향과 태도를 다각도로 분석하는 구성으로 보였다. 검사 결과, 나의 진로 선호 코드는 '진취형89/100'과 '사회형82/100'으로 나타났다. 각각 '조직적 목표나 경제적 성취를 위해 타인을 설득하고 관리하는 활동을 선호하는 유형', 그리고 '타인을 이해하고 돕는 활동을 좋아하는 유형'이다. 흥미롭게도 이 결과에 가장 적합한 전공은 경영·경제학과, 적합한 직업군은 광고·홍보 전문가, 행사기획자, 경영컨설턴트로 제시되었다. 이미 사회인이 된 지금 이 테스트를 해보니, 내 학부 전공과 직업이 실제로 결과와 일치해 있다는 점이 인상적이었다. 물론 결과가 나의 경로를 예언했다고 볼 수는 없지만, 만약 학창 시절에 메이저맵 같은 서비스를 접했다면, 나의 대학 생활의 방향과 선택은 좀 더 명확했을지도 모른다.

메이저맵은 결국 진로 탐색이라는 불확실한 여정 속에서, 학생들이 스스로 길을 설계할 수 있도록 돕는 브랜드다. 그들의 이름처럼, 누군가의 미래를 '지도'로 그려주는 진로의 웨이메이커로서의 의미가 분명하다.

인생을 스스로 설계하게 만드는 도구

웨이메이커 앱은, 1회 1시간 50만 원의 진로지도 컨설팅에 비한다면, 1/50의 가격인 학생당 1만 원으로 1년 동안 사용할 수 있게 했다. 다만, 이것은 학생들의 개별적 선택이라기 보다는, 고등학교 선생님들의 선택으로, 일종의 B2B 모델을 가져간다. 전교생이 300명인 학교라면, 300만 원의 비용으로, 1년 진로 컨설팅이 가능하게 한 것이다. 이 검사를 바탕으로 학생들은 학과를 추천받고, 학과 관련 키워드를 선정하고, 키워드 관련 학술자료로 주제를 설정하고, 해당 주제로 나만의 진로를 설계하는 일련의 과정을 따르다 보면 어느새 진로 목표가 이전보다는 더 뚜렷해지는 경험이 가능하다. 또 AI 추천기능을 사용해 막막한 과정 중에 도움을 받을 수 있게 만든 것이, 다른 경쟁 브랜드와의 가장 큰 차이라고 하는데, 그러면, 학생들의 실질적인 반응은 어떨까? 굉장히 열광하고, 좋아하지 않을까 하는 나의 기대와는 달리, 매년 6,000명의 학생들을 직접 만나고 있는 이중훈 대표는, 재미있는 이야길 해주었다.

"요즘 친구들에게 꿈이 뭐냐고 물으면, 1위가 무엇일 것 같으세요? 유튜버요? 그건 초등학생이구요, 고등학생 친구들의 1위 꿈은 건물주입니다. 네, 시대가 그래요. 고상하고 아름답게, 난 생물분자학을 공부해서, 인류의 생명연장에 기여할 거야..라는 친구들은 그렇게 많지 않습니다. 저희 웨이메이커 솔루션을 도입하기전에, 저희는 먼저 학교를 방문해서, 학생들이 이것을 써야할 이유를 만듭니다. 강당에 학생들을 모아놓고, 제가 먼저 특강을 하는 거죠. 보통 이런 대화가 이뤄진다고 생각하시면 됩니다."
"자, 여러분 반갑습니다. 피곤하고 졸리실 테니, 바로 본론으로 들어가겠습니다. 여러분 꿈이 뭔가요? 네, 건물주요? 그러시군요. 자 우리 앞에 대답해 준 학생, 좀 더 구체적으로 얘길 해볼까요? 어떤 건물, 또 어디에 위치한 건물의 건물주가 되길 원하세요?"

이때부터 아이들은 흠칫하고, 다소 당황한 모습을 보인다.

"강남에 10층 건물이요"

"아 그렇군요. 자 그럼 강남 10층 건물의 시가를 알아보겠습니다. 부동산 앱을 켜며 , 음, 한 80억 하는군요. 우리 학생은 이걸 사기 위해서 어떤 계획을 가지고 있나요? 저는 지금 장난하는 게 아닙니다. 저와 함께 계획을 세워보시죠. 몇 살에 이 건물의 주인이 되길 원하나요? 40살이요? 음…다소 공격적인 목표군요. 10년만 더 참는 것으로 해서, 50살 어떨까요? 네, 동의해 주셔서 고맙습니다. 자, 50살에 80억 건물을 산다는 목표가 생겼습니다. 그런데 이 건물을 제 돈을 주고 사는 사람은 없습니다. 은행에서 보통 절반 정도는 대출을 받을 수 있지요. 그럼 40억만 있으면 되는군요. 와, 꿈에 한 걸음 더 가까워 졌네요. (웃음) 그리고 노동 소득만으로 40억을 번다는 것도 쉽지가 않지요. 45살 때 귀인을 만나 투자를 통해 5년간, 2배로 자산을 늘릴 수 있다는 행복한, 그러나 현실적인 가정을 해봅시다. 매년 19프로의 수익만 올리면, 5년후엔 자산이 2배가 돼요. 그리 어렵지 않죠? (웃음) 자 그럼 45살까지 20억만 모으면 되네요."

이쯤 되면 아이들은 얼굴에 미소는 머금지만, 한결 진지한 태도로, 자세를 고쳐 앉고, 집중한다고 한다.

"여러분이 25살부터 일을 해서, 45살까지 20억을 모은다고 생각해 봅시다. 그럼 1년에 오천만 원을 모으면 되네요? 우리 학생은 어떤 직업을 가지고 싶어요? 그 직업의 평균 연봉이 얼마인지 알고 있나요? 그 직업을 갖기에 가장 높은 확률을 가진 학교는 어디일까요? 그 학교를 가기 위해서는 어떤 과목들을 수강해야 하고, 어떤 책을 읽어놓는 것이 좋을까요? 다른 선배들의 평균 합격률은 어땠을까요? 이 모든 정보가, 웨이메이커 안에 있습니다. 여러분의 인생길은, 누가 만들어주는 것이 아닙니다. 엄마가 왜 가장 최신 입시 정보로 나를 이끌어 주지 않냐구요? 여러분 인생입니다. 누가 그려주고, 끌어줄 것을 기대하지 마시고, 여러분이 스스로 만들어 나가는 오늘이 그 시작점입니다. Drive your life, 메이저맵과 함께, 여러분의 미래를 스스로 그리고 만들어 나가세요"

이쯤 되면 박수를 치는 학생들도 간간히 있단다. 그러나 앞서 얘기했듯이 이건 학생들을 감동시키면 끝나는 B2C 비즈니스가 아니다. 의사결정자인 선생님들의 가려운 곳을 긁어줘야 하는 B2B 비즈니스다. 메이저맵은 선생님들을 어떻게 도와주고 있을까? 선생님들은 학생들이 모바일앱에서 작성한 내용을 관리자 페이지로 꾸준히 확인하며 진로지도에 활용할 수 있다. 웨이메이커가 학생들이 스스로 길을 만들어 가는데 도움을 줄 뿐 아니라, 선생님들을 진로지도를 돕는 좋은 툴이 된다는 것이 전국일선 학교들에서 호응을 보이는 이유이다. 또한 종이에 한장 한장 학생들의 기록을 해오던 과거의 방식은, 보관과 관리가 쉽지 않았었는데, 이를 웹서비스를 통해 획기적으로 개선한 것이, 메이저맵에게는 다양한 데이터의 제공으로, 선생님들께는 과거자료를 참고자료로 활용할 수 있게 되어 더욱 효과적인 진로지도가 가능하게 되었다.

여기서 또 하나의 숨은 이야기를 알게 되었는데, 2022년만 하더라도, 우수 학생들 몇몇만 생활기록부를 적어주면 되었다. 그러나 2023년부터는 각반의 모든 학생들의 생활기록부를 적어주어야 하기에, 선생님들의 부담이 이만저만이 아니었다고 한다. 마치 학생들이 방학 일기를 몰아서 적는 것처럼, 마감 일주일 전부터는 모든 업무를 뒤로하고, 생활기록부 적는 것이 제일 중요한 일이다. 이 생활기록부가 대입에 미치는 영향이 크기에, 이걸 잘못 적었다가는 큰일이고, 1년 동안 이 학생이 자신의 목표를 위해 어떤 활동을 해왔는지, 이 과목은 왜 선택을 했는지 등을 마감시간에 쫓기며 종이를 뒤적여야 하는 엄청나게 비효율적인 일이었다. 이를 메이저맵은 ChatGPT를 활용하여, 학생들이 스스로 한 설문조사를 바탕으로, 딱 생활기록부에 들어가기 좋은 문장을 제안해 주니, 말 그대로 선생님들의 가려운 부분을 제대로 긁어주는 그런 서비스가 아닌가. 2025년 중반까지 누적 가입자 60만 명, 전국 일반계 고등학교의 11%가 이미 이 서비스를 사용하고 있다는 사실은, 메이저맵이 해결하고 있는 문제가 얼마나 현실적이고 절실한 것이었는지를 분명하게 보여준다.

Drive your life

메이저맵의 사례가 보여주는 것은, 교육 문제의 해답이 더 많은 경쟁이나 더 비싼 컨설팅에 있지 않다는 점이다. 중요한 깃은 학생이 스스로 질문을 만들고, 그 질문을 따라 자신의 길을 설계할 수 있도록 돕는 구조를 제공하는 일이다. 메이저맵은 진로를 대신 정해주는 서비스가 아니라, 선택의 근거와 사고의 도구를 제공하는 브랜드다. 그 결과 학생은 수동적인 입시의 대상이 아니라, 자신의 미래를 설계하는 주체로 이동한다. 목적이 분명한 브랜드는 문제를 단순화하지 않고, 오히려 복잡한 현실을 끝까지 감당하려 한다. 메이저맵은 교육이라는 가장 어려운 영역에서, 기술과 비즈니스를 통해 그 책임을 실천하고 있는 드문 사례다.

이중훈 대표는 "앞으로 청소년들은 중고등학교 시절의 선택이 대학과 이후의 삶까지 길게 이어지는 시대를 살게 될 것"이라며, 그렇기 때문에 청소년기부터 진로를 탐구하고 스스로 계획을 세우는 태도가 무엇보다 중요하다고 말한다. 메이저맵의 미션 역시 답을 대신 제시하는 것이 아니라, 학생 각자가 자신의 진로를 주도적으로 설계할 수 있도록 돕는 데 있다. 무료 운영 원칙을 고수해 온 이유도, 진로 탐색의 기회를 특정 계층에 한정하지 않겠다는 판단에서였다.

교육이라는 복잡한 문제 앞에서, 메이저맵은 정답을 제시하기보다 고민의 과정을 가능하게 만드는 쪽을 택했다. 그래서 나는 이 브랜드가 선택해 온 방향이 앞으로도 흔들림 없이 이어지기를 바란다. 학생·부모·교사 모두가 같은 언어로 진로를 이야기할 수 있는 조건을 만들어가는 이 시도가, 교육 현장에서 오래 작동하는 해법이 될 수 있다고 보기 때문이다.

1. 메이저맵의 목적을 한마디로는 어떻게 설명할 수 있을까요?

성적에 나를 맞추는 입시가 아닌, 나에게 맞는 미래를 찾아가는 입시 경험을 선물하는 것입니다. 지금까지 한국 산업은 전 세계의 1등 기업들을 저렴한 비용으로 빠르게 따라잡으며 성장해 왔습니다. 늘 1등이라는 정답이 있었고, 이를 가장 빠르고 효율적으로 찾는 역량을 기르는 데 산업과 교육이 형성되었습니다. 이제 한국은 많은 사업을 이끄는 자리에 있고, 더 이상 1등을 쫓아가는 전략으로는 한계가 보입니다. 그래서 기업들의 성장은 정체되었고, 그러다 보니 서울대를 나와도 전처럼 신입사원을 잘 뽑지 않습니다. 하지만 특별한 경험과 아이디어가 있는 사람을 찾는 형태로 신입사원 채용도 변해 가고 있습니다. 이를 위해서는 정답을 찾는 방식이 아닌, 내가 좋아하고 잘하는 것이 무엇인지 알고, 이를 기반으로 경험과 역량을 확장하게 하는 것이 중요하다고 생각합니다. 메이저맵은 정답을 제시하기보다, 진학도 취업도 어려워 깜깜한 밤길을 걷는 학생들에게 방향을 알려주는 밝은 별자리가 되고 싶습니다.

2. 그 목적을 이뤄가는데, 여러 가지 어려움이 있으셨을 텐데, 어떻게 극복 중인가요?

메이저맵 사업을 시작하고 가장 기뻤던 경험은 메이저맵을 좋아해 주시는 선생님들이 생겼다는 것입니다. 스스로 메이저맵 활용법과 같은 동영상을 유튜브에 올려 주신 분도 계셨고, 진로 선생님들께서 모이는 세미나에 사례로 발표해 주기도 하셨습니다. 하지만 메이저맵으로 매출을 올리지는 못했습니다. 검색엔진 기반의 서비스를 유료로 구매하게 한다는 것은 굉장히 어려운 일이었습니다. 그럼에도 저희 미션에 충실하며, 메이저맵을 고도화해 왔습니다. 감사하게 선생님들께서 메이저맵으로 현장 강의를 요청하셨고, 약 20개 학교에 강의를 제공하며, 학생과 선생님들께서 필요한 서비스를 유료 버전으로 개발하게 되었습니다. 개발한 지 2년 만에 유료 마케팅 없이 11% 이상의 학교가 구매하는 서비스로 성장했습니다. 현재 직면한 문제는 메이저맵의 주 사용자가 선생님들이다 보니 학생들의 리텐션이 높지 않습니다. 이제는 다양한 학생들이 흥미를 가질 만한 콘텐츠와 이벤트를 제공하는 것을 통해 극복 중입니다.

3. 앞으로 10년 후 메이저맵은
어떤 브랜드로 소비자의 마음에 자리매김하고 싶으신가요?

10년 후 메이저맵이 "미래를 준비하는 모든 학생이 가장 먼저 떠올리는 서비스"가 되기를 바랍니다. 마치 여행을 떠나기 전에 지도앱을 켜는 것처럼, 자신의 미래를 향한 여정을 시작하는 학생들이 가장 먼저 메이저맵을 찾아보았으면 좋겠습니다. 현재는 고등학생을 위한 서비스를 제공하고 있습니다. 전 세계 취업 시장은 변하고 있고, 이에 맞춰 어떻게 준비해야 하는지 부모님도 학생도 어려워하고 있습니다. 메이저맵은 흩어져 있는 정보를 수집하여, 부모님·학생·선생님들에게 가장 필요한 콘텐츠를 기술을 통해 맞춤형으로 제공하는 서비스로 고도화하여, 유·초·중·고를 아우르는 진로 서비스를 제공하는 회사로 성장하는 것이 저희의 꿈입니다.

PART 4

우리만의
목적 찾기

PURPOSE DRIVEN BRAND

브랜드의 나침반 만들기

지금까지 우리는 서로 다른 산업과 규모를 가진 브랜드들의 여정을 살펴보았다. 도브는 '진정한 아름다움'이라는 질문을 통해 카테고리의 언어 자체를 바꾸었고, 파타고니아는 환경 보호를 선택이 아닌 전제로 삼으며 브랜드의 존재 이유를 분명히 했다. 규모가 작은 브랜드들 역시 마찬가지였다. 이들은 더 큰 목소리 대신, 더 분명한 목적을 통해 자신들만의 팬덤을 만들어냈다. 이 다양한 사례들을 따라오다 보면, 자연스럽게 하나의 질문에 이르게 된다.

"그래서 우리 브랜드는 어떻게 해야 하지? 또 나는 어떻게 해야 하지?"

멋진 브랜드들의 사례를 보는 것만으로는 충분하지 않다. 영감을 받는 것과 실제로 행동하는 것 사이에는 분명한 간극이 있다. 마치 맛있는 요리 프로그램을 보고 감탄하는 것과, 직접 부엌에 서서 요리를 시작하는 것의 차이처럼 말이다. 이 마지막 장에서는 여러분이 직접 부엌에 설 수 있도록, 구체적인 레시피를 제공해 보고자 한다.

다만 한 가지 미리 말씀드리고 싶은 것이 있다. 목적을 찾는다는 것은 어느 날 갑자기 "유레카!"를 외치며 완벽한 답을 발견하는 순간적인 깨달음이 아니다. 오히려 자신과의 대화를 통해 점진적으로 명확해지는, 일종의 조각 작업에 가깝다. 돌을 깎아가며 조각상을 만드는 것처럼, 불필요한 것들을 하나씩 제거해 가며 진짜 자신을 발견해 나가는 과정이다. 그리고 이 과정은 한 번으로 끝나지 않는다. 브랜드 성장의 단계마다, 또 기업을 둘러싼 환경이 크게 변할 때마다, 우리의 목적도 조금씩 진화하고 깊어진다. 완벽한 목적 선언문을 한 번에 만들어내려는 부담감보다는, 지금 이 순간에, 우리 브랜드의 가장 진실한 방향을 찾아가는 여정의 시작으로 받아들이면 좋겠다.

1

목적 발견을 위한
자기 탐구

우리 안의 목적 씨앗 찾기

모든 조직은 시작할 때 이유가 있었다. 단순히 돈을 벌기 위해서였다면, 왜 하필 이 사업이었을까? 왜 이 방식이었을까? 119REO의 이승우 대표가 故김범석 소방관의 이야기를 접하고 창업을 결심했던 것처럼, 대부분의 조직에는 '그 순간'이 있다. 어떤 문제를 보고 분노했거나, 어떤 가능성을 보고 가슴이 뛰었거나, 누군가의 아픔을 보고 해결하고 싶었던 그 순간 말이다. 창업자나 초기 멤버들과 깊은 대화를 나눠보라. "처음 이 일을 시작할 때 해결하고 싶었던 문제는 무엇이었나요?", "첫 고객을 만났을 때 어떤 감정을 느꼈나요?", "창업 시작 때, 가장 뼈아픈 실수는 무엇이었다고 기억하나요?" 같은 질문들을 던지다 보면, 잊고 있었던 초심이 다시 선명해진다.

파타고니아의 경우를 보자. 이본 쉬나드는 원래 등반 장비를 만드는 대장장이였다. 1960년대, 그는 요세미티의 암벽을 오르면서 기존의 피톤암벽등반용 쇠못이 바위를 손상시키는 것을 목격했다. 한 번 박았다 뺀 곳은 흉터처럼 남았고, 인기 있는 등반 루트의 암벽은 점점 망가져갔다. 등반을 사랑하는 사람이 등반으로 인해 자연을 파괴하는 모순. 이 불편한 진실 앞에서 사람들 대부분은 눈을 감았지만, 쉬나드는 다르게 행동했다. 그는 바위를 손상시키지 않는 알루미늄 초크를 개발했고, 나중에는 아예 피톤 생산을 중단하는 결정을 내렸다. 당시 피톤은 회사 매출의 70%를 차지하고 있었다. 이 극단적인 선택의 이면에는 "우리가 사랑하는 것을 우리가 파괴해서는 안 된다"라는 신념이 있었다. 그리고 이 신념은 50년이 지난 지금도 파타고니아의 모든 의사결정의 기준이 되고 있다. 지구가 유일한 주주라고 선언하며 회사를 신탁에 넘긴 것도, 결국은 그 첫 번째 피톤을 바위에서 뽑아낸 순간의 연장선상에 있는 것이다.

조직이 만들어온 변화 추적하기

목적은 미래에 대한 약속이기도 하지만, 이미 만들어온 변화 속에서도 발견된다. 때로는 우리가 의식하지 못했던 패턴이나 일관성이 그 속에 숨어있다. 고객들의 피드백을 다시 읽어보라. 단순한 만족도 점수가 아니라, 그들의 삶이 어떻게 변했는지에 주목하라. 한 교육 기업은 수년간 쌓인 수

강생 후기를 분석하다가 놀라운 발견을 했다. 가장 많이 나온 단어가 '실력 향상'이나 '합격'이 아니라 '자신감'이었던 것이다. 그들은 단순히 지식을 전달하는 것이 아니라, 사람들에게 '할 수 있다'는 믿음을 심어주고 있었다.

직원들의 이야기도 중요하다. 왜 이 회사에서 일하는지, 무엇이 자부심을 주는지 물어보라. 어떤 순간에 '우리 회사에서 일하길 잘했다'라고 느끼는지 들어보라. 그 답변들 속에서 반복되는 테마를 찾을 수 있을 것이다. 파트너사나 협력업체의 증언도 귀중한 자산이다. 그들이 왜 여러 선택지 중에 우리와 함께 일하기로 했는지, 우리만의 차별점은 무엇인지 들어보면, 외부에서 바라보는 우리의 진짜 가치를 알 수 있다.

한 컨설팅 업체가 겪은 일화이다. 그들은 경쟁이 치열해지는 시장에서 살아남기 위해 자신들의 강점과 목적을 재정의하려 했다. 최신의 전략 프레임워크를 도입하고, 보고서를 더 세련되게 만들고, AI를 통해 프로젝트 속도를 높이는 방향으로 변화를 시도했다. 그런데 기존 고객사들과의 인터뷰에서 예상치 못한 피드백을 받았다.

"솔직히 말하면, 우리가 이 컨설팅 회사를 계속 찾는 이유는 따로 있어요. 컨설턴트들이 정장 차림에도 소매를 걷어붙이고 우리 공장 현장에 직접 들어와서, 기계 옆에 서서 문제를 파악하려고 하는 모습. 사무실에서도 우리 직원들과 밤늦게까지 머리를 맞대고 해결책을 찾는 모습. 그게 진짜 차별점이었습니다."

이 피드백은 충격이었다. 그들이 '구식'이라고 생각했던 현장 밀착형 접근법이 사실은 가장 큰 경쟁력이었던 것이다. 결국 이 컨설팅 회사는 트렌디한 변화 대신, '현장에서 함께 뛰는 컨설팅'이라는 자신들의 본질을 더욱 강화하는 방향으로 전략을 수정했다. 때로는 새로운 것을 찾아 헤매는 것보다, 이미 가지고 있는 보물의 가치를 제대로 인식하는 것이 더 중요하다는 교훈을 준다.

조직 문화 속 숨은 가치 찾기

때로 목적은 이미 조직 문화 속에 살아 숨 쉬고 있다. 다만 언어화되지 않았을 뿐이다. 러쉬가 동물실험 반대를 브랜드의 핵심 가치로 삼을 수 있었던 것도, 이미 조직 내부에 그런 신념을 가진 사람들이 모여 있었기 때문이다. 조직 문화는 빙산과 같다. 수면 위에 보이는 것은 공식적인 미션과 비전, 규정들이지만, 진짜 문화는 수면 아래 숨어있다. 그리고 그곳에 목적의 실마리가 있다.

1. 일상의 의사결정 패턴을 들여다보라

에어비앤비 초창기, 고객센터로 가장 많이 접수되던 문의 중 하나는 "사진과 실제 숙소가 다르다"는 불만이었다. 표면적으로 보면 이는 호스트의 문제이거나, 사진 품질의 문제처럼 보였다. 실제로 에어비앤비는 사진 가이드라인을 강화하고, 전문 사진 촬영 프로그램까지 도입하며 이 문제를 해결하려 했다. 그러나 불만은 완전히 사라지지 않았다. 내부에서는 질문의 방향이 달라지기 시작했다.

> "사진이 부족한 게 아니라,
>
> 사람들이 이 선택 앞에서 왜 이렇게 불안해할까?"

분석해 보니 문제의 핵심은 숙소의 품질이 아니라, '낯선 곳에서 머문다'는 행위 자체가 주는 심리적 거리감이었다. 호텔과 달리, 누군가의 집에 머문다는 선택은 언제나 불확실함을 동반한다. 에어비앤비는 이 불확실함을 줄이는 방향으로 제품과 경험을 다시 설계했다. 이후 실제 투숙객의 후기와 맥락 정보를 전면에 배치하고, 소음·주변 환경·주거 특성처럼 불편할 수 있는 요소도 숨기지 않도록 했다. 숙소를 '더 좋아 보이게' 만드는 대신, 그 공간에서의 일상이 어떻게 흘러갈지를 미리 그려볼 수 있게 만든 것이다.

이 변화는 단순한 UX 개선을 넘어선 선택이었다. 에어비앤비는 이 과정을 통해 자신들이 해결해야 할 문제를 다시 정의했다. 그들의 목적은 예약 전환율을 높이거나 숙소 수를 늘리는 것이 아니라, 사람들이 낯선 도시에서도 스스로를 이방인으로 느끼지 않게 만드는 것이었다. 결국 에어비앤비가 줄이고자 했던 것은 불안이었고, 그 불안을 걷어낸 자리에 남은 것은 '여기에도 내가 머물 수 있는 자리가 있다'는 감각, 즉 소속감이었다.

에어비앤비의 목적은 바로 그 시점에 있다. 어디에서든, 누구든, 잠시나마 자기다운 삶을 이어갈 수 있는 공간에 속해 있다는 느낌을 제공하는 것. 이 목적은 선언이 아니라, 수많은 작은 의사결정 속에서 점점 또렷해졌다.

2. 위기의 순간, 무엇을 지키려 하는가

조직의 진짜 가치는 평화로울 때가 아니라 폭풍이 몰아칠 때 드러난다. 2020년 팬데믹은 모든 기업에게 시험대였다. 어떤 기업은 즉시 직원을 해고했고, 어떤 기업은 끝까지 고용을 유지했다. 어떤 기업은 가격을 올렸고, 어떤 기업은 오히려 무료 서비스를 늘렸다. 위기의 순간, 조직은 선택을 해야 한다. 그리고 그 선택은 늘 그 조직이 무엇을 믿고 있는지를 적나라하게 드러낸다. 지인에게 들은, 영국의 한 요가 스튜디오의 선택은 상징적인 사례다. 코로나 락다운으로 스튜디오를 닫아야 했을 때, 그들 앞에는 두 가지 선택지가 있었다. 온라인 클래스로 전환해 수익을 유지하거나, 아예 휴업하는 것. 그러나 그들이 가장 먼저 던진 질문은 달랐다.

"지금 우리 회원들에게 가장 필요한 것은 무엇일까?"

답은 '운동'이 아니라 '연결'이었다. 그들은 유료 온라인 클래스 대신, 매일 아침 무료 명상 세션을 열었다. 강사들은 무급으로 참여했고, 수익은 사실상 제로였다. 그럼에도 매일 아침 300명 넘는 사람들이 화면 너머로 함께 호흡했다. 팬데믹이 끝나고 스튜디오가 다시 문을 열었을 때, 회원의

90% 이상이 돌아왔다. 그 경험을 통해 이들은 분명히 깨달았다. 자신들의 목적은 요가를 가르치는 것이 아니라, 고립된 도시인들에게 연결과 평온을 제공하는 것이라는 사실을 말이다.

비슷한 질문을, 다른 방식으로 끝까지 밀어붙인 국내 사례는 바로 119REO다. 이들은 창업 초기부터 수익의 절반을 소방관 지원과 공익 활동에 환원한다는 명확한 원칙을 세웠다. 경기 침체등으로, 많은 브랜드가 비용을 줄이고, 기부를 축소하고, 생존을 최우선 과제로 삼았을 때도 119REO는 이 원칙을 쉽게 포기하지 않았다. 내부적으로는 수차례 현실적인 고민이 오갔을 것이다. "지금만큼은 줄여야 하지 않을까?", "조금만 완화해도 이해받지 않을까?" 같은 질문 말이다. 하지만 이들은 기부 비율을 마케팅 옵션이나 상황에 따라 조정 가능한 항목으로 보지 않았다. 그것은 브랜드의 선택이 아니라 존재 이유의 일부였기 때문이다. 결과적으로 119REO는 더 빠르게 성장하지는 못했을지 모른다. 그러나 그 대신, 이 브랜드는 자신들이 누구 편에 서 있는지, 무엇을 위해 존재하는지를 한 번도 흐리지 않았다. 위기의 순간에도 지켜낸 그 선택이, 오히려 브랜드에 가장 강력한 신뢰를 남겼다.

이 두 사례는 방향은 다르지만, 같은 질문으로 수렴한다. 위기의 순간, 무엇을 지키려 했는가. 수익인가, 관계인가. 효율인가, 사람인가. 그 답이 반복될수록, 그것이 바로 조직의 핵심 가치가 된다. 그리고 그 핵심 가치는, 시간이 지나 목적이라는 이름으로 분명해진다.

3. 암묵적으로 따르는 규칙들

모든 조직에는 공식 문서에는 적혀 있지 않지만, 누구나 암묵적으로 따르는 규칙들이 있다. "우리는 원래 이렇게 해", "이건 괜히 문제 될 수 있어", "이건 무조건 챙겨야지." 이런 말들이 오가는 순간들 속에는, 그 조직이 무엇을 중요하게 여기고 무엇을 용납하지 않는지가 고스란히 담겨 있다. 목적은 종종 선언문보다, 이런 무의식적인 선택과 반복 속에서 더 선명하게 드러난다.

한 B2B 소프트웨어 회사의 사례가 그렇다. 이 회사에는 다소 비효율적으로 보이는 전통이 있었다. 신규 고객사와 계약을 체결하면, 담당 팀 전원이 반드시 그 회사를 직접 방문하는 것이다. 단순한 킥오프 미팅이 아니었다. 고객사 직원들과 함께 점심을 먹고, 사무실을 둘러보고, 경우에 따라서는 생산 현장이나 물류 동선까지 살폈다. 재무팀에서는 늘 불만이 나왔다.

"화상회의로도 충분한데, 왜 이렇게 출장비를 쓰죠?"

그럼에도 이 전통은 20년 가까이 이어졌다. 이유를 묻자, 한 10년 차 직원이 이렇게 설명했다. "저희가 파는 건 소프트웨어가 아니에요. 고객의 일하는 방식을 바꾸는 거죠. 그러려면 그들이 어떤 환경에서, 어떤 마음으로 일하는지 직접 봐야 해요."

이 회사의 목적은 '효율적인 소프트웨어 판매'가 아니었다. 고객의 일상을 깊이 이해하고, 실제로 작동하는 변화를 만들어내는 것이었다. 그래서 비용이 들더라도 현장을 보았고, 시간이 걸리더라도 사람을 만났다. 그 결과 이 회사는 유독 높은 고객 만족도와 장기 계약 비율을 유지하고 있었다. 목적은 회의실의 문구가 아니라, 반복되는 행동 속에 있었다.

이와 비슷한 맥락에서, 조직이 어떤 행동을 칭찬하고 어떤 선택을 암묵적으로 비판하는지도 중요한 단서가 된다. 성과보다 더 강력한 메시지를 주는 것은, 조직이 어떤 선택을 '본보기'로 삼느냐이다. 예를 들어 러쉬에서는 이런 일이 종종 회자된다. 한 직원이 원료 조달 과정에서 동물실험과 연관된 공급업체를 발견하고, 이미 진행 중이던 거래를 중단시켰다. 그 결과 단기적으로는 원료 수급에 차질이 생겼고, 생산 일정에도 영향을 미쳤다. 일반적인 조직이라면 문제 제기의 방식이나 결과를 놓고 질책이 먼저 나왔을 상황이다. 하지만 러쉬에서는 달랐다. 그 직원은 오히려 내부에서 존중과 신뢰를 받았다. 반대로, 매출이나 실적이 아무리 뛰어나더라도 윤리적 기준을 훼손한 정황이 발견되면, 해당 사안은 공식적인 검토 절차의 대상이 된다. 러쉬에서는 이런 경우 윤리위원회가 소집되고, 그 결정은 성과 평가와 무관하게 조직 전체에 공유된다. 누가 시키지 않아도 모두가 알고 있었다. 이곳에서는 결과보다, 그 결과에 이르는 과정이 더 중요한 판단 기준이라는 사실을 말이다.

목적은 새로 만들어내는 것이기보다, 이미 조직 안에서 반복되고 있는 선택을 언어로 정리하는 과정에 가깝다. 그래서 목적을 찾고 싶다면, 가장 먼저 봐야 할 것은 조직이 무의식적으로 지켜온 전통과, 어떤 행동을 칭찬해 왔는가다. 그 안에 이미 답은 들어 있다.

2

조직 목적 구체화를
위한 프레임워크

조직마다 목적과 관련된 현재 상황은 매우 다르다. 창업 이후 꾸준히 명확한 목적을 기반으로 사업을 전개해 온 조직이 있는 반면, 한때는 있었지만 지금은 유명무실해진 조직도 있다. 또한 기존 목적이 시대 변화에 따라 더 이상 적합하지 않거나, 아예 목적 자체가 없었던 조직도 있을 것이다. 심지어 목적은 있지만 조직 구성원들이 그것을 제대로 인지하지 못하거나 실행하지 못하는 경우도 많다. 어떤 상황에 처해 있든, 다음 프레임워크를 통해 현재 상황을 진단하고 적용할 수 있는 부분을 찾아 조직의 목적을 새롭게 정립하거나 강화할 수 있을 것이다. 조직의 목적 구체화는 복합적이고 체계적인 접근이 필요하다. 여러 이해관계자의 관점을 통합하고, 비즈니스 현실과 이상을 균형 맞춰야 하기 때문이다.

조직의 목적을 찾기 위해서는 먼저 브랜드의 뿌리부터 파악해야 한다.

1. 창립 스토리 분석

- 왜 이 회사를 시작했는가? 창업자가 해결하고 싶었던 문제는 무엇이었나?
- 초기 제품이나 서비스가 탄생한 배경과 맥락은?
- 시간이 지나면서 변화했지만, 여전히 유지되고 있는 핵심 가치는?

예를 들어 애플의 뿌리에는 기술을 통해 개인이 더 많은 가능성을 발휘하도록 돕겠다는 믿음이 있었다. 수십 년 동안 제품과 서비스의 형태는 바뀌었지만, 이 핵심적인 방향성은 지금까지도 애플의 DNA로 유지되고 있다.

2. 핵심 고객 여정 맵핑

- 고객들이 우리를 선택하는 진짜 이유는 무엇인가?
- 고객이 우리 제품/서비스를 사용할 때 느끼는 감정적 가치는?
- 고객의 삶에서 우리가 해결해 주는 근본적인 문제는?

단순히 "좋은 제품을 만든다"를 넘어서, 고객의 더 깊은 필요와 연결된 지점을 찾아야 한다. 테슬라의 고객들은 단순히 전기차를 사는 것이 아니라 "지속가능한 미래에 기여한다"라는 의미를 함께 구매한다.

3. 경쟁 차별화 요소

- 우리만이 할 수 있는 것은 무엇인가?

- 경쟁사들과 근본적으로 다른 접근 방식은?

- 우리의 고유한 역량과 자원은 어떻게 사회적 가치 창출과 연결될 수 있는가?

뉴닉의 차별화는 '뉴스를 전달한다'는 기능에 있지 않다. 뉴닉이 선택한 접근은, 복잡한 이슈를 독자의 눈높이에서 다시 해석하는 역할이었다. 기존 언론이 속보와 전문성을 경쟁할 때, 뉴닉은 맥락과 이해를 경쟁력으로 삼았다. 그 결과 뉴닉은 미디어가 아니라, '세상을 이해하는 방식'을 제공하는 브랜드로 자리 잡았다. 뉴닉이 만들어낸 사회적 가치는, 20대가 사회 이슈를 '남의 일'이 아닌 자신의 판단 영역으로 받아들이게 만든 데 있다.

4. 기존 사업 전체를 다시 바라보기

- 우리가 지금까지 해온 사업들의 공통 분모는 무엇인가?

- 실패한 프로젝트들도 포함해서, 우리가 지속적으로 추구해 온 방향성은?

- 우리 조직의 성공 DNA를 이루는 핵심 요소들은?

과거의 성공과 실패를 모두 분석해 보면, 조직이 무의식적으로 추구해 온 가치와 방향성을 발견할 수 있다. 때로는 실패한 프로젝트에서도 조직의 진정한 목적을 엿볼 수 있다.

예를 들어 도브의 'Pro-Age' 제품 라인은 상업적으로는 기대만큼의 성과를 거두지 못했다. 시장은 여전히 '젊어 보임'을 약속하는 안티에이징 제품에 더 크게 반응했다. 그럼에도 이 시도는 도브가 무엇을 믿는 브랜드인지를 가장 명확하게 드러낸 순간이었다. 나이를 감추거나 거스르기보다, 있는 그대로의 아름다움을 존중하겠다는 브랜드의 관점은 이 실패를 통해 오히려 더 분명해졌다. 도브에게 중요한 것은 단기적인 매출이 아니라, 아름다움에 대한 기준을 바꾸겠다는 일관된 태도였기 때문이다.

2단계 다층적 이해관계자 관점 수집 및 목적 워크숍 설계

조직의 목적은 어느 한 사람의 선언이나 슬로건에서 탄생하지 않는다. 대부분의 경우, 서로 다른 이해관계자들의 관점이 겹치는 지점, 그리고 그 사이의 긴장과 불일치를 조정하는 과정 속에서 서서히 모습을 드러낸다. 이 단계의 핵심은 '답을 정하는 것'이 아니라, 관점을 충분히 수집하고 비교하는 것이다.

1. 내부 관점: 직원들의 목소리에서 드러나는 정체성

목적을 논할 때 가장 먼저 들어야 할 목소리는 조직 내부에 있다. 직원들은 회사의 비전 문구보다, 일상의 의사결정과 행동을 통해 조직의 진짜 성격을 체감하고 있기 때문이다.

- 우리 회사는 왜 존재한다고 생각하는가?

- 이 회사에서 일하면서 가장 자부심을 느꼈던 순간은 언제였는가?

- 친구나 가족에게 회사를 소개할 때, 어떤 표현을 가장 먼저 사용하는가?

이 질문들에 대한 답은 놀라울 만큼 솔직하다. 특히 '자부심을 느낀 순간'은 목적의 강력한 힌트를 제공한다. 매출 목표를 달성했을 때가 아니라, 고객 문제를 끝까지 해결했을 때, 원칙을 지켰을 때, 어려운 결정을 했을 때 자부심이 나온다면, 그 지점이 바로 조직이 무의식적으로 중요하게 여겨온 가치다. 익명 설문이나 소규모 포커스 그룹을 활용하면 표면적인 답변을 넘어설 수 있다. 이 과정에서 자주 발견되는 것은, 경영진이 생각하는 회사의 정체성과 직원들이 경험하는 현실 사이의 간극이다. 목적 워크숍은 이 간극을 드러내는 데서부터 시작해야 한다.

2. 외부 관점: 고객·파트너·투자자가 보는 우리

내부 인식만으로 목적을 정의하면, 쉽게 자기중심적인 선언에 그칠 수 있다. 조직이 실제로 사회에서 어떤 역할을 하고 있는지는, 외부 이해관계자들의 언어 속에 더 분명히 드러난다.

- 고객들은 우리를 어떤 회사로 기억하는가?

- 파트너나 협력사는 우리와 일할 때 무엇을 가장 가치 있게 느끼는가?

- 투자자들은 우리에게 어떤 장기적 역할을 기대하고 있는가?

고객 인터뷰나 NPS 조사, 브랜드 인식 조사를 진행해 보면 흥미로운 패턴이 나타난다. 내부에서는 '혁신'을 이야기하지만, 외부에서는 '안정감'을 떠올리거나, 우리는 '효율'을 강조하지만 고객은 '안심'을 이유로 선택하는 경우가 적지 않다. 이 불일치는 문제라기보다, 목적을 구체화할 수 있는 중요한 단서다. 목적은 우리가 되고 싶은 모습이 아니라, 이미 우리가 하고 있는 역할을 언어로 정리하는 작업에 가깝기 때문이다.

3. 사회적 관점: 우리가 사라질 때 남는 공백

이 단계에서 질문은 더 근본적으로 바뀐다.

- 만약 우리 조직이 내일 사라진다면, 사회에서 무엇이 사라질까?
- 우리 업계 안에서 우리가 맡고 있는 고유한 역할은 무엇인가?
- 해결되지 않은 사회적 문제 중, 우리가 가장 현실적으로 기여할 수 있는 영역은 어디인가?

이 질문은 CSR이나 기부 활동을 떠올리게 만들기 쉽지만, 목적 논의의 핵심은 거기에 있지 않다. 중요한 것은 우리가 잘할 수 있는 방식으로 사회에 어떤 의미 있는 공백을 메우고 있는가다. 이 관점은 목적을 '선한 의도'가 아니라, 지속 가능한 역할로 만들어 준다.

4. 목적 워크숍 설계: 관점을 하나의 언어로 묶는 과정

이처럼 다양한 관점을 하나로 엮기 위해서는, 단순한 회의가 아니라 의도적으로 설계된 워크숍이 필요하다.

크로스 펑셔널 Cross Functional 팀 구성

- 마케팅, 개발, 영업, 인사, 재무 등 서로 다른 이해와 KPI를 가진 구성원이 함께 참여해야 한다. 목적은 특정 부서의 언어가 아니라, 조직 전체가 공유할 수 있는 기준이 되어야 하기 때문이다.

관점 충돌을 허용하는 구조

- 이 워크숍의 목표는 빠른 합의가 아니라, 불편한 질문을 끝까지 꺼내는 것이다. "이건 우리 일이 아니다", "그건 이상론이다"라는 말이 나오는 지점이 오히려 목적의 윤곽을 선명하게 만든다.

5. 외부 퍼실리테이터의 역할

내부 구성원만으로 진행할 경우, 논의는 쉽게 기존의 관성과 정치적 고려에 묶인다. 이때 외부 퍼실리테이터는 답을 주는 사람이 아니라, 질문의 깊이를 지켜주는 역할을 한다. 또한 목적은 반나절짜리 워크숍으로 정리될 수 있는 주제가 아니다. 최소 2~3일 이상의 집중 세션을 통해, 반복적으로 질문하고 언어를 다듬는 과정이 필요하다. 서두를수록 목적은 슬로건으로 축소된다.

다시 한 번 강조하지만, 목적은 '정의되는 것'이 아니라, 발견되고 정렬되는 것이다. 내부의 자부심, 외부의 인식, 사회적 역할이라는 서로 다른 언어들이 겹치는 지점을 찾는 과정. 그 교집합이 바로, 조직이 오래 붙잡아야 할 목적의 출발점이 된다.

3단계 목적 선언문 검증 시스템

목적은 멋진 문장으로 완성되지 않는다. 진짜 목적은 시간이 지나도 흔들리지 않고, 불리한 상황에서도 작동해야 하며, 새로운 선택 앞에서 기준이 되는지를 통해 증명된다. 따라서 목적 선언문은 반드시 여러 각도에서의 검증을 거쳐야 한다. 이 단계는 '좋은 문장을 고르는 과정'이 아니라, 조직이 실제로 그 목적을 감당할 수 있는지를 시험하는 과정이다.

1. 3-5-10년 테스트: 시간 앞에서 흔들리지 않는가

대부분의 목적 선언문은 현재의 시장 환경과 조직 상황을 반영한다. 문제는 그 문장이 미래에도 여전히 의미를 가질 수 있는가다.

- 이 목적은 3년 후에도 여전히 유효할까?
- 5년 뒤 기술과 시장 환경이 바뀌어도, 여전히 조직 방향을 설명할 수 있을까?

- 10년 후에도 이 목적을 붙잡고 사업을 지속할 수 있을까?

이 질문은 단순한 예측이 아니라, 목적의 본질적 깊이를 점검하는 장치다. 특정 기술, 제품, 유행하는 키워드에 지나치게 의존한 목적은 시간이 지나면 빠르게 낡는다. 반대로, 사람·문제·태도와 같은 근본적인 차원에 닿아 있는 목적은 환경이 변해도 형태를 바꿔 살아남는다.

2. 위기 상황 테스트: 불리할 때도 지킬 수 있는가

목적은 평상시보다 위기 상황에서 더 선명해진다. 경제적 압박, 치열한 경쟁, 실적 하락과 같은 국면에서 목적은 늘 시험대에 오른다.

- 단기적인 이익과 목적이 충돌할 때, 우리는 어떤 선택을 할 것인가?
- 비용 절감이나 구조조정이 필요할 때, 목적은 어떤 기준을 제공하는가?
- 경쟁사가 목적과 어긋나는 선택으로 빠르게 성장할 때, 우리는 그 유혹을 견딜 수 있는가?

이 단계에서는 실제 비즈니스 상황을 가정한 의사결정 시뮬레이션이 효과적이다. 목적이 선언문에 머물러 있다면, 이 질문들 앞에서 쉽게 무력해진다. 반대로 목적이 충분히 단단하다면, 조직은 "이건 하지 않는다" 혹은 "이건 포기하지 않는다"라는 명확한 선을 그을 수 있다.

3. 확장성 테스트: 새로운 선택 앞에서도 기준이 되는가

목적은 현재의 사업을 설명하는 문장이 아니라, 앞으로의 선택을 이끄는 나침반이어야 한다.

- 새로운 제품이나 서비스를 출시할 때, 이 목적은 무엇을 하라고 말해주는가?
- 다른 시장이나 국가로 확장할 때도, 동일한 기준으로 해석될 수 있을까?
- M&A나 파트너십을 검토할 때, 이 목적은 'Yes/No'를 가르는 기준이 될 수 있을까?

확장성 테스트는 목적이 얼마나 구체적이면서도 포괄적인지를 동시에 점검한다. 너무 추상적인 목적은 어떤 선택도 정당화해 버리고, 지나치게 좁은 목적은 성장의 발목을 잡는다. 좋은 목적은 확장을 제한하지 않으면서도, 방향은 분명히 제시한다.

4. 언어 검증: 이 목적은 오해 없이 전달되는가

목적은 내부에서만 통용되는 암호가 되어서는 안 된다. 시장과 사회 안에서 불필요한 설명 없이도 이해되는 언어여야 하며, 동시에 쉽게 흉내 낼 수 없는 맥락을 가져야 한다.

업계 상투어 점검

• 우리의 목적 문장에서 특정 산업의 관용구나 유행어를 제거해 보자. 그 문장을 다른 경쟁사 이름으로 바꿔도 자연스럽게 읽힌다면, 목적은 아직 충분히 구체화되지 않은 상태다.

오해 가능성 점검

• 이 목적을 처음 접한 사람이 어떤 행동을 떠올릴까? 의도하지 않은 방향으로 해석될 여지가 있다면, 그것은 실행 단계에서 혼선을 만든다. 목적은 해석의 자유가 아니라, 판단의 기준을 제공해야 한다.

경험으로 번역 가능한가

• 이 목적은 실제 고객 경험으로 설명될 수 있는가? 광고 문구가 아니라, "그래서 우리는 이렇게 한다"라는 문장으로 이어지지 않는 목적은 선언에 머무를 가능성이 높다.

3단계의 핵심은 이 목적이 선택의 순간에 작동할 수 있는가이다. 시간의 압력, 위기의 압력, 성장의 유혹 앞에서도 기준으로 남아 있을 때, 비로소 목적은 선언이 아니라 시스템이 된다. 이 검증을 통과한 목적만이, 다음 단계인 실행과 조직 내재화로 나아갈 자격을 갖는다.

4단계 조직 전체 내재화 및 실행

목적 선언문을 만드는 일은 끝이 아니라 시작이다. 그 다음으로 중요한 과제는, 이 목적이 조직의 일하는 방식 전체에 스며들도록 만드는 것이다. 이는 단순한 사내 공유나 캠페인의 문제가 아니다. 목적은 리더십의 판단 기준이 되고, 부서별 업무의 해석 기준이 되며, 성과를 평가하고 사람을 뽑는 기준으로 작동해야 한다. 다시 말해, 목적은 조직의 '의사결정 인프라'로 자리 잡아야 한다. 무엇보다 먼저 필요한 것은 리더십의 정렬이다. CEO와 임원들이 목적을 슬로건이나 캠페인 문구가 아니라 실제 경영의 기준이자 미래 방향성으로 받아들여야 한다. 리더의 언어와 행동이 목적을 기준으로 움직일 때, 그 흐름이 자연스럽게 조직 전반으로 확산된다.

다음 단계는 목적을 각 부서의 언어로 번역하는 일이다. 마케팅팀은 목적을 어떻게 고객 경험으로 전달할지 고민해야 하고, 제품개발팀은 제품의 철학과 기능 안에 어떻게 목적을 녹일지를 찾아야 한다. 인사팀은 목적에 맞는 인재를 어떻게 채용하고 평가할지 설정해야 하며, 영업팀은 고객 접점에서 목적을 어떻게 구현할지 명확한 원칙을 가져야 한다. 즉, 각 부서가 목적을 자신들의 일상 업무와 연결 지을 수 있도록 해주는 구체적 가이드라인이 필요하다.

성과 관리 체계도 목적 중심으로 재구성되어야 한다. 매출이나 이익 같은 전통적 KPI뿐 아니라 목적의 실현 정도를 함께 평가하는 새로운 기준과 지표가 필요하다. 이를 기반으로 분기별 리뷰를 진행하며 실행 현황을 점검하고 개선 방안을 논의하는 구조를 만들면, 목적은 보고서 속 문장이 아니라 조직의 실제 운영 체계가 된다.

경영 의사결정에서도 목적은 일관된 기준이 되어야 한다. 중요한 결정을 내릴 때마다 "이 선택이 우리의 목적에 어떻게 기여하는가?"라는 질문을 던지는 습관을 조직 전체가 공유할 때, 목적은 전략의 일부가 된다. 대외 커뮤니케이션에서도 이를 유지해야 한다. 광고, PR, SNS, 웹사이트 등 모든 접점에서 목적이 일관된 흐름으로 반영될 때, 브랜드의 신뢰가 강화된다.

물론 조직이 성장하고 환경이 바뀌면 목적 역시 점검이 필요하다. 목적을 자주 바꾸라는 뜻이 아니라, 그 목적이 여전히 유효한 기준으로 작동하고 있는지를 정기적으로 확인하는 태도가 중요하다는 의미다. 목적은 고정된 문장이 아니라, 시대와 조직의 변화 속에서 해석되고 확장되는 방향성에 가깝다.

TIP 완벽함보다 실용성을 선택하라

여기까지 읽고 나면, 오히려 목적을 설정하는 일이 부담스럽게 느껴질 수도 있다. 실제로 이 모든 과정을 한 번에, 완벽하게 실행하는 조직은 거의 없다. 특히 스타트업이나 소규모 조직에게 이 프레임워크는 과도하게 느껴질 수 있다. 그래서 이 프레임워크는 '정답지'가 아니라 도구상자로 받아들이는 편이 현실적이다. 조직의 규모와 상황에 따라 필요한 도구만 선택해도 충분하다. 10명 규모의 팀이라면 창립 스토리를 정리하고 간단한 워크숍만으로도 의미 있는 목적을 발견할 수 있고, 100명 이상의 조직이라면 보다 체계적인 검증과 내재화 과정이 필요할 것이다. 중요한 것은 완벽한 시스템이 아니다. 조직 구성원들이 함께 "우리는 왜 존재하는가"라는 질문을 진지하게 다루고, 그 답을 일상의 의사결정 속에서 반복적으로 호출하려는 태도다. 목적은 선언될 때보다, 그렇게 사용될 때 비로소 힘을 갖는다.

에필로그

'목적이 이끄는 브랜드'라는 개념에 마음이 꽂힌 지 어느덧 20년이 지났다. 첫 직장에서 이 개념을 처음 접한 뒤로, 철학, 미션, 비전 등 이름은 어떻게 바뀌든 늘 그 주변을 기웃거리며 붙잡고 있었다. 맡은 브랜드마다 목적이 선명하게 정리되지 않으면 마음이 불편했고, 남들이 볼 때 '굳이?' 싶은 야근도 마다하지 않으며 그 본질을 찾고자 애썼다. 그리고 어느 순간 브랜드의 목적과 내가 하는 일이 정교하게 맞아떨어지면, 그 기쁨은 말 그대로 짜릿했다. "그래, 이 맛에 일하는 거지." 이런 마음으로 뒤도 돌아보지 않고 달려왔다.

도대체 무엇이 나를 이토록 목적이라는 개념에 몰입하게 만든 걸까. 아이를 키우며 그 이유를 조금은 알게 되었다. 아이에게서 내 모습이 비칠 때가 있다. 좋은 부분도 있지만, 때로는 나조차 이해되지 않는 고집스러운 면이 똑같이 드러나기도 한다. 어릴 때는 혼을 내서 억지로 무언가를 시키기도 했지만, 이제는 그마저 통하지 않는다. 아이도 나처럼, 스스로 납득해야 움직이는 사람이다. 의미를 찾지 못하면 전혀 나아가지 않는 성향.

나 역시 그런 사람이었다. 목적을 이해해야 하고, 그 목적이 납득되어야만 진짜로 움직이고 몰입했다. 결국 내가 일을 바라보는 방식 자체가 '의미'라는 필터 위에 있었던 것이다.

책을 쓰는 동안 수많은 작가가 떠올랐다. 몇몇 분들은 책이 나오면 "라면 받침으로 쓰셔도 됩니다"라며 겸손하게 웃었지만, 그 한 권을 위해 흘렸을 시간과 밀도를 생각하면 고개가 숙여졌다. 내가 본격적으로 집필을 시작한 것은 2023년부터니 벌써 2년이 넘었다. 회사 일을 마치고 아이들을 재운 뒤, 밤 11시부터 키보드를 두드리던 날도 많았다. 주말에는 온전히 쓸 수 있는 시간이 거의 없었기에, 지난 1년간은 토요일에 둘째 딸아이의 학원을 데려다 주고 근처 카페에서 기다리며 글을 썼다. 가끔은 어디론가 숨어서 일주일만 책쓰기에 몰입해 보고 싶다는 생각도 들었다. 하지만 내 글은 결국 일상의 틈에서 쓰여야만 했고, 그 틈들이 모여 지금의 책을 만들었다. 각 장의 분위기나 흐름이 조금씩 다르게 느껴진다면, 아마 그것은 글이 내 삶의 리듬을 통과하며 쌓였기 때문일 것이다. 그런 점에서 오히려 이 책은 더 솔직한 기록이라는 생각도 든다.

집필하는 내내 어머니가 자주 떠올랐다. 40대에 첫 책을 내셨던 어머니는 컴퓨터도 없이, 노트에 빽빽하게 글을 쓰고 또 고치셨다. 내가 고등학생 시절 야간자율학습을 마치고 밤늦게 집에 돌아오면, 불 켜진 서재에서 여전히 펜을 움직이고 계셨다. 그 조용하지만 치열했던, 집중의 장면들이 지금도 또렷하다. 나는 아이들에게 무엇을 남기고 싶었던 걸까. 어쩌면 소비자가 아니라 생산자로 살아가는 삶 자체를 보여주고 싶었던 것은 아니었을까. 20년 넘게 천착해 온 '브랜드의 목적'이라는 렌즈로 세계를 바라보며, 그 생각을 글로 묶어낸 이 책은 독자분들뿐 아니라, 먼저 내 아이들에게 남기고 싶은 기록이었는지도 모른다. 언젠가 아이들도 자신의 삶에서 의미를 찾아가고, 그 의미 속에서 기쁨과 보람을 느끼며 살아가기를 바라며, 나는 다시 책상 앞에 앉는다.

이 책을, 내 삶을 더욱 가치 있게 만들어 주는 아내 정선우와 세 아이 강은, 하윤, 은호에게 바친다. 아울러 나에게 삶의 기준과 방향을 알려주신 부모님께 진심 어린 감사를 전한다.

효율의 함정을 이기는 AI시대의 브랜드 대전환

목적이 이끄는 브랜드

초판 1쇄 발행 2026년 2월 25일

지은이 이승오
기획 정강욱, 이연임
편집 백예인
디자인 한이슬
출판 리얼러닝
주소 서울시 마포구 어울마당로1길 18, 2층
전화 02-337-0333
이메일 withreallearning@gmail.com
출판등록 제 406-2020-000085호

ISBN 979-11-996986-0-4